Observaciones Electorales

en Paraguay
1991-1993

Secretario General
César Gaviria

Secretario General Adjunto
Christopher R. Thomas

Coordinadora Ejecutiva de la Unidad para la Promoción de la Democracia
Elizabeth M. Spehar

Esta publicación integra el plan de publicaciones de la Secretaría General de la Organización de los Estados Americanos. Las ideas, afirmaciones y opiniones expresadas en los trabajos no son necesariamente las de la OEA ni de sus Estados Miembros. La responsabilidad de las mismas compete a las áreas respectivas o a sus autores.

Observaciones Electorales

en
Paraguay
1991-1993

Unidad para la Promoción
de la Democracia

La revisión técnica del presente volumen estuvo a cargo de Rubén M. Perina, Coordinador General de la Misión y Coordinador de la Sección "Fortalecimiento de Procesos e Instituciones Democráticas" de la Unidad para la Promoción de la Democracia (UPD). La preparación del material fue realizada por Gerardo M. Serrano con la cooperación de Alicia Bialet.

Library of Congress Cataloging-in-Publication Data

Observaciones electorales en Paraguay, 1991-1993 / Unidad para la
   Promoción de la Democracia
     p.   cm. — (Serie de misiones de observaciones
   electorales en estados miembros de la Organización de
   los Estados Americanos, ISSN 1087-8521)
     ISBN 0-8270-3638-8
     1. Elections—Paraguay. 2. Election monitoring—
Paraguay. I. Organization of American States. Unit for the
Promotion of Democracy. II. Series.
JL3292.027   1996
324.9892'073—dc20

96-21204
CIP

La edición, diseño y composición del presente trabajo fue realizado por el área de Sistemas de Información y Publicaciones / CIDI.

Copyright © 1996. OAS/OEA. Todos los derechos reservados. Se autoriza su reproducción con indicación de la fuente.

Gran parte del material de este documento está tomado del Informe del Secretario General el proceso electoral de las Elecciones Municipales del Paraguay (OEA/Ser. CP/INF. 3194/91, 13 de noviembre de 1991), el Informe de la Misión de la Observación Electoral de las elecciones para Convencionales Constituyuntes realizadas en el Paraguay el primero de diciembre de 1991 (OEA/Ser.CP/INF. 3256/92, 19 de marzo de 1992), el Informe de la Misión de Observación pre-electoral en el Paraguay, (5 de agosto - 3 de septiembre 1992) (OEA/Ser. CP/INF. 3367/92, 20 de octubre de 1992) e Informe de la Misión de observación electoral en el Paraguay sobre las Elecciones Generales realizadas el 9 de mayo de 1993 (OEA/Ser. CP/INF. 3493, 5 de agosto de 1993).

Con la publicación de esta serie, la Unidad para la Promoción de la Democracia de la Organización de los Estados Americanos tiene por finalidad: a) proveer una mayor comprensión de los procesos electorales en el Hemisferio; b) incrementar el conocimiento sobre el papel de la OEA en la observación electoral; c) informar al público sobre la naturaleza de la Misión de Observación; y d) contribuir a la identificación de las áreas problemáticas en los procesos electorales de los Estados miembros.

ÍNDICE

Presentación ix

Mapa del Paraguay xiii

Siglas utilizadas en el documento xv

Introducción xvii
    Objetivos de las Misiones xviii
    Funciones y actividades de las MOE xviii
    Organización y logística de las MOE xx
    Conclusiones xx

CAPÍTULO I
Aspectos generales del Paraguay 1
    Aspectos demográficos y económicos 3
    Aspectos históricos 5
    Aspectos institucionales y políticos 6

CAPÍTULO II
Normas e instituciones electorales 9
    El Código Electoral y las instituciones electorales 11

CAPÍTULO III
Las elecciones municipales 15
    Organización de la Misión 17
    Organización electoral 18
    Período pre-comicios 23
    El día de la elección 24
    Las elecciones complementarias 26
    Conclusiones 31

CAPÍTULO IV
Las elecciones de convencionales constituyentes 35
    Organización de la Misión 37
    Organización electoral 38
    Período pre-comicios 40
    El día de la elección 41
    Resultados finales 43
    Conclusiones 43

CAPÍTULO V
Misión de observación pre-electoral 47
    Organización de la Misión 50
    Análisis de las denuncias 51
    Conclusiones 56

CAPÍTULO VI
Las elecciones generales 59
    Organización de la misión 62
    Nuevos aspectos político-electorales 63
    Período pre-comicios 67
    Organización y administración de las elecciones 75
    Presencia del Secretario General de la OEA 85
    El día de la elección 87
    El escrutinio 89
    Resultados finales 92
    Conclusiones 93

Anexos 97

Presentación

Los ideales y principios democráticos han estado siempre presentes en el Sistema Interamericano. En 1948, los Estados miembros proclamaron en la Carta de Bogotá que "la solidaridad de los Estados Americanos y los altos objetivos que son perseguidos a través de ella, requieren de la organización política de esos estados sobre las bases del ejercicio de la democracia representativa".

Cuarenta años más tarde, en 1988, con la entrada en vigencia del Protocolo de Cartagena de Indias, los Estados miembros deciden incluir entre los propósitos esenciales de la Organización el de la promoción y consolidación de la democracia representativa, con el debido respeto al principio de no intervención. Con este hecho comienza un proceso jurídico-político por el cual los Estados miembros demuestran un renovado e incuestionable consenso y compromiso con la defensa y promoción colectiva de la democracia, a la vez que le asignan a la OEA un importante papel en ello.

Al siguiente año, en la Asamblea General realizada en Washington, D.C., se recomienda al Secretario General la organización y envío de Misiones de Observación Electoral (MOE) a los Estados miembros que lo requirieran. En 1990, la Asamblea General de Asunción solicita al Secretario General la creación de la Unidad para la Promoción de la Democracia (UPD).

En 1991, en Santiago de Chile, la Asamblea General adopta la Resolución 1080 sobre "Democracia Representativa", la que instruye al Secretario General que, en caso de que se produzca una "interrupción abrupta o irregular" del proceso democrático en cualquiera de los Estados miembros, solicite inmediatamente la convocación de una reunión del Consejo Permanente para que éste estudie la situación y tome las decisiones apropiadas.

En diciembre de 1992, una Asamblea General Extraordinaria aprueba el denominado Protocolo de Washington que modifica la Carta una vez más, incluyendo un artículo que contempla la posibilidad de suspender, por dos tercios de los votos, el derecho de un Estado miembro cuyo gobierno haya sido derrocado por la fuerza, a participar en las sesiones de los cuerpos gobernantes de la Organización. El Protocolo todavía no ha sido ratificado por la mayoría de los Estados miembros.

En el contexto de la corriente democratizadora en el hemisferio, la UPD de la OEA emerge como uno de los mecanismos con que la Organización cuenta para apoyar a los Estados miembros en sus esfuerzos para fortalecer y consolidar las instituciones democráticas. Establecida por el entonces Secretario General João Clemente Baena Soares, siguiendo el mandato de la Asamblea General de 1990, la UPD ofrece "un programa de apoyo para el desarrollo democrático con el cual se pueda responder pronta y efectivamente a los Estados miembros que, en el pleno ejercicio de su soberanía, requieran colaboración o asistencia para preservar o fortalecer sus instituciones políticas y sus procedimientos democráticos".

Sobre estas bases, y a solicitud de los países miembros, la UPD ejecuta proyectos en áreas relacionadas con la consolidación de las instituciones y prácticas democrácticas tales come programas de educación para la democracia y de fortalecimiento de instituciones electorales y legislativas. Otra de sus principales funciones es la de organizar MOE en aquellos países que lo requieran.

Las recientes actividades de observación electoral de la OEA se basan en la convicción de que el proceso electoral es una pieza fundamental de todo proceso de transición y consolidación democrática. Las MOE siempre han sido organizadas solamente en respuesta a solicitudes específicas de los Estados miembros y bajo la guía del Secretario General.

Las MOE tienen los siguientes objetivos principales: observar e informar al Secretario General sobre el proceso electoral, tomando como punto de referencia las normas electorales del país y su Constitución; colaborar con las autoridades gubernamentales, electorales y partidarias, y con la población en general, para asegurar la integridad, imparcialidad y confiabilidad del proceso electoral; servir como conducto informal para la construcción de consenso y la resolución de conflictos entre los diferentes participantes en el proceso electoral y ponerse a disposición de los protagonistas del proceso para contribuir a que se respeten las leyes y los procedimientos que establecen las normas legales del país y que sean estos los mecanismos que encaucen y determinen la resolución de los conflictos.

Algunas de las MOE, como la realizada en Costa Rica en 1990 o Colombia en 1994, son de corto plazo y esencialmente simbólicas. Estas Misiones por lo general están compuestas por un grupo reducido y especializado de observadores que permanecen en el país por un breve período en torno al día de la elección.

En otros casos de Observación Electoral —como los que se presentan en esta serie de informes— las Misiones arriban al país semanas, en ocasiones meses, antes del día de la elección y focalizan sus tareas en la totalidad del proceso electoral. Estas Misiones son complejas y de largo plazo. Sus funciones por lo general comienzan con el estudio de las normas electorales que sirven de marco al proceso, y con el seguimiento del proceso de empadronamiento o registro electoral de los ciudadanos. Esas funciones continúan con la observación de la organización y preparación de las elecciones por las autoridades electorales, el desarrollo de la campaña electoral, el acceso a los medios de comunicación, la libertad de prensa, de expresión y asociación, la utilización de recursos del Estado, la designación y capacitación de las autoridades electorales, la preparación y distribución de los padrones electorales y los materiales utilizados en el día de la elección, la adopción de medidas de seguridad, el proceso de votación, el escrutinio en las mesas, la transmisión y recepción de resultados, la compilación de los datos electorales, el juzgamiento de las elecciones, y cualquier desarrollo poselectoral hasta la proclamación oficial de los resultados por las autoridades correspondientes.

Más específicamente, y para cumplir con esas funciones, las MOE, realizan una serie de tareas esenciales y cotidianas como la de asistir a reuniones con los candidatos, representantes de los partidos políticos, autoridades electorales, organizaciones civiles, y otros grupos relevantes; presenciar los actos políticos y analizar métodos de las campañas políticas y cobertura de la prensa; recibir y comunicar a las autoridades las denuncias sobre supuestas violaciones a las leyes electorales; y realizar proyecciones estadísticas de los resultados el día de los comicios.

El trabajo de observación de las MOE se concentra en aquellos aspectos y mecanismos del proceso político-electoral que pueden representar conflictos entre las partes involucradas o afectar la integridad y transparencia de los resultados. La identificación de estos asuntos y las actividades que desarrollan los observadores se realizan sobre la base de los conocimientos que son fruto del análisis minucioso de las leyes y las prácticas electorales del país, los resultados de las entrevistas con sus autoridades gubernamentales, electorales y políticas, y de la experiencia internacional de observación de la OEA y de otros organismos internacionales.

Para comprender mejor las actividades que llevan a cabo los observadores hay que tener en cuenta que la experiencia histórica enseña que en los procesos electorales, como en toda competencia por el poder, algunas personas o grupos pueden recurrir a procedimientos expresamente vedados por las normas que regulan dicho proceso. Esta situación puede verse facilitada si las leyes presentan deficiencias o si las autoridades que administran el proceso no cuentan con la capacitación adecuada o con los recursos indispensables para su aplicación. En ese contexto, en la contienda electoral se suelen encontrar anomalías e irregularidades y también intentos reñidos con las normas vigentes. En otros casos, sin vulnerarse los principios legales se recurre a procedimientos ilegítimos. Estos factores pueden lesionar la integridad del proceso electoral, y señalan conductas contra las cuales las MOE tienen que prevenir.

Las Misiones han sido llevadas a cabo exclusivamente por grupos de observadores internacionales civiles y de carácter multidisciplinario, incluyendo expertos en asuntos electorales, leyes, ciencias políticas, educación, ciencias de la información, estadísticas, comunicaciones, logística y otras disciplinas. A menudo, en un ambiente político sensible, los observadores se distribuyen a través del país con el propósito de cubrir el proceso electoral en la mayor parte de los distritos urbanos y rurales posibles. Un sistema de comunicación y transporte propio permite a la Misión mantener a sus observadores en permanente comunicación entre sí.

El presente volumen tiene por finalidad poner a disposición, tanto del público general como especializado, una selección del material relevante vinculado con algunas de las MOE realizadas. Hacemos votos para que el estudio y análisis de estas experiencias contribuyan a un mayor conocimiento de la realidad de los países de la región, a la vez que profundicen los valores y prácticas democráticas en los albores del siglo XXI.

Elizabeth Spehar
Coordinadora Ejecutiva
Unidad para la Promoción de la Democracia

Fuente: www.lib.utexas.edu/libs/pcl/map_collection

SIGLAS UTILIZADAS EN EL DOCUMENTO

AEN	Alianza Encuentro Nacional
ANR	Alianza Nacional Republicana (Partido Colorado)
ANTELCO	Asociación Nacional de Comunicaciones
CED	Centro de Estudios para la Democracia
CPT	Movimiento Constitución para Todos
DECIDAMOS	Organización no-gubernamental dedicada a la educación cívica electoral
DIR	Departamento de Inscripción y Registro
JEC	Junta Electoral Central
JES	Junta Electoral Seccional
LV	Local de Votación
MAG	Ministerio de Agricultura y Ganadería
MRV	Mesa Receptora de Votos
NDI	Instituto Nacional Demócrata para Asuntos Internacionales
ONG	Organización no-Gubernamental
PDC	Partido Demócrata Cristiano
PLRA	Partido Liberal Radical Auténtico
PNS	Partido Nacional Socialista
PT	Partido de los Trabajadores
PRF	Partido Revolucionario Febrerista
SAKA	Organización no-gubernamental dedicada a la iniciativa para la transparencia electoral
TE	Tribunal Electoral
TEC	Tribunal Electoral de la Capital

Introducción

Este volumen ha sido elaborado sobre la base de los informes presentados por el Secretario General de la Organización de los Estados Americanos al Consejo Permanente y al Gobierno del Paraguay. En estos informes se reseñaron los objetivos, las actividades y los resultados de las cuatro Misiones de Observación Electoral (MOE) llevadas a cabo en ese país a partir de 1991.

La primera de estas Misiones fue en ocasión de celebrarse las elecciones municipales de mayo de 1991. Para la elección de la Asamblea Constituyente de noviembre de 1991, que reformaría la Constitución del país, el gobierno paraguayo cursó una nueva invitación para que la OEA observara la misma. Entre agosto y septiembre de 1992, se realizó una nueva Misión con el propósito de observar el proceso de empadronamiento para las elecciones generales previstas para abril del año siguiente. Finalmente, en marzo de 1993 comenzó la cuarta Misión con motivo de la realización de las elecciones generales en mayo de ese año. Estos comicios representaron el desafío electoral y político más importante de la sociedad paraguaya de sus últimos años y por medio de ellos se eligieron autoridades del Poder Ejecutivo Nacional, del Poder Legislativo y de los Poderes Legislativos y Ejecutivos de los Departamentos. El Coordinador de estas misiones fue el Dr. Rubén M. Perina, Coordinador General de la Misión de la Unidad para la Promoción de la Democracia. El Dr. Marcondes Gadelha colaboró en la coordinación política de la primera Misión.

Por mandato de la Asamblea General (AG/RES. 991, XIX-0/89) las MOE son uno de los instrumentos con que la OEA cuenta para la promoción de la democracia en los Estados Miembros y solamente se emprenden en respuesta a una invitación expresa de un Estado Miembro.

En el caso de Paraguay, la primera solicitud del gobierno de ese país al Secretario General para que la OEA observara las elecciones municipales de 1991 expresaba:

> el Gobierno Nacional solicita el envío de Observadores de la OEA para acompañar el proceso electoral, en la seguridad de que la presencia de los mismos contribuirá a consolidar la democracia en el Paraguay, otorgando al mismo credibilidad y confiabilidad en el ámbito internacional.

Objetivos de las Misiones

En ese contexto, durante las cuatro misiones en el Paraguay, la Misión de la OEA tuvo como principal objetivo observar la mayor parte posible del proceso electoral para informar al Secretario General sobre el mismo, a los efectos de que éste informe a la comunidad interamericana. Eso significó seguir sistemáticamente el comportamiento de todos los protagonistas del proceso electoral y de los procedimientos utilizados, a fin de constatar su correspondencia con las leyes vigentes; por ejemplo: Código Electoral y Constitución Nacional.

Otros puntos de referencia para las MOE fueron la Carta de la OEA, y los acuerdos de su Secretaría General sobre Inmunidades con el Gobierno del Paraguay y sobre procedimientos de observación electoral con la Junta Electoral Central (JEC).

Un objetivo complementario de las MOE en el Paraguay fue colaborar con las autoridades gubernamentales, electorales y partidarias, y con la ciudadanía en general, en sus propios esfuerzos para asegurar la integridad, la libertad, transparencia y la confiabilidad del proceso electoral. Implícitamente, sin embargo, las MOE también trataron, por una parte, de crear un ambiente de más confianza o credibilidad en el proceso político-electoral entre los participantes; y por la otra, de actuar como factor disuasivo o luz roja para aquéllos que pudieran pensar en artimañas electorales o interrumpir el proceso.

Con ese marco como guía principal, las Misiones realizaron una variedad de funciones y actividades específicas destinadas a hacer realidad esos objetivos.

Funciones y actividades de las MOE

Cuanto antes comienza la observación electoral previo al día de las elecciones, más etapas o fases del proceso se puede cubrir y por lo tanto más completa ésta es. En ese sentido, todo proceso electoral se puede dividir en por lo menos tres etapas: 1) etapa pre-comicios, 2) día de los comicios, y 3) período post-comicios; y en cada una de ellas las MOE cumplieron diferentes tareas.

En la fase pre-comicios de las tres elecciones observadas, las MOE cumplieron, entre otras, las siguientes tareas: se efectuó un análisis del Código Electoral para comprender las instituciones componentes del sistema y las reglas de juego que regulan el proceso; constantemente se mantuvieron entrevistas con las autoridades gubernamentales, electorales, partidarias y de organizaciones intermedias, y con académicos y analistas independientes para explicarles las funciones de la MOE y ponerse a su disposición para colaborar en el proceso; se dio seguimiento a las actividades proselitistas de las principales campañas electorales para evaluar su ceñimiento a las leyes electorales; se siguieron denuncias públicas, o ante la Misión, sobre la participación de los militares en la política, las impugnaciones a diferentes aspectos del proceso, la utilización de bienes del Estado en favor del partido de gobierno, la presión sobre los funcionarios públicos y otras.

Asimismo, durante este período, la Misión prestó especial atención a la organización y preparación de las elecciones por parte de las autoridades electorales, para constatar que el estricto cumplimiento a los procedimientos establecidos por la ley. En ese sentido, de primerísima importancia fue el seguimiento de la confección y distribución del Padrón Electoral, de la preparación y distribución de material electoral, de la designación de autoridades de Mesas Receptoras de Votos (MRV), de la designación de los locales de votación, y de la capacitación de las autoridades electorales. La falta de organización o preparación en estos aspectos del proceso electoral producen irregularidades que a su vez causan desconfianza y conflictos entre los participantes.

Por otro lado, las MOE también estuvieron presentes y siguieron de cerca las reuniones y actividades pertinentes de la JEC y de las Juntas Electorales Seccionales (JES), tratando de que la presencia de los observadores sirva de factor o elemento disuasivo o preventivo de posibles irregularidades.

Obviamente, el día de la elección es crucial para la observación electoral. En el Paraguay, ese día las MOE hicieron presencia en el mayor número posible de lugares de votación para verificar todo el proceso por el cual la gente vota, incluyendo la apertura y cierre de mesas, así como el escrutinio de los votos, la redacción de las Actas y la preparación de los expedientes electorales para ser enviados a los centros de cómputos. Se observaron también la recepción de expedientes electorales en las JES y de las Actas Electorales en la JEC.

Es importante destacar que las MOE también efectuaron un muestreo estadístico de resultados de las MRV científicamente seleccionadas para hacer una proyección temprana de los mismos. Este procedimiento sirve a la Misión para tener un conocimiento independiente de los resultados electorales.

Durante el período post-comicios, las MOE continuaron observando la recepción de las Actas de Mesas en las JES y en la JEC, y colaborando con delegados partidarios en la verificación de las mismas. En las elecciones de 1993, la Misión también observó la verificación de las Actas y el juzgamiento de las elecciones por la Comisión Bicameral del Congreso Nacional, así como la proclamación por el Congreso Nacional de los candidatos ganadores.

En función de los objetivos mencionados y en complemento de las actividades específicas antes señaladas, cabe destacar que en el Paraguay, durante todo el proceso, y a solicitud de cualquiera de las partes, con frecuencia las MOE actuaron en forma privada, informal y personalizada como conciliador entre partes para resolver diferencias o conflictos (por ejemplo: verificación de Actas). Así también se colaboró en la obtención y transmisión de información y/o en la aclaración de situaciones confusas o contradictorias (por ejemplo: asignación de lugares de votación, ubicación de votantes, distribución del padrón). De igual modo, a menudo los observadores también actuaron como intermediarios y facilitadores del acercamiento entre los diferentes protagonistas, y de hecho uno de los principales logros de la última Misión de observación fue conseguir el acercamiento de los principales candidatos para la firma de un acuerdo de convivencia democrática, lo que se logró también en otros Departamentos del interior del país.

Organización y logística de las MOE

Las MOE operaron con una sede central en Asunción y con sub-sedes distribuidas en la mayoría de los Departamentos y las principales ciudades del país a los efectos de darle seguimiento a las actividades electorales en el mayor número posible de distritos electorales. Así, los observadores se distribuyeron a lo largo de todo el territorio paraguayo. Las MOE contaron con un sistema de comunicación que permitía a las sedes permanecer en continuo contacto, con vehículos propios para su transporte y movilidad independiente y con equipos de computación para el desarrollo de los programas de informática y administración de las misiones. Las mismas estuvieron constituidas por un grupo heterogéneo de observadores, seleccionados de acuerdo a grado de experiencia y conocimiento en asuntos electorales, variedad en especialidades, profesiones y nacionalidades y conocimiento de la lengua española.

Conclusiones

A lo largo de este proceso de más de dos años de trabajo estrecho con las autoridades gubernamentales y electorales, y de permanente contacto con las fuerzas políticas y sociales del Paraguay, las MOE Electoral de la OEA pudieron constatar progresivas y significativas mejoras de tipo político/institucional y de organización electoral.

En general, las tres elecciones observadas fueron válidas. En términos de su organización, preparación y administración, las elecciones generales de 1993 representaron un importante avance con respecto a las elecciones municipales de 1991, aunque persitieron algunas irregularidades.

Los procesos electorales observados se llevaron a cabo en un contexto de alta y activa participación popular, de amplia libertad de prensa y de asociación, de seguridad ciudadana y de ausencia de violencia; matizado con momentos de agitación y tensión política como en todo proceso electoral. La voluntad popular se expresó libremente. En todos los comicios, se respetaron importantes componentes de las normas electorales: la práctica del voto secreto, el libre acceso a los lugares de votación, la ausencia de coerción, el uso de la tinta indeleble, la concurrencia de Veedores y Apoderados de los partidos y la claridad del escrutinio. A través de los dos años de observación electoral, también se constató un progresivo aumento de una conciencia democrática-electoral en la ciudadanía, la prensa y los partidos políticos, así como un avance en el conocimiento de los asuntos electorales por parte de los partidos políticos, que facilitó el desarrollo de una progresiva capacidad de control electoral mutuo. Todos estos elementos legitimaron las contiendas electorales.

Sin embargo, también se pudieron constatar, aunque en progresiva disminución a partir de las elecciones municipales, la continuidad de ciertas falencias en la organización y administración electoral, particularmente relacionadas con la confección y distribución del padrón electoral, la constitución de las MRV, la ubicación de los lugares de votación, y otros.

Se pudo observar que los problemas de organización electoral estaban estrechamente vinculados a la falta de integración o coordinación adecuada entre tres componentes fundamentales del sistema: el Registro Civil de las personas, el proceso de Identificación/Cedulación y la confección del Padrón Electoral. Es posible que esta deficiencia sea remediada con la nueva organización electoral que estipula la Constitución Nacional de 1992 al aludir a la Justicia Electoral.

También persistieron preocupaciones y quejas sobre irregularidades con respecto a la participación de los militares en el proceso electoral y a los usos indebidos de recursos del Estado para beneficiar al partido de gobierno. Sin embargo, es indudable que el proceso electoral ha sido un poderoso factor de democratización de la sociedad y la política paraguaya. Por medio de éste surgieron y se expresaron valores y comportamientos fundamentales para la democracia, tales como la participación con libertad de expresión y de asociación, el debate público sobre los problemas de la sociedad, la negociación y la moderación en la Resolución de las diferencias políticas, el respeto por las opiniones diferentes, el consenso sobre reglas de juego para la competencia política y electoral. Todo esto no hace más que contribuir al proceso de consolidación democrática.

Debe destacarse que el proceso de apertura electoral ha sido acompañado por la entrada en vigencia de una nueva Constitución Nacional que, entre otros, promueve una mayor protección de los derechos humanos, una descentralización del poder político, una mejor representación ciudadana en los poderes públicos y un mayor equilibrio entre los tres poderes del Estado, esencialmente a expensas del Poder Ejecutivo.

Finalmente, cabe hacer notar que las elecciones generales de 1993 dieron a la oposición política, siempre que actúe unida, el control de ambas Cámaras del Congreso Nacional, así como la Gobernación de algunos de los más importantes Departamentos del país. El electorado dividió sus votos y favoreció a diferentes candidatos para diferentes puestos, terminando con la hegemonía del partido Colorado. Igualmente, en las elecciones municipales de 1991 la oposición ya había ganado la intendencia de la más importante ciudad del país: Asunción.

Todos estos elementos favorecen el proceso de consolidación democrática y sientan las bases para el pleno funcionamiento de sus instituciones en el futuro.

CAPÍTULO I
Aspectos generales del Paraguay

El Paraguay, país mediterráneo de América del Sur descubierto por Alejo García en 1524, tiene una superficie de 406.752 Km2 de los cuales 246.925 Km2 corresponden a la Región Occidental o Chaco y 159.827 Km2 a la Región Oriental que concentra la mayor cantidad de población. Limita al Norte y al Este con el Brasil, al Este y Sur con Argentina y al Norte y Oeste con Bolivia. Sus principales riquezas naturales están constituídas por sus reservas forestales, la explotación de cultivos como el algodón y la soja y por el aprovechamiento de su caudal hidraúlico como generador de enegía eléctrica.

Aspectos demográficos y económicos

La mayoría de la población paraguaya proviene del proceso histórico de mestizaje entre españoles e indígenas de los siglos XVI y XVII, y de la integración al país de otros inmigrantes europeos. Es uno de los países más homogéneos de América Latina, ya que el 95% de su población es producto de ese mestizaje. El Paraguay es uno de los pocos países del hemisferio occidental bilingüe; los idiomas oficiales son el español y el guaraní y tanto su conocimiento como su utilización es compartido por la inmensa mayoría de la población, sin que ello signifique pertenencia étnica, social o de casta. Su tradición religiosa es Católica Apostólica Romana, aunque existe completa libertad de culto. Existen otros grupos aborígenes muy reducidos que representan entre el 1 y el 3% de su población.

La población es escasa comparada con la de otros países. Sin embargo en los últimos años ha experimentado un permanente crecimiento. De acuerdo con los censos de la República en 1950 la población del Paraguay era 1.328.452 habitantes; el último censo realizado en 1982 arrojó una cifra de 3.029.830 habitantes. La estimación al 30 de julio 1991, dió como resultado una poblacion de 4.123.550 habitantes con una densidad de 10 habitantes por Km2. Este aumento sostenido puede atribuirse principalmente a la alta tasa de natalidad (el 39,5 por mil en promedio) y también a la disminución de la mortalidad, que se tradujo en un aumento en la esperanza de vida (67,2 años para el período 1990-1995).

En el país predomina la población rural (65,40% en 1950)la cual, según el censo de 1982 disminuyó al 57,2% como consecuencia del proceso de urbanización de los últimos años. En relación a la composición de la población debe destacarse la relevancia de los grupos etarios más jóvenes; más del 50% de la población tenía en 1991 menos de 24 años y más del 90% menos de 45. Esto supone una presión muy considerable sobre el sistema educativo y para la capacidad de generación de empleos. Aproximadamente el 85% de su población mayor de 15 años está alfabetizada.

Los principales cambios económicos y sociales del Paraguay están vinculados a los acontecimientos políticos y militares de su historia. En los primeros años de vida independiente el Paraguay se aisló con el objetivo de lograr la autarquía económica, que quedó definitivamente malograda como consecuencia del desastre de la guerra contra la Triple Alianza. Con la desaparición de cerca del 90% de los hombres, la bancarrota económica y fiscal y las cargas financieras sobre el Estado, el rumbo económico experimentó un cambio significativo. Desde esos episodios, los dos principales partidos políticos impulsaron programas de orientación liberal en el plano económico, favoreciendo las inversiones privadas, en su gran mayoría extranjeras.

El modelo de desarrollo que ha prevalecido fue el de acentuar las explotaciones primarias (agricultura, maderas) con un reducido sector industrial que nunca superó un aporte del 20% al Producto Interno Bruto (PIB) y un mercado interno muy poco dinámico. En 1972, la mano de obra rural representaba aún cerca del 70% del total, vinculada mayormente a este tipo de actividades. Hasta la década del 70 no existió un déficit importante para la generación de empleo, básicamente por la escacez de mano de obra. De allí en más, y como fruto de la introducción de los objetivos de desarrollo de la agricultura para la exportación, la migración hacia las ciudades se hizo más sostenida.

En la década, del 80 el Paraguay no sufrió los mismos problemas que el resto de los países de América Latina y el Caribe. El crecimiento económico —medido por su PIB— que experimentó en este período lo ubica entre los más altos de la Región (1981-90: 36%), pero si se mide por habitante sólo alcanza al 0,5% anual. En 1992, se integró a los Acuerdos del MERCOSUR que convierte a la nación paraguaya en socia económica de Argentina, Brasil y Uruguay y que tiene como propósito crear un mercado único a partir de marzo de 1995.

A pesar de una creciente actividad comercial, con auge en la ciudad capital y en las zonas de fronteras, las principales actividades económicas del país se dan alrededor de los recursos agropecuarios y forestales. El funcionamiento de la gigantezta represa de Itaipú —entidad binacional Paraguayo-Brasileña— abrió nuevas posibilidades al país respecto de la generación y venta de energía hidroeléctrica y del desarrollo industrial. Desde la puesta en ejecución de las obras de construcción en 1980 el crecimiento del PIB fue el más alto de América del Sur. Al mismo tiempo, el Paraguay junto con Argentina está construyendo la Represa de *Yaciretá*, cuya entrada en servicio se estima puede concretarse durante 1995. De esta forma, el Paraguay se convertiría en el primer exportador mundial de energía hidroeléctrica. Los principales productos de exportación del país lo constituyen el algodón y la soja que se vieron favorecidos por la suba de precios internacionales de mediados de la década del 80.

A principios de la década del 90 la sociedad paraguaya se encontraba entre las menos modernas de la Región. Uno de los indicadores más claros al respecto lo constituía la situación de la mujer. Su baja incorporación al mercado de trabajo, el promedio de sus salarios, el escaso acceso a la vida profesional y, en general a la vida civil y política, las carencias jurídicas para la atención de sus derechos, son todos indicadores del fuerte relegamiento social que sufrieron las mujeres paraguayas durante muchos años.

En relación a su situación de salud, a pesar del escaso presupuesto asignado por los gobiernos a su atención, el Paraguay se encuentra en una posición intermedia en comparación con sus vecinos geográficos. Los indicadores de morbi-mortalidad muestran la transición epidemiológica que está experimentando el país. Las principales causas de muerte se relacionan con las llamadas enfermedades del desarrollo como el cáncer y las cardiovasculares, aunque aún cerca del 50% del total de causas obedecen a la diarrea y las infectocontagiosas, que son asociadas al subdesarrollo económico-social. La mortalidad infantil alcanzó en 1990 a 49 por mil (promedio de América Latina: 54 por mil), con claras distinciones entre los sectores urbanos (Asunción: 39 por mil) y los rurales y más atrasados (60 por mil).

Aspectos históricos

Al momento de la llegada española al que luego conformaría su territorio, el Paraguay se encontraba habitado por importantes contingentes de población indígena. Por sus características geográficas a lo largo de la dominación española constituyó un reducto aislado con tendencias a desarrollar escasos contactos con el exterior. Este hecho le permitió a su sociedad conformar una temprana y fuerte identidad que luego constituiría la base de su personalidad nacional. Administrativamente, la Intendencia del Paraguay dependió del Virreynato del Río de la Plata a partir de su creación en 1776 y siguió el movimiento revolucionario de las primeras décadas del siglo XIX, pero con un perfil propio. Después de sucesivos conflictos con los gobiernos con sede en la Ciudad de Buenos Aires que le reclamaban obediencia política, la sanción jurídica de su independencia quedó definitivamente consagrada en el *Acta de Independencia de la República del Paraguay* del 25 de noviembre de 1842.

Al igual que otras naciones de América Latina, el Paraguay en sus primeros años de vida independiente se caracterizó por la presencia de fuertes personalidades públicas que concentraron el liderazgo y el desarrollo de la actividad política por medio de un estilo autorirario. Tres nombres dominan la vida política del Paraguay durante el siglo XIX: José Gaspar de Francia (1811-1840), Carlos Antonio López (1842-1862) y Solano López (1862-1870).

Uno de los episodios más sangrientos de la historia de América Latina tuvo al Paraguay como el principal afectado. Entre 1866 y 1869, se desarrolló la Guerra de la Triple Alianza (Argentina, Brasil y Uruguay) que enfrentó a esta nación con sus vecinos. El saldo trágico fue la pérdida de cerca del 50% de la población del país. Su reconstrucción demandó ingentes esfuerzos y durante años constituyó un lastre pesado para su desarrollo.

Como consecuencia de la guerra la vida política paraguaya experimentó importantes cambios; de allí en más dos grupos políticos, los azules (luego conocidos como Partido Liberal) y los colorados, se disputaron la conducción del Estado. El Partido Colorado encabezó la mayoría de los gobiernos hasta principios de siglo XX. Desde 1904 y hasta 1940 la hegemonía política correspondió a los gobiernos liderados por el Partido Liberal. En la década del 30 un nuevo enfrentamiento bélico marcaría su desarrollo político cuando por motivos de discrepancias limítrofes estalló la Guerra del Chaco, que enfrentara a Paraguay con Bolivia.

El período iniciado en 1870 se caracteriza por la extrema inestabilidad de los gobiernos y por las continuas luchas entre los partidos y entre sus facciones al interior de los mismos. En estos enfrentamientos no estuvo ausente la lucha armada y el derramamiento de sangre. Uno de estos episodios, fue la Guerra Civil que estalló en 1947 en la que se destacó el oficial Alfredo Stroessner, quien con posterioridad y por su marcado favoritismo por los sucesivos gobiernos colorados, iría escalando posiciones en el control del Ejército. En 1954, el General Stroessner encabezó un Golpe de Estado y desde allí, por medio de sucesivas elecciones que no pueden ser consideradas transparentes y libres (1958, 1963, 1968, 1973, 1978, 1983 y 1988) conservó el poder hasta 1989. La ausencia de una efectiva libertad para la actividad política (proscripciones, exiliados, presos políticos, persecuciones y demás) y de una plena libertad de prensa impiden caracterizar como democrático al sistema político paraguayo durante el período anterior a 1989.

Aspectos institucionales y políticos

Los grandes hitos de la historia institucional del Paraguay se deben asociar con los conflictos de principios de siglo XIX por la consecución y afianzamiento de la Independencia Nacional (1811-1842), los vinculados al desarrollo económico autónomo, su inserción en los mercados internacionales y el conflicto bélico con la Triple Alianza (1842-1870), la reconstrucción del país y el afianzamiento de un sistema político por medio de la creación de los partidos políticos (1870-1932), el nuevo enfrentamiento bélico y la inestabilidad institucional (1932-1954), la consolidación de un régimen estable de participación restringida (1954-1989) y el proceso de transición hacia un sistema político democrático que se inició en febrero de 1989.

Al momento de identificar el nacimiento del sistema político y de sus principales actores es preciso remontarse a las postrimerías de la Guerra de la Triple Alianza. Los gobiernos unipersonales y autoritarios dominaron la escena política hasta que en la crisis de posguerra surgieron dos grupos, el Partido Colorado y el Partido Liberal, que fueron fundados cerca de los finales de la década del 80. Las diferencias entre estos partidos no responden a cuestiones ideológicas o a su capacidad de inserción o representación de sectores específicos de la sociedad; ambos son policlasistas y no presentan significativas distinciones programáticas. Con el tiempo los dos partidos lograron un nivel nacional de organización e hicieron del control de los recursos del Estado una de sus principales fuentes de lealtad política.

La inestabilidad de los gobiernos y la beligerancia interna permanente de sus partidos caracterizaron al sistema político paraguayo. Otro dato importante, es la vinculación de las Fuerzas Armadas (FF.AA) con la vida política. A diferencia de la mayoría de los países de la Región, las FF.AA. en el Paraguay han tomado posición partidaria y se han mostrado a lo largo del último siglo abiertamente favorables a los gobiernos que provenían del Partido Colorado.

En la historia de la organización jurídica y política del Estado paraguayo se destacan cuatro textos constitucionales: el de 1842, el de 1870, el de 1940 y el de 1967. Respecto a este último, que estuvo vigente para las elecciones municipales de mayo de 1991, se pueden apuntar las siguientes características. Este régimen jurídico se organizaba sobre la base de un tipo de Estado unitario fuertemente centralizado, que a su vez se dividía con fines administrativos en departamentos y distritos. El Poder Ejecutivo tenía la preeminencia política y el Poder Legislativo se dividía en dos cámaras: Diputados con 72 miembros y el Senado con 36 miembros. El Poder Judicial estaba integrado por la Corte Suprema de Justicia y los Tribunales menores. En 1992, el Paraguay adoptó una Nueva Constitución que introdujo importantes cambios tanto en las secciones de declaración de derechos y garantías, como respecto a su organización institucional. Al respecto, deben destacarse los cambios a nivel de la desconcentración del poder, la descentralización administrativa y el equilibrio institucional.

En febrero de 1989, un golpe de estado militar puso término al gobierno del General Alfredo Stroessner —de casi cuatro décadas— dando lugar a la iniciación al proceso de transición hacia la vida democrática. El líder del golpe, General Andrés Rodríguez, en mayo del mismo año convocó a elecciones presidenciales, para las cuales se presentó como candidato logrando el triunfo por amplia mayoría. Comenzó entonces una etapa caracterizada por una mayor participación popular, la reactivación de los partidos políticos y una mayor libertad de expresión política del pueblo paraguayo.

Con el objeto de afirmar este proceso de democratización, en 1991 el gobierno del Gral. Rodríguez convocó a Elecciones Municipales y cursó invitación al Secretario General de la OEA para que se observen tales comicios. Desde ese momento, se llevaron a cabo en el Paraguay cuatro MOE.

CAPÍTULO II
Normas e instituciones electorales

En esta sección se expondrán brevemente los aspectos más destacados del marco legal y las instituciones electorales que regularon las elecciones que fueron objeto de observación por las misiones de la OEA. Aquellos aspectos específicos de la ley o las disposiciones de las autoridades electorales vinculados a cada elección y las modificaciones introducidas en el lapso que medió entre una y otra contienda se tratarán en el análisis por separado en los capítulos que se dedican a cada Misión.

El Código Electoral y las institutiones electorales[1]

La Ley 01/90 estableció el Código Electoral que recibió diversas modificaciones, ampliaciones y supresiones a través del período que transcurre entre la convocatoria a las elecciones municipales de mayo de 1991 y las elecciones generales realizadas en abril de 1993. Es preciso destacar que en 1992 entró en vigencia una nueva Constitución, que estipuló, por ejemplo, la reorganización de la Justicia Electoral, incluyendo la creación de nuevas instituciones electorales. Estas modificaciones fueron precedidas o acompañadas de las introducidas por las Leyes 3/90, 3/91, 6/90, 41/90, 1/91, 79/91, 25/92, 39/92, 72/92, 75/92, 132/92, y 154/93. El marco legal en el que se llevaron a cabo las elecciones fue ajustándose a las necesidades concretas que iban surgiendo en el proceso electoral a partir de 1989.

El Código Electoral establece principios como el voto universal, libre, directo, igual, secreto, personal e intransferible. También estipula que el sufragio es un derecho y deber político de los paraguayos e incluye procedimientos como la utilización de la tinta indeleble, la utilización de urnas transparentes, el uso del cuarto oscuro, el escrutinio

---

[1] En anexos se puede encontrar un trabajo de análisis que amplía las consideraciones sobre el Código Electoral y las Instituciones electorales. (Ver Anexo 34)

público y la presencia de Veedores y Apoderados partidarios en las Mesas Receptoras de Votos (MRV).

El Código, por una parte, establece autoridades electorales como la Junta Electoral Central (JEC) y las Juntas Electorales Seccionales (JES) que actúan como autoridades permanentes, a las que se agregan las MRV constituídas para cada comicio. La JEC, con sede en la Capital de la República, ejerce superintendencia sobre toda la organización electoral de la Nación y tiene a su cargo la organización, dirección, fiscalización y realización de las elecciones en el país (Art. 85).

Este organismo estuvo a cargo de las tareas correspondientes a la elaboración del Registro Cívico Permanente y del padrón electoral, y tuvo la responsabilidad de la organización administrativa y logística de las elecciones. Esto implicó actividades, entre otras, como la impresión y distribución del padrón electoral, la confección de boletines de votación, la distribución de los materiales electorales, la capacitación de los funcionarios electorales, la recepción de las Actas electorales, la realización del conteo final de los votos y varias otras.

En ocasión de las Elecciones Generales que se llevaron a cabo el 9 de mayo de 1993, la Ley 75/92, en su Art. 3°, facultó a la JEC para realizar "el cómputo de los sufragios de todo el país", antes de remitir los antecedentes al Congreso Nacional, "a los efectos del juicio de la elección, de conformidad con lo autorizado en el Art. 6° de las Disposiciones Finales y Transitorias de la Constitución Nacional". También para esa oportunidad, la JEC fue responsable de la tarea de verificación de las Actas de Escrutinio, que se realizó por acuerdo con los Partidos Políticos y en presencia de sus respectivos representantes y de Observadores de la OEA.

Para poder cumplir sus funciones, la JEC debió mantener permanente comunicación con las JES de cada Sección Municipal o Distrito del país, incluyendo las cinco JES de la ciudad de Asunción que, si bien es un distrito a los efectos eleccionarios, se divide en cinco Parroquias, en cada una de las cuales funciona una JES.

Por otra parte, en el interior del país, cada Municipio forma una Sección Electoral que cuenta con su propia JES. La función de ésta es organizar la inscripción de los ciudadanos paraguayos y de los extranjeros, organizar los comicios de su sección electoral (Municipio), realizar el cómputo provisional de los votos de la misma, y remitir el expediente electoral a la correspondiente Junta Municipal -la que procederá al cómputo y juzgamiento definitivo de las elecciones y proclamará las nuevas autoridades, cuando se trate de elecciones municipales.

Las JES son las responsables de la organización de los procesos electorales locales, y se integran en las mismas proporciones que la JEC, pero sólo con 6 miembros titulares y 6 suplentes, con mandato de 5 años, y sin posibilidad de reelección. Además de cumplir con las tareas relacionadas con el proceso de inscripción, las JES tienen plena facultad, para, entre otras cosas:

- realizar, con los representantes de las organizaciones políticas participantes, el sorteo para la integración de las MRV (Art. 181);

- determinar los LV (Art. 183);
- distribuir el material electoral que reciben de la JEC (inferidos de los Arts. 114 y 115);
- realizar el primer cómputo provisorio a nivel Seccional (Art. 236), excepto en las elecciones del 9 de mayo para las cuales las JES debieron "remitir a la JEC los expedientes electorales dentro de las 24 horas posteriores al cierre de las votaciones" (Ley 132/93 Art. 3);
- guardar en su archivo un juego de Actas de escrutinio de las mesas, de acuerdo a la Circular de la JEC del 3 de mayo de 1993.

A pesar de la supuesta independencia atribuída a las JES con respecto de la JEC, en la práctica, se pudo observar que siempre existió una clara subordinación. Cuando la JEC enviaba circulares y telegramas, haciendo uso de la atribución de "ejercer superintendencia sobre toda la organización electoral de la República" (Art. 93 inc.b) las JES, cumplían sus instrucciones.

El día de las elecciones, las MRV tienen, por disposición de la ley, atribuciones de especial jerarquía, en cuanto constituyen la máxima autoridad durante los procesos de votación y escrutinio. Las MRV pueden disponer del uso de las Fuerzas Públicas y no reconocen ningún tipo de sometimiento a autoridades electorales o partidarias. Las MRV se integran con 3 miembros, un Presidente y 2 Vocales elegidos según lo dispone el Art. 181 del Código Electoral (Ley 154/93), o sea, distribuyéndose dos cargos entre los partidos más votados en los últimos comicios (ANR y PLRA), y sorteando el tercero entre los restantes contendientes, para luego decidir, en otro sorteo, quién de los tres presidirá la mesa.

En las MRV, los Apoderados y Veedores de los diferentes partidos políticos se constituyeron en importantes mecanismos de control, tanto del trabajo mismo de las MRV, como de los propios procesos de votación y escrutinio. Los Apoderados, representantes de cada candidatura, tienen derecho a acceder libremente a los locales electorales, a examinar el desarrollo de las operaciones de votación y escrutinio, a formular reclamaciones y protestas y a recibir los certificados que prevee la Ley Electoral (Art. 192).

Cada partido o movimiento político puede designar un Veedor titular y otro suplente ante cada MRV. El Veedor tiene derecho a permanecer junto a la MRV donde desempeñará su función, a presentar reclamaciones escritas exigiendo recibo de la presentación efectuada, a exigir a la MRV certificado de los resultados de la votación y a suscribir las Actas del comicio, aunque la falta de su firma no es causal de nulidad de las mismas (Art. 194).

Tanto los integrantes de las MRV como los Apoderados y Veedores de los partidos y movimientos políticos gozan de inmunidad el día del acto comicial y no pueden ser detenidos ni molestados por ninguna autoridad, de no mediar delito susceptible de acción penal pública.

El Código Electoral también fija un *Fuero Electoral* independiente en el ámbito del Poder Judicial de la República. Dicho Fuero se compone de los Tribunales Electorales (TE) y el Registro Electoral. Existen así 7 TE que están integrados por 3 miembros, para cada una de las 7 cincunscripciones judiciales existentes en el país. Esos Tribunales entienden, entre otras cosas, en lo referente a juzgamiento de conflictos derivados de elecciones generales, municipales e internas partidarias, en las decisiones de la JEC y las JES, por vía de recursos, y en las decisiones del Poder Ejecutivo relativas a las elecciones o contra las dictadas por la Dirección General de Registros Electorales. También intervienen, como órganos de apelación, en las impugnaciones a candidatos efectuadas en la JEC y en las decisiones de las Juntas Municipales, Departamentales o JES. La única instancia superior a los TE es la Corte Suprema de Justicia de la Nación, ante la cual se pueden apelar sus decisiones.

En mayo de 1991, el Congreso sancionó una ley modificando los Arts. 34 inciso f, 264 y 290 del Código Electoral. En el Art. 34, que se refiere al sistema de representación proporcional para la elección de autoridades de los Partidos Políticos, se sustituyó la expresión "adopción del sistema de representación proporcional pura y directa...", por "adopción del sistema de representación proporcional establecido en el Art. 273 de este código..." (Sistema D'Hont).

Finalmente, al Art. 290, que estipulaba que "contra las decisiones del Tribunal Electoral podrán interponerse los recursos de apelación y nulidad dentro del plazo de cinco días", se le agregó a continuación "que se sustanciarán ante la Corte Suprema de Justicia". Esta reforma tuvo como fin cubrir un vacío de la ley en relación con el órgano que resolvería los recursos contra decisiones de los TE.

En relación a los procedimientos necesarios para poder hacer efectivo el sufragio el ciudadano debió seguir los siguientes pasos, que se contemplan en los Arts. 200 al 221 del Código Electoral. Una vez identificada la MRV que le correpondía por su domicilio debía presentarse con el único documento habilitante: la Cédula de Identidad. Los miembros de la MRV luego de constatar su identidad con el padrón de la Mesa le permitían pasar al cuarto oscuro (cámara secreta) con un sobre firmado por los tres integrantes de la MRV. El elector marcaría el Boletín de Voto, luego lo introduciría en el sobre y una vez que éste estuviera cerrado lo depositaría en la urna que debía ubicarse en un lugar visible en la MRV. Al momento de realizar esto, debía introducir uno de sus dedos en la tinta ideleble. Su documento le sería devuelto con un comprobante como constancia de haber votado.

En una evaluación primaria sobre el grado de organización, la administración y el funcionamiento del sistema electoral se pueden distinguir tres tipos de problemas: 1) los vinculados a los vacíos de la ley y a su aplicación; 2) los resultantes de carencias de organización, capacitación de los funcionarios y limitaciones presupuestarias y 3) los que surgieron de una realidad política cambiante con significativos avances en la magnitud y calidad de la participación ciudadana.

Sin embargo, es a todas luces evidente que a lo largo del proceso iniciado con las elecciones municipales de mayo de 1991 y que culminó con las elecciones generales de abril de 1993 se avanzó notablemente en todos los terrenos hacia la organización de elecciones transparentes y democráticas. No obstante, este proceso no ha culminado y resta mucho por mejorar.

A los efectos de un análisis más preciso se prefirió realizar una evaluación pormenorizada de los diferentes problemas en los capítulos dedicados a cada elección y en especial, en la tercera, con motivo de las elecciones generales de 1993.

CAPÍTULO III

Las elecciones municipales

Organización de la Misión

Con fecha 14 de diciembre de 1990, el Gobierno de la República del Paraguay, por intermedio del Sr. ministro de Relaciones Exteriores, Dr. Alexis Frutos Vaesken, solicitó al Secretario General de la Organización de los Estados Americanos, Embajador João Clemente Baena Soares, el envío de una MOE para las elecciones municipales que se realizaron el 26 de mayo de 1991. Tales elecciones fueron convocadas para elegir directamente Intendentes y Concejales de Juntas Municipales en 206 municipios del país (ver Anexo 1).

Como consecuencia de la mencionada solicitud, el día 20 de marzo de 1991, se firmaron dos acuerdos entre la Secretaría General de la OEA y el Gobierno de la República del Paraguay. Uno de estos acuerdos, el firmado entre el Gobierno de la República del Paraguay, por medio de su Ministerio de Relaciones Exteriores, y la Secretaría General de la OEA, se refiere a *Los privilegios e inmunidades de los observadores del proceso electoral paraguayo.* (ver Anexo 2). El otro, firmado entre la Junta Electoral Central, como organismo encargado de la "organización, dirección, fiscalización y realización de las elecciones", y la Secretaría General de la OEA, trata sobre *Procedimientos de observación electoral.* En la firma de estos acuerdos, el Secretario General de la OEA estuvo representado por su Jefe de Gabinete, Dr. Hugo de Zela. Estos Acuerdos servirían de marco para la realización de las cuatro Misiones (ver Anexo 3).

El Secretario General designó al Señor Marcondes Gadelha Coordinador Político de la MOE y al Dr. Rubén M. Perina, Coordinador General de la Misión de la Unidad para la Promoción de la Democracia (UPD). A partir de la primera semana de marzo, la Misión estableció su sede central en la capital, Asunción, en el edificio de la representación de la OEA en Paraguay. Luego de tomar en cuenta las condiciones demográficas y de acceso en las diferentes regiones del país, se instalaron siete subsedes de observación electoral en las siguientes capitales de departamentos: Ciudad del Este, Caacupé, San Juan Bautista, Coronel Oviedo, Villarrica, Encarnación y Concepción.

Desde estas capitales departamentales, que figuran entre los más importantes municipios del país, se cubrió también la campaña electoral y los comicios de una serie de municipios adyacentes. En 5 de las 7 capitales departamentale mencionadas, la Misión estableció una oficina con 3 observadores bajo la responsabilidad de 1 coordinador en cada caso. En 2 de las capitales, Caacupé y Concepción, las respectivas oficinas de la Misión contaban con 6 observadores. El número total de observadores, incluyendo los de Asunción, alcanzó 47 para el día de las elecciones (ver Anexo 4).

El costo de la Misión alcanzó aproximadamente los US$ 440.000, monto financiado por el Fondo Regular de la OEA. El gobierno del Paraguay puso a disposición de la Misión de Observación un total de 16 vehículos, de los 31 vehículos que se utilizaron durante el proceso de observación. El gobierno también asignó personal de enlace y técnico que posibilitó la obtención e instalación de los equipos de comunicación; y nombró un Coordinador, el Diputado Julio César Frutos, que facilitó considerablemente la tarea de la Misión (ver Anexo 5).

Organización electoral

En la reforma del Código Electoral promulgada el 31 de agosto de 1990, se modificó, por esa única vez, el Art. 132, prorrogando el plazo para la terminación de los padrones: los 30 días previos al comicio originalmente requeridos, se redujeron a una fecha no menor de 10 días. Esa misma ley amplió el período de inscripciones hasta el 31 de enero de 1991 y prorrogó los plazos del período de tachas y reclamos en concordancia con el desplazamiento del término para registros. Finalmente, el Art. 4 de esa norma estableció como fecha de los comicios municipales próximos el último domingo de mayo de 1991. En otra reforma se modificó el Art. 160, párrafo 1, ampliando hasta el 26 de abril de 1991 el plazo de presentación de las candidaturas a los comicios municipales del 26 de mayo. La modificación se hizo por esa única vez, según consta en el texto legal.

A su vez, el Art. 264, que establecía que el Intendente Municipal "será electo por mayoría simple de votos de los electores inscriptos en el Registro Electoral de la Sección respectiva", fue modificado para exigir que, para ser electo, el candidato debe obtener sólo "el mayor número de votos válidos emitidos". Los Concejales, por su parte, de acuerdo con el Código, son electos en base a lista cerrada de candidatos para la totalidad de los cargos a elegir, haciéndose la distribución de los escaños por el sistema proporcional D'Hont.

Entre los principales partidos políticos y movimientos independientes oficialmente reconocidos para participar en las elecciones figuraron los siguientes: la Asociación Nacional Republicana (ANR-Partido Colorado); el Partido Liberal Radical Auténtico (PLRA); el Partido Liberal; el Partido Liberal Radical; el Partido Revolucionario Febrerista (PRF); el Partido Demócrata Cristiano (PDC); el Partido Nacional Socialista (PNS); el Partido Humanista Paraguayo (PHP); el Partido de los Trabajadores (PT); el Partido Liberal Teeté (PLT), el Partido Liberal Radical Unificado (PLRU); el Movimiento Unión Nacional Cristiana y el Movimiento "Asunción para Todos". Sin embargo, no todos ellos presentaron candidatos en todos los municipios del país; aunque sí existieron candidatos independientes en la mayoría de los municipios.

El padrón electoral para las elecciones del 26 de mayo contó con un número aproximado de 1.400.000 inscriptos que debían votar en unas 7.200 MRV.

En lo referente a las *autoridades electorales*, la JEC, constituída de acuerdo con el Art. 362 del Código Electoral, fue designada provisionalmente por el Congreso Nacional y estuvo integrada proporcionalmente por representantes de los partidos que conformaban el Congreso Nacional. Por otro lado, los miembros de las JES fueron designados por la JEC, previa propuesta de los partidos políticos, y en la misma proporción indicada para la JEC.

Se observó que en varias JES de distintos lugares del país algunos de sus miembros eran candidatos para las presentes elecciones municipales. Esta situación no estaba expresamente prevista como incompatible en el Código Electoral, pero provocó malestar en algunos sectores que participaban de la contienda.

Con respecto a la designación de los miembros de la MRV, se constató alguna demora en el cumplimiento de los plazos legales establecidos para dicho trámite. Igualmente se verificó el incumplimiento del procedimiento establecido, ya que en varias seccionales el sorteo para la designación de autoridades de las MRV fue sustituido por un acuerdo entre los partidos que propusieron candidatos para cubrir esos cargos.

Igualmente, se constató que hubo información tardía y contradictoria sobre la asignación de los LV hasta pocas horas antes de comenzar a sufragarse, y en el día de los comicios se verificaron cambios imprevistos de lugares de votación. En Asunción, por ejemplo, se observó que en algunas parroquias no se notificó con suficiente anticipación a las Autoridades de Mesas sobre sus respectivas designaciones. Esto provocó cierta desorganización en la preparación de los LVs y en la instalación de las MRV.

En lo que respecta a las autoridades de los (TE), éstas se constituyeron normalmente en las distintas circunscripciones judiciales del país. Por medio de entrevistas realizadas por los observadores con miembros de esos Tribunales se informó a la Misión que no existían presiones provenientes de autoridades gubernamentales o políticas en la realización de sus funciones. Por otro lado, algunos de esos miembros han expresado su preocupación por mejorar la relación funcional con la autoridad electoral administrativa para hacer más eficaz la tarea de ambos organismos.

La capacitación y la información para autoridades, Veedores, Apoderados, militantes políticos y ciudadanía sobre el proceso electoral en general, fue encarada por los partidos políticos, algunas organizaciones no-gubernamentales (ONG) y las autoridades electorales.

Hasta poco tiempo antes de los comicios, la Misión advirtió con preocupación la demora en la realización de actividades de información y capacitación oficial sobre las normas electorales básicas para la ciudadanía en general. Aunque sí se observó que la JEC publicó un manual para Autoridades de Mesas. Por otro lado, se notó que los partidos y movimientos independientes desarrollaron actividades de capacitación a sus miembros de mesas, Veedores, militantes partidarios y electores. Varias ONG también colaboraron ampliamente con los partidos en esa tarea y con la comunidad en general.

En los últimos días del período pre-comicios, los partidos y movimientos independientes intensificaron sus actividades de capacitación a sus miembros de mesas,

Veedores, militantes partidarios y electores. La JEC también aumentó sus actividades de información y capacitación, aunque las autoridades electorales del interior siempre consideraron éstas insuficientes y muy demoradas. La información y la capacitación sobre normas electorales básicas, particularmente con referencia a la administración del acto electoral, a los derechos cívicos y a los procedimientos para votar el día del comicio, no parecieron haber llegado a las autoridades electorales ni a la población en general con suficiente antelación. En la mayoría de los municipios observados se notó que las tareas de capacitación desarrolladas para los miembros de las MRV no fueron suficientes, y en el día de los comicios se evidenció cierta falta de conocimiento de las normas atinentes al mismo. Sin embargo, en Asunción y en San Juan Bautista, por ejemplo, las campañas de capacitación parecieron dar buenos resultados, pues el nivel de conocimiento y actuación de los miembros de las MRV pareció aceptable. La Misión de Observación colaboró en el proceso de capacitación e información electoral, cuando su colaboración fue solicitada.

La organización logística del acto electoral del 26 de mayo, particularmente en lo que hace a la adquisición y provisión de útiles y materiales, evidenciaba, poco antes de los comicios, un atraso significativo, teniendo en cuenta que el plazo para hacer llegar a destino esos elementos era de treinta días antes de las elecciones (Art. 93, inciso h, Código Electoral). Esta situación preocupaba a sectores políticos, a autoridades electorales del interior, y a los mismos funcionarios de la JEC, ya que a 10 días del comicio los materiales todavía no habían comenzado a remitirse. Por otro lado, en varios casos observados, las JES no contaban con recursos o infraestructura propia ni suficiente para organizar y administrar las elecciones. En esos casos las autoridades electorales del interior expresaron frecuentemente su disconformidad con la JEC por su falta de cooperación. En muchos casos, miembros de las JES aportaron recursos propios para el desempeño de las actividades requeridas.

El atraso en el envío de los boletines de votos para varios municipios se debió, en la mayoría casos, a la demora en la resolución de las impugnaciones a diversas candidaturas. Estas impugnaciones se presentaron en su mayoría a partir del 26 de abril (fecha a la que se extendió el período de inscripción de candidaturas, dejando menos de 30 días para la oficialización de las mismas), debiéndose respetar plazos procesales. Esto significó que en varios municipios algunas candidaturas recién fueron oficializadas a menos de 24 horas de las elecciones. Por ello, en algunos municipios los boletines llegaron incompletos o con errores, lo que provocó confusión y demora en la apertura de los comicios, o en otros casos, motivó la suspensión de las elecciones o la petición de su anulación.

Con respecto a los padrones, además de los problemas y deficiencias en las fases de inscripción y preparación de los mismos (destacadas más adelante), en la última parte del período pre-comicios, se evidenciaron dificultades en su impresión y distribución. Para varios municipios, éstos no fueron terminados con la antelación fijada en el Código Electoral y su impresión y distribución sólo se llevó a cabo con pocos días de anticipación y en algunos casos el mismo día del comicio. En otros casos, los padrones simplemente no llegaron o llegaron con errores u omisiones significativas de incriptos que provocaron la suspensión del acto electoral. En Asunción, la JEC habilitó un sistema de consultas telefónicas los días previos al comicio para que los votantes averiguaran lugar y mesa de votación que les correspondía, pero hubo una parroquia (La Recoleta) que no pudo definir hasta el día mismo de la elección sus LV.

La demora en la impresión y remisión de los padrones tuvo varias causas de índole informática, logística y administrativa, entre ellas la falta y/o demora en la adquisición del papel para la impresión del padrón, las correcciones y depuraciones de último momento, y simplemente la impresión tardía de ellos. Los problemas y defectos de los padrones, y las dificultades que ello causó a las autoridades electorales y a la ciudadanía, convirtieron a éstos en la mayor fuente de reclamos tanto durante el período de organización como en el día de los comicios.

Aunque la Misión no presenció el proceso de empadronamiento electoral, vale la pena señalar algunos problemas que se identificaron en un análisis que se realizó sobre cómo se efectuó el proceso de inscripción.

El Registro Cívico Permanente, compuesto por el Registro Cívico Nacional y el padrón de extranjeros, fue confeccionado en su totalidad para estas elecciones, desechándose el anterior padrón utilizado para los últimos comicios. El nuevo padrón electoral resultó de una nueva inscripción de ciudadanos en edad de votar (más de 18 años). El plazo de incripción venció el 31 de agosto de 1990 y fue diferido hasta el 31 de enero de 1991. Según proyecciones de la Dirección General de Estadística y Censos, existen en el país 2.137.380 ciudadanos cedulados en edad de votar; de éstos, se inscribieron en el padrón la cantidad de 1.416.755.

Entre las deficiencias o problemas que se detectaron en la confección de los padrones figuran las siguientes.

Se encargó a los partidos políticos constituidos el trabajo de inscripción, nombrándose un número de inscriptores proporcional al número de votos obtenido en las últimas elecciones. Las incripciones se realizaron en los locales partidarios, lo que ocasionó que los ciudadanos debieron recorrer largas distancias para inscribirse y que muchos de éstos desistieron de hacerlo. El proceso también permitió las inscripciones de ciudadanos en circunscripciones en las cuales no residían. Se observó que éste fue un error común que ocasionaría que muchos ciudadanos figurasen en una MRV diferente al lugar de su residencia, donde se debía haber inscripto. Esto a su vez causaría que un cierto número de ciudadanos no pudiera ejercer su derecho de sufragio por no saber dónde estaban registrados para votar. La mayoría de este tipo de errores se produjo en Asunción. En otros casos, se comprobó que ciudadanos simplemente no figuraban en los padrones o sus datos estaban equivocados, lo que les impidió votar.

Por otro lado, se notó que el diseño del formulario de inscripción solicitaba datos más allá de los considerados relevantes para la elaboración del padrón, lo que confundía tanto al inscriptor como al ciudadano que deseaba inscribirse, resultando en formularios difíciles de leer y transcribir.

En el período de tachas y reclamos, según surge de lo recogido por los observadores en las distintas regiones del país, aparentemente los pre-padrones no se exhibieron debidamente. Estos no se colocaron en un sitio visible en cada Municipio para que los ciudadanos pudiesen verificar sus datos y realizar cualquier reclamo por error de transcripción.

En varias ocasiones la JEC detectó que los registros no se expusieron al público, se deterioraron o perdieron; o, en los casos en que fueron exhibidos, éstos fueron deliberadamente alterados por personas extrañas al proceso mientras estaban expuestos al público. Por otro lado, se evidenció una falta de consulta e interés ciudadano o partidario en realizar la verificación de sus datos, ya que a nivel nacional se realizaron sólo 600 reclamos originados en este método. Pero tampoco pareció existir una efectiva campaña educativa o informativa para asegurar la confección adecuada del padrón.

Con posterioridad al período de tachas y reclamos, los pre-padrones fueron distribuídos a partidos políticos y JES. Según la JEC, se buscaba con esto obtener una mayor corrección del registro de inscriptos. También se detectó pérdida de talonarios de inscripción en las JES o en el transporte de éstos, los que no llegaron a la JEC. Los ciudadanos que figuran en estos talonarios, debidamente identificados como perdidos, no figurarían en el padrón y no podrían votar.

En general, se identificaron dos tipos de errores, uno interno, que corresponde a las labores de digitación, codificación y verificación; y otro de fuente que corresponde a cédulas erradas, fechas de nacimiento no colocadas, lugares de inscripción diferentes al área asignada al talonario, datos ilegibles y demás, provenientes del documento fuente. Sin embargo, se observó que el padrón no poseía un alto número de errores. El minucioso trabajo de verificación por parte del área informática de la JEC, que utilizó adecuadamente la herramienta estadística, permitió la corrección de casi todos los errores internos provenientes de la transcripción. Este error alcanzó a un 3% del total, equivalente a un total aproximado de 42.500 registros, que debe considerarse bueno en vista de la falta de experiencia en procesos similares.

El error proveniente de la fuente de información, que no podría ser corregido, alcanzó a un 2,4%, equivalente a 34.600 registros aproximadamente. El error total, por lo tanto, alcanzó un 5,4%, es decir, 77.000 registros del total de 1.416.755 inscritos. Debe tomarse en cuenta que estos datos se refieren a la información originada en el proceso de inscripción, a partir de su arribo a la JEC, sin tomar en cuenta errores u omisiones del propio sistema de inscripción, que no pudo ser analizado con cifras ciertas al no haber estado presente la OEA en su desarrollo.

Finalmente, se percibió que los padrones de Mesa destinados al comicio no fueron terminados con la antelación fijada en el Código Electoral y su impresión sólo se llevaría a cabo pocos días antes del comicio. Este retraso despertó preocupación en la dirigencia política, la prensa y autoridades electorales. Estas deficiencias o problemas identificados estuvieron relacionados con varios factores que merecen tenerse en cuenta en el análisis del proceso de empadronamiento.

Una de las principales causas de estas deficiencias ciertamente fue la inadecuada organización de un sistema de recolección de datos y la falta de capacitación de inscriptores y transcriptores para llevar a cabo sus tareas. Por otro lado, dentro de la JEC se observó también la necesidad de una mejor coordinación entre las labores de informática con las administrativo-políticas de la JEC, para obtener un flujo de información adecuado al proceso electrónico de datos. También se notó que no todo el personal estaba debidamente capacitado para operar y programar los sistemas de computación especializados, aunque sí es destacable el amplio esfuerzo desplegado por las varias áreas del Departamento de Inscripción y Registro (DIR) para la recuperación de la información. Este Departamento llegó a detectar y corregir 99.764 registros duplicados y realizó una investigación a nivel individual para ubicar a las personas que tenían problemas con su lugar de votación.

Período pre-comicios

Los actos públicos constituyeron un importante componente de las campañas electorales observadas de las diferentes agrupaciones políticas. Desde el inicio de la Misión, se observaron 81 eventos políticos de diversa índole, 47 de los cuales corresponden a manifestaciones o concentraciones políticas (58,02%), 5 a conferencias de prensa (6,17%) y 29 a otro tipo de reuniones (35,8%) relacionadas tanto con actividades políticas como con capacitación, festivales populares y fiestas en que participaron autoridades partidarias. En esos actos, sólo se anotaron 3 casos en los que hubo incidentes, de los cuales sólo 1 fue considerado de gravedad. En Asunción y en los principales municipios observados, los candidatos que obtuvieron mayor cantidad de votos realizaron actos de cierre de campaña con una presencia numerosa y en todos hubo actuación de artistas y se observó un clima festivo.

La campaña no se caracterizó exclusivamente por la realización de grandes actos públicos, sino que los partidos y movimientos independientes utilizaron también la demominada campaña "puerta a puerta", o sea llevando la campaña a distintos sectores de las comunidades y a pequeños grupos de vecinos. Hacia el final del período, sin embargo, hubo una mayor utilización de la televisión como medio difusor del mensaje de los candidatos.

Durante el período de pre-comicios, la Misión recibió unas cincuenta denuncias, las que en su mayoría fueron calificadas por los denunciantes como acciones arbitrarias de autoridades electorales o partidos políticos. La mayor parte de las quejas se referían a problemas de índole administrativo o logístico. En menor medida las denuncias se referían a problemas calificados como actos de agresión contra personas. También se hicieron llegar informalmente preocupaciones por actos de intimidación contra militantes, pero su número no reflejaba una situación generalizada, sino casos aislados. En general, los seguimientos no resultaron en evidencias concretas sobre tales denuncias. En la mayoría de los casos, los problemas no violaban gravemente la Ley Electoral y se solucionaban entre las partes afectadas.

Hacia el final del período pre-comicios, el tema de las impugnaciones cobró mayor importancia porque la falta de resolución de muchos casos tendía a amenazar la realización de elecciones en varios municipios. Con posterioridad a la fecha límite para la inscripción de candidatos hubo una cantidad importante de impugnaciones y apelaciones que se presentaron ante las JES, los TE y la Corte Suprema de Justicia.

En muchos casos, las impugnaciones estuvieron dirigidas contra candidatos independientes como consecuencia de una discutida interpretación de los Arts. 170 y 270 inc. a) del Código Electoral. Éstos, con una redacción muy parecida, establecían la imposibilidad de presentar candidatura independiente a quien "haya participado como elector o postulante en las últimas elecciones partidarias concernientes al cargo en cuestión" (Art. 270 inc. a). La discusión se planteó sobre el significado de la frase "haya participado como elector", y si el hecho de estar afiliado a un partido político y ser elector potencial significaba también "haber participado como elector", o si el concepto se refería estrictamente al acto de haber votado en la última elección interna partidaria correspondiente al cargo en cuestión. Mientras que un comunicado de la JEC dió preferencia a a primera interpretación del concepto, los TE, que actuaron en segunda instancia de apelación de las resoluciones de las JES, —que siguieron el criterio de la JEC— se inclinaron por la segunda interpretación. Esto permitió que candidatos independientes (mayormente provenientes del Partido Colorado) pudieran participar aún siendo afiliados a Partidos Políticos, siempre que no hubieran votado en la interna de sus respectivos partidos.

Otra controversia de importancia se planteó cuando la JEC negó a los candidatos independientes la inscripción del nombre de sus movimientos en las boletas de sufragio, basado en el Capítulo IV del Título IV del Código Electoral. El TE, con asiento en Asunción, resolvió en contra del criterio de la JEC y las boletas fueron impresas con el nombre de los movimientos independientes.

Con frecuencia, los TE desestimaron resoluciones de las JES, hecho que infundió confianza entre los candidatos y la ciudadanía sobre la independencia e imparcialidad de la justicia electoral. Pero por otro lado, cuando las peticiones de impugnación no se resolvían con suficiente antelación a la fecha de las elecciones, se percibía también cierta incertidumbre y disconformidad con el sistema.

La posibilidad de la postergación de los comicios en un número superior a los cuarenta municipios, faltando 72 horas para los mismos, generó desconcierto y preocupación en autoridades electorales y partidarias, en los propios candidatos, y en la ciudadanía. La cantidad de solicitudes de impugnación presentadas y apeladas ante la justicia electoral, más el poco tiempo disponible para su resolución (30 días hasta las elecciones) y la obligación de respetar los plazos procesales establecidos eventualmente causaron la postergación de elecciones en algunos municipios.

El PRF, a través de su Presidente a nivel nacional, planteó un pedido de postergación de las elecciones en todos los municipios; pero luego de consultas, los otros partidos políticos y movimientos independientes prefirieron no seguir ese criterio.

También, y como parte del proceso de observación, la Misión por solicitud de las autoridades de la ANR, realizó una limitada observación electoral de los comicios internos de ese partido los días 14 y 21 de abril de 1991 (ver Anexo 6). La observación electoral se llevó a cabo solamente para los comicios internos de Asunción, y se tuvo una presencia limitada en las elecciones partidarias de Coronel Oviedo, Villarrica, Ciudad del Este, Hernandarias, San Ignacio y Carapeguá. Con fecha del 2 de mayo de 1991, se entregó el informe correspondiente al Presidente de la Junta de Gobierno del ANR (Partido Colorado), Dr. Luis María Argaña (ver Anexo 7).

El día de la elección

De los 206 municipios convocados para elecciones, se postergaron o se suspendieron 29 comicios (el 13,7%) y se realizaron 177 (el 86,3%); de estos últimos, 3 fueron anulados. Posteriormente, el Poder Ejecutivo convocó nuevas elecciones para esos municipios postergados, suspendidos y anulados, a efectuarse el 23 de junio de 1991.

Durante el día de los comicios, los 47 Observadores de la OEA dieron cobertura completa (sufragio y escrutinio en MRV y JES) a 24 municipios y cobertura parcial (sufragio) a 42, por un total de 66 municipios. Esta cobertura representó un 47,2% del electorado.

Según los informes de los observadores, el desarrollo del *acto de votación* tuvo las siguientes características en los lugares observados:

- Con respecto a la apertura de los comicios, por el retraso que sufrió la provisión de materiales, útiles y padrones, muchos municipios debieron comenzar con varias horas de postergación. En Villarrica, en Ciudad parroquia del Este, en la Parroquia "La Recoleta" de Asunción y en varios otros municipios del interior las mesas se habilitaron para la votación después de las 9.00 horas y en algunos casos a partir de las 11.00 horas. En otros, como en Coronel Oviedo la falta de los padrones, tinta indeleble y otros útiles causaron la suspensión de las elecciones. En los casos en que no hubo faltantes de importancia en los materiales, el comicio se desarrolló normalmente y, en general, a la hora indicada.

- En su mayoría, los miembros de las MRV y de las JES mostraron una actitud positiva y constructiva, y desarrollaron sus funciones con seriedad, entusiasmo y una extrema buena voluntad en vista de las dificultades logístico-administrativas que tuvieron que enfrentar. Los Veedores y Apoderados también mostraron una actitud cooperativa y responsable, y constituyeron un aporte significativo para el cumplimiento correcto del acto comicial, pues en muchos casos su entrenamiento había sido más intenso que el de los miembros de las MRV. En términos generales, no se percibieron actitudes arbitrarias ni intención de infringir las normas, y las denuncias en ese sentido fueron muy escasas.

- La ausencia de inscriptos en el padrón fue una dificultad generalizada en todos los lugares observados; pero no en todos adquirió la misma magnitud. En muchos casos, como en Encarnación, el faltante fue estimado entre un 1% y un 2%, mientras que en otros se calculó alrededor del 10% (algunas localidades del Departamento Caaguazú) y del 20% en Ciudad del Este. Es posible afirmar que el porcentaje de errores detectado en el cotejo entre la información existente en el documento del elector y en la de los padrones fue muy bajo (menor del 3%), y que con frecuencia esos errorres, cuando eran menores, no impidieron votar a esos ciudadanos por acuerdo de los Apoderados.

- El cierre del sufragio no se realizó en todas las mesas a la misma hora. En aquéllas en las que el comienzo se había postergado, se optó, en muchos casos, por correr también la hora del cierre. En algunas localidades hubo quejas porque ésto no ocurrió (Ciudad del Este).

- En Asunción, hacia el mediodía, las complicaciones en la apertura del sufragio, las dificultades con los padrones, la confusión con los lugares de votación y otros inconvenientes para votar que encontraban los ciudadanos provocaron expresiones de preocupación y de sospechas en los candidatos, electores y miembros de la prensa. El PRF y otros partidos menores pidieron la suspensión total de las elecciones y el Movimiento "Asunción para Todos" realizó por escrito una denuncia pública que alertaba sobre las dificultades que obstaculizaban el acto electoral. A pesar de esto, sin embargo, los partidos mayoritarios no cuestionaron la totalidad del acto; y con el correr de las horas, muchas de las dificultades se fueron subsanando y la votación se fue normalizando, culminando con la aceptación por parte de todos del acto electoral y de los resultados.

- Según la información de los observadores, en general el escrutinio se desarrolló con normalidad y prueba de ello es la escasa cantidad de incidentes registrados en el momento de realizar el cómputo en las MRV y las JES. Los resultados provisorios fueron conocidos en el tiempo considerado prudencial y en la mayor parte de los casos aceptados por todos los candidatos.

- En la ciudad de Asunción, las Juntas Parroquiales se encargaron de recoger los expedientes conteniendo las actas y los padrones, pero hubo alguna confusión que hizo que algunos de esos expedientes (sobres) fueran a la JEC. En la capital, el cómputo correspondiente se comenzó, en la mayoría de las parroquias de la ciudad, 3 días después con la presencia de miembros de la JEC, Juntas Parroquiales, Apoderados y Observadores de la OEA. Luego de realizada la verificación de cada expediente de mesa, se elevó una planilla con los resultados a la Dirección de Inscripción y Registro de la JEC para su cómputo.

Las elecciones complementarias

De las 206 elecciones municipales convocadas para el 26 de mayo, se postergaron o se suspendieron 29 (13,7%). Éstas no se realizaron por la falta de resolución de solicitudes de impugnación en los TE, o por la no llegada a tiempo de materiales y/o padrones, o porque los boletines de voto que llegaron tenían errores u omisiones. Además, se solicitó la anulación de elecciones en 10 municipios, por alteración de boletines (omisión o introducción de candidatos), o por abultamiento de padrones. Estos casos estaban pendientes de fallo en los TE por lo cual no fueron incluídos en el nuevo Decreto de convocatoria.

a) *Reorganización de la misión*

Con fecha 11 de junio de 1991, y para realizar elecciones en los 29 municipios cuyas elecciones fueron postergadas o suspendidas, el Gobierno paraguayo efectuó una nueva convocatoria electoral para el 23 de junio de 1991. Consecuentemente, el Gobierno del Paraguay, por nota del Sr. ministro de Relaciones Exteriores, Dr. Alexis Frutos Vaesken, solicitó al Sr. Secretario General de la OEA la continuación de la MOE para cubrir las nuevas elecciones (ver Anexo 8). En atención a tal solicitud, con fecha del 4 de junio de 1991, el Secretario General de OEA autorizó la extensión de la Misión para un período complementario de observación. Para este período, la Misión se redujo de 47 a 15 observadores para cubrir aproximadamente un 50 % de los municipios convocados.

Luego de haber considerado los medios disponibles, el número reducido de Observadores remanentes, el grado de complejidad electoral de los municipios convocados, la cantidad de electores, la distancia y facilidades de acceso desde Asunción, la Misión decidió tener presencia completa (período pre-comicios y acto electoral) en un número reducido de municipios (14) postergados/supendidos, que representó, de todas maneras, un 74% aproximadamente de los electores participantes en estas nuevas elecciones. Estos municipios fueron: Luque, M. Roque Alonso, Areguá, San Lorenzo, San Bernardino, Capiatá, Lambaré, San Antonio, Pte. Franco, Hernandarias, Santa Rita, Santa Rosa del Monday, Naranjal, y Coronel Oviedo. La Misión también cubrió parcialmente (período pre-comicios) un número adicional de municipios, a saber: R. A. Oviedo, Pirayu, Piribebuy, Guarambaré, Itá, J. A. Saldívar y Villa Hayes.

El trabajo de la Misión a partir del 27 de mayo se concentró en:

i)   en el seguimiento del escrutinio de los comicios del 26 de mayo de 1991 y en la proclamación oficial de los resultados de las elecciones (función a cargo de las Juntas Municipales salientes);

ii) en el relevamiento de la situación de los municipios en los que se realizarían las elecciones complementarias (campaña electoral, actividades proselitistas, cobertura periodística, denuncias e impugnaciones);

iii) en el seguimiento de la organización administrativo -logística de los nuevos comicios; y finalmente,

iv) en la observación tanto del acto electoral en el mayor número posible de MRV como del escrutinio en las JES de los municipios cubiertos.

El seguimiento del escrutinio después de las elecciones del 26 de mayo incluyó visitas a las JES, a las parroquias de Asunción y a la JEC propiamente dicha. En ellas se observaron la recepción de actas y documentación, los procedimientos de consolidación de resultados y, en el caso de Asunción, el ingreso de datos a los sistemas computarizados de conteo. También en Asunción se presenció el acto de juzgamiento de las elecciones por parte de la Honorable Junta Municipal saliente y la proclamación de la nueva Junta Municipal, la que a su vez proclamó al nuevo Intendente de Asunción, Dr. Carlos Filizzola.

b) *Organización de la elección*

Con respecto a la *organización administrativo-logística*, entre los aspectos que fueron motivo de especial atención por parte de los observadores figuraron, por un lado, la situación jurídica-electoral (impugnaciones y apelaciones) en que se encontraban los municipios convocados; y por el otro, la confección final y distribución de padrones, la preparación y entrega de útiles y materiales, la designación de autoriades de mesas, la asignación de los LV, los procesos de capacitación, y otros.

En este período de elecciones complementarias, aunque en menor medida que en el período de pre-comicios del 26 mayo, se percibieron todavía algunas dificultades de tipo logístico-administrativo manifestadas, por ejemplo, en el incumplimiento de plazos previstos para la entrega de materiales y padrones, en la provisión de materiales incompletos, y en la lentitud en la resolución de conflictos creados por la suspensión de miembros de algunas JES.

También en este período se observó disparidad, ambigüedad y contradicciones en la información provista por la JEC, las JES, los TE y las Juntas Municipales. Esto se constató cuando se trataba de obtener información sobre el juzgamiento de elecciones, proclamación de autoridades electas, impugnaciones y apelaciones pendientes, padrones, materiales, constitución de MRV, y otros asuntos relacionados con los municipios convocados. En muy pocas oportunidades los datos brindados fueron completos y fidedignos. Esto reveló una vez más la falta de integración y coordinación entre las partes del sistema electoral. Esta situación a su vez produjo incertidumbre en las autoridades partidarias y de movimientos independientes, en las autoridades electorales de los municipios convocados, en la prensa y en los mismos observadores.

En relación a la designación de autoridades electorales, las respectivas JES de los municipios visitados manifestaron que las autoridades electorales de las MRV ya habían sido designadas y notificadas; en algunos casos, se procedió a la revisión y cambio de los integrantes de las MRV.

Con referencia al proceso de información y capacitación de las autoridades y actores del proceso electoral, el Centro de Estudios para la Democracia (CED) informó a la Misión sobre la realización de 33 cursos de capacitación para miembros de las MRV en 16 de los nuevos municipios convocados. Se le hizo notar al CED que, del análisis de las Actas de Escrutinio de las elecciones anteriores, se constató la dificultad que tuvieron los miembros de varias MRV para registrar los resultados en las actas. Se sugirió, por lo tanto, que en los nuevos cursos para las elecciones del 23 de junio se insistiera en la forma correcta de escriturar los resultados. Se constató luego que en los siguientes Cursos se puso especial cuidado en la explicación de ese punto.

En algunos casos, la ANR organizó reuniones para dar capacitación doctrinaria a sus partidarios, especialmente para los cuadros jóvenes. No se identificaron acciones específicas para la capacitación de votantes, aunque los candidatos, en sus visitas y/o reuniones, tocaron el tema referido a los procedimientos para la emisión del voto. Por su parte, la JEC envió ejemplares del Manual de Instrucción para miembros de mesa y el afiche "Elecciones Municipales" que explicaban el procedimiento de votación.

Como en las elecciones anteriores, en general, se utilizaron locales de escuelas y colegios, y a veces el local de la Municipalidad como locales para los comicios. En ocasiones, se amplió el número de los LV. Para algunos, esto se hizo para evitar aglomeraciones y facilitar la emisión del voto en las compañías; para otros, éso fue para interferir con el control de la oposición el día de los comicios. En otros casos, los locales resultaron insuficientes, provocando aglomeraciones en las MRV el día de las elecciones.

A pesar de la intención de la JEC de entregar los materiales a las respectivas JES con por lo menos 5 días de anterioridad, se constató que en algunos casos se entregaron materiales (a veces incompletos) pocas horas antes del comicio (la tarde y/o noche anterior), lo cual determinó que en algunos municipios (M. Roque Alonso, San Lorenzo) éste comenzara con demoras.

Con respecto a la adopción de medidas de seguridad para comicio y escrutinio, la JEC y las JES solicitaron y obtuvieron asistencia policial. Se observó presencia policial y de las fuerzas armadas, dentro y fuera de los LV.

c) *Período pre-comicios*

Durante el período pre-comicios para las elecciones complementarias, la Misión realizó varias entrevistas y reuniones con autoridades de la JEC y de las JES de los municipios a cubrirse para tratar temas relacionados con la elaboración y distribución de padrones, con la distribución de documentación y materiales, y otros. En la mayoría de los casos, los observadores propiciaron reuniones conjuntas con los miembros de la JES, los candidatos y apoderados de los partidos políticos con el objeto de impulsar el diálogo y facilitar la solución de problemas relacionados a la organización de los comicios. Se mantuvieron reuniones con las autoridades de los TE para obtener información sobre los fallos pendientes en diversos municipios.

Se realizaron reuniones con la mayor parte de los candidatos y/o representantes de los partidos políticos que participaron en el proceso electoral. Se pudo constatar que el mayor grado de desconfianza y agresividad mutua se dio entre las candidaturas independientes (surgidas como desprendimientos de la ANR) y los candidatos del Partido Colorado. En términos generales, en el interior del país, los observadores tuvieron algunas dificultades para mantener comunicación fluida con los representantes de la ANR. Con frecuencia, su actitud fue evasiva y no muy favorable a proveer información. Los partidos de oposición y movimientos independientes, por otro lado, buscaron en forma permanente el contacto con la Misión de OEA y manifestaron sentirse resguardados por su presencia.

Los observadores concurrieron a reuniones, actos y/o manifestaciones proselitistas. Como en las elecciones previas, las principales actividades de los candidatos consistieron en contactos directos con pequeños grupos partidarios y usando el tipo de campaña de "puerta a puerta". Los actos públicos más significativos fueron los cierres de campaña. Dificultades en obtener información de los partidos políticos sobre los actos o reuniones de campaña limitó en cierta manera la participación de los Observadores en estas actividades. Durante este período, los observadores también tomaron contacto con representantes de organizaciones intermedias (iglesia, grupos de maestros, juventud y otros).

Como en el período anterior, en éste la propaganda de los distintos candidatos se canalizó principalmente a través de la radio, la televisión, los pasacalles y los afiches murales. Los candidatos informaron que los limitados recursos con los que contaron para su campaña fueron personales o provenientes de la sede local de su partido y/o de la colaboración de sus militantes. También manifestaron que no tuvieron limitaciones en cuanto a la libertad de expresión.

La prensa escrita, radiofónica y televisiva continuó la cobertura periodística de la campaña, aunque en menor grado que en la elección anterior. En la última semana, se intensificó la atención periodística sobre el tema electoral, y se observaron mayores espacios destinados a las elecciones y/o candidatos. No se advirtieron violaciones a la libertad de prensa.

Con respecto a la recepción e investigación de denuncias, se recibieron, durante este período, 3 denuncias formales sobre supuesto abultamiento de padrones (San Pedro de Icuamandiyú), adulteración de Actas (San Pedro del Paraná), adulteración y retención de cédulas para entregarlas el día de la votación a cambio de votos (Yuty). También se recibieron aisladas denuncias informales sobre posibilidad de agresiones por parte de miembros de la ANR; alteración de padrones; venta, falsificación y retención de cédulas de identidad. Como en el período anterior, en la mayoría de los casos, el seguimiento de ellas no resultó en evidencia concreta, y con frecuencia los problemas se resolvían entre las partes afectadas sin mayores consecuencias. Algunas de estas denuncias no se pudieron investigar por la inaccesibilidad de los municipios.

Se observaron solicitudes de impugnaciones en TE del país y apelaciones de fallos a la Suprema Corte. Como en el período anterior, la mayor parte de las solicitudes de impugnación y de las apelaciones tuvo su origen en el conflicto existente entre la ANR y los candidatos independientes que se separaron de ese partido, después de las elecciones internas.

d) El día de la elección

Las elecciones del 23 de junio de 1991 se llevaron a cabo en 27 de los 29 municipios convocados. En Pirayú no se realizaron comicios por causas judiciales pendientes relacionadas con la elaboración del padrón. En Mayor Martínez no se votó por conflicto entre nuevos miembros de la JES y por omisión de candidatos en el boletín de voto. En el Municipio de Hernandarias se realizaron comicios complementarios sólo para extranjeros (el Código Electoral permite a extranjeros residentes en el país el derecho al voto en elecciones municipales, Art. 79, 2).

En seis de los municipios observados se registró retraso significativo en la iniciación de los comicios, provocados por el atraso en armar las casillas de votación y/o por demoras en la distribución de materiales. En 3 municipios, los materiales llegaron incompletos, situación que se normalizó en el transcurso del día, por intervención de la JES y/o de los miembros de las MRV. En algunas mesas, se denunció que la tinta indeleble estaba diluída, lo que también fue corregido. Por otro lado, las MRV fueron correctamente integradas y en todas estuvieron presentes los Veedores.

En seis de los municipios observados se notaron problemas con el padrón, como ausencia de votantes incriptos, discrepancia entre los datos del padrón y los de las cédulas de identidad y denuncias sobre electores que figuraban en el padrón, pero que supuestamente vivían en otro municipio.

En términos generales, se observó que la mayoría de las autoridades electorales estuvo capacitada para desempeñar sus funciones aunque se dieron casos de inseguridad en el manejo de documentación electoral. La actitud de los votantes fue responsable y entusiasta. En los lugares observados, hubo un alto porcentaje de votantes (más del 70%) lo cual evidencia un alto espíritu cívico y un claro deseo de participación.

En varios de los municipios observados, se constató la presencia de militantes partidarios tratando de inducir el voto en los lugares de votación. En Coronel Oviedo, representantes de la ANR ejercieron fuertes presiones verbales a algunos votantes. En otros, se dieron algunos casos aislados de intentos de votos múltiples, votos dobles y uso de documentos adulterados.

Se observó la realización del escrutinio en las JES de 9 municipios. Por lo general, en ellos no se registraron mayores inconvenientes y se aceptaron los resultados en todos los casos. Sólo en Mariano Roque Alonso, se observó falta de luz e intento por parte de la JES de efectuar el escrutinio a puertas cerradas. Por otro lado, se tomó conocimiento de que en Santa Rosa del Monday, donde se observó el sufragio pero no el escrutinio, desaparecieron los boletines de voto y las actas de una MRV.

La prensa cubrió ampliamente la mayoría de los comicios complementarios observados, aunque la mayor cobertura se dió en los municipios de Lambaré y Mariano Roque Alonso donde se había anunciado la existencia de situaciones problemáticas. Las autoridades electorales evidenciaron, en general, buena voluntad y cooperación con los observadores. Los representantes de los partidos de oposición y movimientos independientes recurrieron permanentemente a ellos para solicitar su colaboración en distintas situaciones. Igualmente, los votantes manifestaron su complacencia por la presencia de la OEA. Esto se evidenció particularmente en los municipios más conflictivos, como Lambaré, Mariano Roque Alonso y Coronel Oviedo.

Las irregularidades constatadas en los municipios observados no fueron lo suficientemente numerosas o graves como para invalidar el acto eleccionario. Pero es de señalar que, en general, durante todo el proceso de las elecciones complementarias, se respetaron las normas electorales relativas al derecho al voto, al secreto del voto, a derechos y obligaciones de las autoridades electorales y a procedimientos para la votación y el escrutinio.

Conclusiones

Los resultados de la mayoría de las elecciones fueron juzgados por las respectivas Juntas Municipales salientes, como lo establecen los Arts. 239 y 240 del Código Electoral. En Asunción, el juzgamiento final de las elecciones para Concejales se realizó el 20 de junio y la proclamación de éstos —función de la Junta Municipal saliente— se realizó el 24 de junio. La Junta Municipal entrante proclamó en esa misma fecha al nuevo Intendente, Dr. Carlos Filizzola, quien tomó posesión de su cargo el día 26 de Junio.

De acuerdo con los resultados disponibles, en las dos elecciones realizadas el ANR (Partido Colorado) ganó en 155 municipios. En 42 municipios triunfó el principal partido de oposición, el PLRA; mientras que los movimientos independientes vencieron en siete municipios. La más importante victoria de éstos, sin embargo, se registró en la capital del país, donde el Movimiento "Asunción para Todos" consiguió el triunfo.

De los 206 municipios convocados para las elecciones del 26 de mayo, se postergaron o se suspendieron 29 comicios (el 13,7%) y se realizaron 177 (el 86,3%). Posteriormente, el Poder Ejecutivo convocó elecciones para estos municipios postergados y/o suspendidos para el 23 de junio de 1991. De las 29 elecciones convocadas, se realizaron 27 y 2 fueron postergadas.

Durante el día de los comicios del 26 de mayo, los 47 observadores de la OEA dieron cobertura completa (sufragio y escrutinio en MRV y JES) a 24 municipios, y cobertura parcial (sufragio) a 42, por un total de 66 municipios. Esta cobertura representó un 47,2% del electorado. Durante las elecciones del día 23 de junio, los 15 observadores remanentes de la OEA cubrieron el sufragio en 14 municipios, lo que representó la cobertura de un 74% del electorado de ese día. La combinación de las dos observaciones significó la cobertura de un total de 80 municipios, o de un 53% del total del electorado. Tanto las autoridades electorales como la ciudadanía en general recibieron la presencia de los Observadores de la OEA con una actitud cordial, cooperativa y apreciativa. En varias oportunidades se solicitó la colaboración de los observadores para facilitar y llevar adelante el proceso.

El sistema electoral establecido por el nuevo Código Electoral facilitó el desarrollo del pluralismo partidario, incluyendo las candidaturas independientes. Entre los principales partidos políticos y movimientos independientes que participaron figuraban la ANR (Partido Colorado), el PLRA, el PRF, el PDC, el Movimiento "Asunción para Todos" y otros.

En general, el Código Electoral que se utilizó no fue lo suficientemente claro y explícito sobre la distribución de funciones y atribuciones entre la JEC y las JES, hecho que dificultó las relaciones entre ellas y limitó la eficiencia de la organización de los comicios. Esto se observó inclusive en la relación entre la JEC y las Juntas Parroquiales de Asunción.

En varios municipios observados se constató demora en el cumplimiento de los plazos legales establecidos e incumplimiento de los procedimientos establecidos (sorteo) para la designación de los miembros de las MRV.

Aunque se constataron esfuerzos de información y capacitación por parte de la JEC, los partidos políticos y las organizaciones no-gubernamentales, éstos no parecieron haber llegado a las autoridades electorales de mesa ni a la población en general con suficiente antelación para obtener el efecto deseado. Durante los comicios se pudo observar en el comportamiento de los mismos cierto desconocimiento de las normas electorales. Tales esfuerzos parecieron haber mejorado para las elecciones complementarias del 23 de junio.

En ambas elecciones, la obtención, preparación y remisión de los útiles, boletines de votos y padrones mostró un considerable atraso. La provisión tardía de los materiales causó desconcierto y demora en la apertura de algunos comicios; en otros, los errores en o falta de boletines de votos y/o padrones provocó la suspensión de las elecciones.

La preparación, impresión y distribución de los padrones presentó dificultades en ambas elecciones, en la mayoría de los municipios observados. Los errores y/u omisiones en los mismos, su llegada tardía o su ausencia en los LV causaron confusión entre las autoridades electorales y la ciudadanía, y posiblemente contribuyó a la deserción de votantes. En algunos casos también provocó la suspensión del acto electoral. No obstante, los defectos en la preparación y distribución del padrón electoral no parecieron representar, por lo general, un intento de manipulación deliberada del padrón electoral en favor de algún partido político o candidato.

Los actos públicos de la actividad proselitista se cumplieron, en términos generales, con normalidad y en un ambiente de tranquilidad y entusiasmo partidario en los dos períodos electorales. En general, se percibió un clima de seguridad, de no agresividad, y de libertad de expresión para los candidatos y la ciudadanía, mostrando ésta un generalizado y alto grado de interés por las elecciones.

El trabajo de la prensa y la utilización de los medios de difusión por parte de las fuerzas políticas evolucionó en un ambiente de libertad y no se recibió mayor número de quejas o denuncias planteando contravenciones a la legislación vigente. Aunque sí, algunos candidatos indicaron que su campaña no recibía una adecuada cobertura en la prensa. Se observó libertad de prensa y de expresión, una variedad de opiniones, un relativo ambiente de seguridad para los candidatos y la ciudadanía; y un generalizado alto grado de interés periodístico y ciudadano por las elecciones. Los medios de comunicación realizaron una profusa cobertura del proceso electoral y, en general, se pudo observar el acceso de todos los candidatos a los medios de mayor difusión, salvo en algunos municipios donde los partidos opositores encontraron ciertas limitaciones para acceder a medios de comunicación controlados por ciudadanos afiliados al partido oficialista.

La mayoría de las denuncias recibidas por la Misión para las primeras elecciones tuvieron que ver con supuestas arbitrariedades de las autoridades electorales o partidos políticos y con problemas logísticos en la organización del comicio. En menor medida las denuncias se referían a problemas calificados como actos de agresión contra personas. Para las elecciones complementarias, las pocas denuncias recibidas fueron sobre supuesto abultamiento de padrones, adulteración de Actas, adulteración, venta o retención de cédulas. También hubo denuncias aisladas sobre posibilidad de agresiones por parte de miembros de la ANR. En la mayoría de los casos, los correspondientes seguimientos no evidenciaron pruebas concretas sobre tales denuncias. En otros casos, los problemas planteados no violaban gravemente la Ley Electoral y se solucionaron entre las partes afectadas sin mayores consecuencias, o se resolvieron por la vía legal establecida. Hubo, así también, denuncias a las que no se le pudo dar seguimiento por la lejanía e inaccesibilidad de los municipios.

En el último tramo del período pre-comicios de las dos elecciones, las impugnaciones que se presentaron y se apelaron ante la Justicia Electoral y que no tuvieron resolución antes de las elecciones fueron causales de postergación de elecciones en algunos municipios. Los miembros y autoridades de la JEC fueron designados provisionalmente por la Cámara de Diputados de la Nación, en forma proporcional a la representación que cuentan los partidos políticos en el Congreso Nacional. Por otro lado, los miembros de las JES fueron designados por la JEC, previa propuesta de los partidos políticos, y en la misma proporción indicada para la JEC. Este método de nombramiento de autoridades electorales generó cuestionamientos sobre la posible parcialidad e injerencia política en la funciones y decisiones técnicas de la JEC.

En conclusión, se pudo observar que existieron fallas de diseño, organización y ejecución en el sistema de confección del padrón electoral, pero no se detectó indicio alguno que permitiera suponer una manipulación deliberada del padrón electoral por acción u omisión en favor de ningún partido político o candidato. Es más, el padrón electoral confeccionado para estas elecciones se consideró que podría servir de base para las futuras elecciones, aunque con el rediseño de los procedimientos administrativos de captación de información para incorporar los 760.000 ciudadanos no inscriptos y aquéllos que cumplirían edad de votar.

Con respecto a la operación del sistema, en general, se observó una fragmentación y una insuficiente coordinación central e integración entre las partes del mismo, incluyendo la JEC, las JES, las MRV, los TE y las Juntas Municipales. Con frecuencia, esto produjo falta de información, contradicciones, incertidumbre e irregularidades en el proceso, que dificultó la organización y la administración de los comicios, así como la votación misma en los días que se sufragó. No obstante, esas dificultades técnico-organizativas y logísticas no parecieron haber indicado intentos de favorecer a uno u otro canditato, ni fueron lo suficientemente numerosas o graves para invalidar la totalidad de los actos electorales. La complejidad de organizar 206 elecciones, la falta de experiencia y tradición en la materia, el limitado cuerpo de conocimiento e información existente sobre temas electorales, la escasez de recursos humanos capacitados para la tarea y los pocos recursos materiales disponibles son posibles factores explicativos de las dificultades e irregularidades que se evidenciaron en el proceso.

Estas dificultades con los materiales y los padrones también motivaron expresiones de preocupación y de sospechas por parte de los candidatos, electores y miembros de la prensa. Pero muchas de ellas se fueron resolviendo durante el proceso de votación, y, eventualmente, hubo una aceptación generalizada de los resultados por parte de todos. Las dificultades tendieron a disminuir durante las elecciones complementarias.

En términos de la participación ciudadana en los comicios, en Asunción, por ejemplo, muchos votantes debieron soportar prolongadas esperas y recorrer varios locales buscando la MRV en la que debían votar, lo que pudo haber provocado la deserción de algunos de su intento de sufragar. A pesar de las dificultades señaladas, la ciudadanía demostró un gran interés y deseo de votar, una encomiable paciencia y buena voluntad para encontrar su MRV. Un indicio de esta actitud es el nivel de participación al que se llegó: del 67 al 70% en el interior y entre un 70 y un 75% en Asunción, esto considerando que el voto no es obligatorio.

En general, todo el proceso electoral se llevó a cabo en un ambiente de seguridad y ausencia de violencia. La voluntad popular se expresó libremente y no se registraron incidentes graves durante el mismo. En ambos comicios, por lo general, se respetaron importantes componentes de las normas electorales vigentes: la práctica del voto secreto, el libre acceso a los lugares de votación, la ausencia de coerción, el uso de la tinta indeleble, la concurrencia de Veedores y Apoderados de los diversos partidos y la claridad del escrutinio, elementos éstos que legitimaron la consulta democrática.

Las autoridades electorales y miembros de la JEC, las JES, las MRV y los TE, en su mayoría, desarrollaron sus funciones con una actitud constructiva y con una extrema buena voluntad en vista de las dificultades logístico-administrativas y de la falta de recursos que tuvieron que enfrentar. Los Veedores y Apoderados también actuaron constructivamente e hicieron un aporte significativo para el cumplimiento correcto del acto comicial.

El Gobierno del Paraguay y las autoridades del ANR Partido Colorado y del PLRA expresaron al Secretario General su satisfacción y agradecimiento por las tareas realizadas por la MOE (ver Anexos 9 y 10).

CAPÍTULO IV

Las elecciones de convencionales constituyentes

Con fecha 12 de junio de 1991, la Asamblea Nacional, convocada para tratar el tema de la reforma constitucional, aprobó una declaración sobre la necesidad de una reforma total de la Constitución Nacional. Seguidamente, el Presidente de la República, por Decreto 9.963 del 18 de junio, convocó a "elecciones para elegir Convencionales Constituyentes que deben proceder a la reforma total de la Constitución Nacional vigente". El Art. segundo de la convocatoria estableció el día domingo 1^0 de diciembre de 1991 como fecha para la realización de las elecciones.

Organización de la Misión

El Gobierno de la República del Paraguay, por intermedio del Sr. ministro de Relaciones Exteriores, Dr. Alexis Frutos Vaesken, solicitó al Secretario General de la Organización de los Estados Americanos, Embajador João Clemente Baena Soares, con fecha 4 de octubre de 1991, el envío de una Misión de Observación Electoral para las elecciones de Convencionales Constituyentes del 1ro. de diciembre de 1991 (ver Anexo 11). Los Convencionales electos constituirían una Convención Nacional para la redacción de una nueva Constitución Nacional (Ley 18/91).

En respuesta a tal solicitud, el Secretario General, con nota del 8 de noviembre de 1991, comunicó al gobierno paraguayo su decisión de enviar una Misión de Observación Electoral y designó al Dr. Rubén M. Perina, como Coordinador de la Misión de Observación Electoral (ver Anexos 12 y 13). Subsecuentemente se efectuó un intercambio de notas para prorrogar los dos acuerdos firmados el 20 de marzo de 1991 entre la Secretaría General de la OEA, por un lado, y veedores el Ministerio de Relaciones Exteriores y la JEC del Paraguay, por el otro (ver Anexo 14).

A partir del 15 de noviembre, la MOE estableció su sede central en Asunción, en el edificio de la representación de la Secretaría General de la OEA en Paraguay.

Siguiendo la experiencia de la observación electoral anterior, se instalaron 7 subsedes de observación en las capitales de Departamento que figuran entre los más importantes distritos electorales (municipios) del país: Ciudad del Este, Caacupé, San Juan Bautista/San Ignacio, Coronel Oviedo, Villarrica, Encarnación y San Pedro. En cada una de ellas se situaron dos observadores, que cubrieron además una serie de municipios adyacentes. Por otra parte, desde Asunción se cubrieron los importantes distritos cercanos de San Lorenzo, Lambaré, Fernando de la Mora y Luque. Así se alcanzó a tener presencia en por lo menos 81 de los 206 municipios del país y en 12 de sus 16 departamentos. El número total de observadores, incluyendo los ubicados en Asunción, alcanzó 32 para el día de las elecciones. La mayoría de los mismos había participado en la observación de las elecciones municipales (ver Anexo 15).

El costo de la Misión alcanzó los US$ 120.000 aproximadamente, monto financiado por las contribuciones de los Estados Unidos y Alemania. El Gobierno del Paraguay puso a disposición de la misión un total de 3 vehículos que se utilizaron durante la observación.

Organización electoral

Una serie de leyes y disposiciones se dictaron a los efectos de ajustar el marco legal en que se llevarían a cabo las elecciones. En concordancia con lo dispuesto en los Arts. 223 de la Constitución vigente y 251 del Código Electoral, se dictó la Ley 18/91 que estableció las normas para la instalación y funcionamiento de la Convención Nacional Constituyente. Dicha Ley, en su Art. 1, fijó en 198 el número de miembros titulares de la Convención Constituyente, de los cuales 140 serían electos a través de lista nacional, 51 por listas departamentales (que variaban en número de miembros entre 9 y 2 de acuerdo con la población), 7 por la circunscripción de Asunción y dos por la Región Occidental. Los convencionales integrantes surgirían de las respectivas listas de contendientes, y de acuerdo con el sistema D'Hont de repartición proporcional.

Esta Ley especial estableció una serie de normas como la prohibición para ser electos convencionales al Presidente de la República, los Ministros, los Magistrados Judiciales, integrantes del Ministerio Público y Delegados de Gobierno e Intendentes, y fijó plazo de ciento veinte días, prorrogables por sesenta más para el estudio y sanción de la nueva Constitución. También modificó algunos plazos establecidos en el Código Electoral para adaptarlos a esta elección y se responsabilizó a la JEC por la realización del cómputo total del sufragio. Para ello las JES debían remitir dentro de las 24 horas posteriores al cierre del comicio los expedientes electorales a la JEC. En ella también se estipuló que en todas las cuestiones no previstas en esta Ley se aplicaría el Código Electoral.

Las principales listas nacionales contendientes fueron constituidas por el ANR (Partido Colorado), el PLRA, el PRF, el PDC, el PT, el PHP y el Movimiento Constitución para Todos (CPT).

Desde los primeros contactos tomados con autoridades electorales y partidarias se pudo comprobar un progreso significativo en la organización administrativa y logística de los comunicamicios con relación a la experiencia de las elecciones municipales de mayo y junio de 1991. En la misma JEC se apreció un mayor tecnicismo y organización entre los funcionarios, debido a la mayor experiencia y capacitación adquiridas desde las últimas elecciones y a la contratación de nuevos técnicos; en ella también se advirtió la adquisición de nuevos equipos.

a) *Designación de autoridades de las MRV*

En la mayoría de las seccionales electorales observadas la designación de las autoridades se realizó por medio de los métodos y los plazos establecidos. En algunos casos hubo conflicto y retraso en la integración de las mesas, pero éstos fueron generalmente solucionados por las partes antes de las elecciones. En varios casos, se observó que la designación se realizó por acuerdo entre las fuerzas políticas contendientes y no por sorteo, como lo indica el Código Electoral, como se efectuó en otros municipios.

Con respecto a las autoridades de JES, en la mayoría de los casos observados, estas actuaron con esmero, eficacia e imparcialidad; pero en algunos casos se observó que miembros de éstas también actuaban como autoridades partidarias y realizaban proselitismo. En el Municipio de Villarica, por ejemplo, el Presidente de la JES era candidato a constituyente por la Lista 1 (ANR), y la oficina de la JES se utilizaba para actividades proselitistas de esa agrupación política.

b) *Locales y útiles electorales*

Los locales para las votaciones también fueron designados y anunciados con suficiente antelación y la gran mayoría de ellos fueron adecuados para la realización del sufragio. Igualmente, los útiles fueron adquiridos y distribuidos con la necesaria anticipación. Ambos hechos evitaron la confusión y la tensión provocadas por la falta de información y los cambios de último momento en la experiencia electoral anterior.

c) *Capacitación*

En este aspecto también se observó una mejor organización. La JEC informó a la OEA que, a pedido de las JES, y para facilitar la capacitación, se contrataron personas con formación adecuada, a quienes en todo el país se instruyó para que actuaran como "monitores" en su propia localidad o seccional. Esos monitores (por lo general, notables de sus respectivas localidades y pertenecientes a diversos partidos) se encargaron de instruir a miembros de Mesas y Veedores, y de asesorar a las JES.

Asimismo, la JEC distribuyó material de instrucción y copias de normas jurídicas electorales a autoridades seccionales y de mesa. En algunas Seccionales se comprobó que la capacitación fue asumida sólo por los Partidos Políticos y por la organización no-gubernamental (ONG) Decidamos. La tarea realizada por Decidamos, que fue aceptada por las fuerzas políticas para instruir a sus propios militantes, representó una contribución al proceso electoral.

Dada la corta duración de esta Misión de Observación, no se pudo hacer un seguimiento y una evaluación adecuada de los cursos de capacitación. No obstante, en los cursos y reuniones que los observadores pudieron presenciar, se pudo comprobar en ellos una muy baja participación y la falta de material de enseñanza y de práctica.

d) *Padrones*

Se constató que la confección y distribución de padrones, uno de los aspectos más conflictivos de la experiencia electoral anterior, se encontraban en el período pre-comicios en una situación notablemente mejor. Se había realizado una depuración del padrón, eliminando menores, doble inscripción y otras deficiencias y hubo también un nuevo y breve período de inscripción.

En la ciudad de Asunción, la entrega anticipada del padrón a las Juntas Parroquiales de la ciudad permitió organizar un amplio y directo sistema de información a la ciudadanía para el conocimiento de Mesas y lugares de votación. Se instalaron así distintas oficinas de recepción de consultas para atención de los ciudadanos en diversas zonas de la capital y se habilitaron computadoras y líneas telefónicas especiales para ese trabajo. También se habilitaron móviles computarizados que recorrieron los barrios más alejados con el mismo fin. Esto permitió llegar al día de la elección de una manera organizada y con más seguridad y garantías para los electores y fuerzas políticas.

La distribución de los padrones de mesa a las JES de todo el país se realizó con suficiente antelación. Aunque en la mayoría de las Seccionales se entregaron copias del padrón a los contendientes, los partidos de oposición y el MCT (independiente) de algunas localidades denunciaron la falta de acceso a los padrones con la misma prontitud que los recibía el Partido Colorado, partido oficialista que integraba con mayoría los organismos electorales. En tales casos se reclamó la entrega de una copia del padrón, lo que eventualmente se consiguió para la mayoría de esos lugares. Para otros (por ejemplo, San Patricio y Antequera) los reclamos no llegaron a ser atendidos. En algunos municipios, por otro lado, se constató la falta de exhibición al público y se notaron deficiencias como ausencia de electores inscritos que habían votado en las elecciones anteriores, errores en los datos de los electores y doble inscripción. De todos modos, lo significativo fue la visible mejoría, con respecto a los comicios municipales, en la preparación y distribución del padrón.

Período pre-comicios

Tanto en Asunción como en los lugares observados en el interior del país, la Misión mantuvo unas 157 reuniones y entrevistas de trabajo con autoridades electorales, partidarias y gubernamentales. En tales reuniones se explicó el objetivo y la función de la Misión, se solicitó información y se ofreció la colaboración de la misma en el proceso electoral. En la gran mayoría de ellas, la Misión fue recibida con cordialidad y con sumo interés por su función.

Durante el período pre-comicios, la Misión también siguió detenidamente la actividad proselitista de los contendientes, la que se realizó con amplia libertad y ausencia de violencia. Se atendieron unos 50 actos, incluyendo concentraciones y marchas partidarias, paneles-debates y cierres de campaña. La mayoría de estos actos se realizó en Asunción, donde la actividad proselitista fue más intensa y una gran parte de éstos fue organizada por los dos principales contendientes, el PLRA y el Partido Colorado. En los lugares observados del interior se notó una relativa escasez de actos políticos al igual que una escasa concurrencia de partidarios a los actos realizados. Como en la experiencia electoral anterior, hubo preferencia por el método de campaña conocido como de "puerta a puerta" que consiste en visita de candidatos a domicilios de las vecindades o pueblos visitados.

Asimismo, en la propaganda política se observó la utilización de pasacalles, carteles y letreros en las paredes; y el reparto de gorras, panfletos, camisetas y globos en los actos.

También se constató el uso de la radio, la televisión y los periódicos para difundir el mensaje partidario. La mayoría de la propaganda efectuada a través de los medios de comunicación fue pagada por los partidos y aparentemente no se hizo uso adecuado de los espacios gratuitos disponibles por radio y televisión. Se observó que existió el libre acceso a los medios informativos, aunque se notó que el Partido Colorado utilizó estos medios con más frecuencia que las demás fuerzas políticas.

Simultáneamente, en contraste con lo observado en las elecciones municipales, se observó, entre el electorado y los dirigentes, una menor concurrencia a los actos proselitistas y un menor entusiasmo por la campaña y las elecciones. En por lo menos dos de los municipios observados (Villarrica y Lambaré) se observó la utilización de vehículos oficiales para actividades proselitistas. Es de señalar que la campaña electoral en los municipios observados se llevó a cabo en un ambiente de libertad de expresión y ausencia de violencia o de intimidaciones políticas.

Con respecto a la cobertura periodística del proceso electoral, se pudo observar la existencia de una amplia libertad de prensa y de una intensa y variada cobertura radial, escrita y televisada del proceso electoral y de la observación electoral, particularmente hacia el final del período pre-comicios. Como es de esperar, Asunción y sus alrederores fueron objeto de una mayor cobertura periodística que en el interior del país.

La Misión recibió denuncias o quejas informales y verbales, sin mayor evidencia específica o concreta, sobre destrucción de pasacalles, supuesta insinuación a favor de la Lista 1 (Partido Colorado) en los avisos periodísticos de la JEC, parcialidad y arbitrariedad de algunos presidentes de las JES, obstrucción por parte de autoridades de algunas JES en la acreditación de integrantes de Mesas, Apoderados y Veedores (San Pedro, Carapeguá, San Patricio, San Joaquín), no entrega de padrones a los partidos políticos, uso de bienes del Estado en la campaña de la ANR y arbitrariedad entre los medios de comunicación en la distribución de los espacios para mensajes partidarios. El seguimiento de las denuncias reveló que la mayoría de las cuestiones planteadas se solucionó entre las partes interesadas, con o sin la colaboración de la Misión; mientras que para las otras no se pudo obtener evidencias concretas o denuncias formales.

El día de la elección

Como se señaló anteriormente, durante el período pre-comicios, la Misión observó el proceso electoral en 81 municipios o Seccionales Electorales. El día de los comicios, sin embargo, los observadores presenciaron el sufragio en 45 municipios y el escrutinio en 21 de los mismos. Esos 45 municipios observados constituían los municipios (distritos electorales) más importantes del país, representando entre ellos aproximadamente el 50% del electorado (700.000 electores).

Tanto en Asunción como en la mayoría de los municipios observados, los informes de los observadores indicaron que la instalación de las MRV se efectuó a tiempo y sin mayores inconvenientes, contando éstas con los principales elementos para realizar los comicios: urna, tinta, boletines, actas, padrones y recinto secreto. Los informes también señalan que en un número reducido de MRV se constataron inconvenientes como la llegada tardía de algunos miembros de Mesas, la composición unipartidaria de algunas de éstas y la ausencia de padrones. Estos inconvenientes demoraron la apertura de algunas MRV, pero ellos se fueron resolviendo paulatinamente.

Con respecto a las autoridades electorales, los observadores pudieron apreciar que éstas estaban mejor capacitadas para las funciones de organización y administración electoral, principalmente en las tareas de distribución del material electoral, así como en la solución de problemas y consultas sobre el acto electoral. La gran mayoría de los miembros de las MRV cumplieron su cometido con eficiencia, aunque en algunos casos se percibió falta de agilidad en la calificación de los votos y en la preparación de las actas de cierre. Como resultado de la capacitación y de la experiencia electoral anterior, en el día de los comicios, se comprobó en las MRV observadas que las autoridades de las mismas conocían mejor sus funciones que en la elección anterior, aunque el manejo adecuado de los diferentes procedimientos requeridos en el proceso (el llenado de las actas, por ejemplo) era todavía deficiente en muchos casos. Esto indicó la necesidad de fortalecer los programas de información y capacitación.

Aunque en la gran mayoría de los lugares observados se constató que las autoridades de Mesas se comportaron imparcialmente facilitando la votación, en algunos pocos casos se notó cierta actitud prepotente y arbitraria por parte de las autoridades. Tal actitud condujo con frecuencia a quejas y altercados en los lugares de votación (Ciudad del Este, San Ignacio, Santa Rosa, San Miguel). En su mayoría, estas quejas eran en contra de partidarios de la ANR.

Es de señalar que en Asunción las Juntas Electorales Parroquiales mantuvieron durante al acto electoral delegados en cada centro de votación, cuya labor consistía en administrar el proceso a través de la provisión de material, verificación de la instalación de las Mesas y absolver las consultas ocasionales. En San Lorenzo, la JES constituyó una buena fuente de información para los electores, organizando en forma cronológica los pasos del proceso electoral.

En contraste con las elecciones municipales, el padrón no fue un elemento de confusión el día de los comicios. La ausencia de votantes en los mismos o los errores en ellos fueron insignificantes en los lugares observados.

Los comicios se realizaron con un nivel de participación que alcanzó el 52,3% en todo el país. En la mayoría de los lugares observados, la votación fue ordenada, pacífica y sin incidentes o impedimentos para ejercer el derecho al voto. La mayoría de los LV tenía una presencia moderada y discreta de efectivos de seguridad.

En la mayoría de los municipios observados, el escrutinio se desenvolvió con transparencia, rapidez y sin mayores inconvenientes. En Asunción, sin embargo, se apreció un desconocimiento y una confusión temporaria sobre el destino que tendría el expediente electoral (actas y otros documentos), una vez realizado el escrutinio de las Mesas. No había quedado claro si, luego del escrutinio y del cierre de las actas, el expediente debía ser enviado a la Junta Electoral Parroquial o a la JEC directamente. Finalmente, se resolvió que el mismo se entregara primero a la Junta Electoral Parroquial y desde allí se lo llevara a la JEC. Similar situación se observó en San Lorenzo.

El día de los comicios, como en días posteriores, la Misión, junto a los personeros de las principales fuerzas políticas, observó la llegada de los expedientes electorales a la JEC, donde se revisaron las actas y se realizó el escrutinio nacional provisional. Los expedientes de Asunción y municipios cercanos llegaron rápidamente mientras que los más alejados tuvieron un atraso de varios días en llegar a la JEC.

Resultados finales

El 11 de diciembre, la JEC envió el cómputo provisional al Congreso Nacional para su evaluación final, institución que oficializó el resultado de las elecciones el día 16 de diciembre de 1991. El triunfo correspondió al Partido Colorado que obtuvo una mayoría del 61% de los votos, correspondiente a 122 Convencionales Constituyentes. En segundo lugar figuró el PLRA, que obtuvo el 27,7% de los votos, con derecho a 55 Convencionales Constituyentes y en tercer lugar resultó el CPT, con 9,6% de los votos, correspondiente a 19 Convencionales Constituyentes. La Convención se instaló el día 30 de diciembre y comenzó sus deliberaciones el día 9 de enero de 1992.

Conclusiones

Todos los medios de comunicación masiva dieron una amplia cobertura a las elecciones, no solamente divulgando el hecho sino facilitando información sobre los locales, forma de votar, transporte y demás asistencia al ciudadano. Todos ellos tuvieron presencia en los lugares de votación y transmitieron algún reclamo o queja de los electores.

En contraste con las elecciones municipales, las irregularidades observadas en estas elecciones fueron menos graves y numerosas y no lo fueron en una medida suficiente como para cuestionar su validez. La más común fue el proselitismo en, o cercano a, los lugares de votación. En la mayoría de los lugares observados se constató la actividad proselitista de partidarios de las principales fuerzas políticas, siendo los partidarios de la ANR los observados con más frecuencia en estas actividades. En algunos casos estas actividades causaron fuertes discusiones entre ciudadanos, que luego se resolvieron pacíficamente en el transcurso de la jornada electoral. A veces, la presencia de algún Observador de la OEA inhibió actividades políticas en el local de sufragio. Otras irregularidades observadas, con menor frecuencia, tuvieron que ver con la no aceptación por parte de autoridades de algunas JES (por lo general partidarios de la ANR) de Veedores y apoderados acreditados, con alguna demora en la apertura de Mesas por dificultades en su integración, con algunos defectos en el padrón y con algún uso de vehículos oficiales.

Estas irregularidades también fueron denunciadas verbalmente y por escrito a los observadores en el transcurso del sufragio. El mayor número de denuncias recibidas por los observadores estuvo relacionado a las irregularidades observadas; o sea, al proselitismo y a la no aceptación por parte de autoridades de algunas JES de Veedores y Apoderados acreditados. Las denuncias, en su mayoría, fueron en contra de los partidarios de la ANR. La mayoría de las denuncias fueron efectuadas por el MCT. También hubo denuncias por parte de la ANR y del PLRA.

Por otro lado, el PLRA, cuatro días depués de las elecciones, el 5 de diciembre, presentó a la Misión de Observación un memorándum en el que se denuncia que el Partido Colorado había cometido una serie de irregularidades en la etapa pre-electoral. En él figuran, entre otras, la reaparición del "descuento compulsivo de los sueldos de los funcionarios públicos", el proselitismo con recursos del Estado por parte de altos funcionarios del Gobierno, la utilización del logo "Lista 1" en vez del nombre del Partido Colorado en la propaganda partidaria, el uso "muy superior a lo permitido por la Ley Electoral" de los espacios en los medios de comunicación y "la sustracción de los pasacalles". Con respecto al día de los comicios, el memorándum denuncia la designación, por parte de la JEC, de los delegados electorales "por no estar esto contemplado en la Ley Electoral"; el proselitismo del Partido Colorado en los recintos electorales y su "masiva utilización de camiones, vehículos y útiles del Estado".

En contraste con las elecciones municipales del 26 de mayo y del 23 de junio, se observó una considerable mejoría en la organización logístico-administrativa de los comicios.

Las autoridades de MRV actuaron, por lo general, ciñéndose a las normas electorales, aunque en algunos pocos casos se notó cierta arbitrariedad que produjo discusiones en los lugares de votación. En varios casos observados, la selección de esas autoridades no se realizó por sorteo como lo indica el Código Electoral, sino por acuerdo entre las partes contendientes. Los miembros, por otro lado, estaban mejor capacitados para sus funciones que en las elecciones anteriores, pero en algunos casos se percibió todavía desconocimiento de las normas electorales y dificultades en el manejo de los procedimientos (por ejemplo, llenado de las actas, calificación de votos, preparación de actas de cierre).

El día de los comicios, las MRV se instalaron a tiempo y sin mayores inconvenientes; sólo un número reducido de ellas tuvo problemas con su apertura y su composición, pero ésto se resolvió en el transcurso de la jornada. Igualmente, las autoridades de las JES, en la mayoría de los casos observados funcionaron adecuadamente, aunque algunos de sus miembros también actuaban con arbitrariedad y desconocimiento de las normas electorales. En ciertos municipios las mismas se desempeñaban también como autoridades partidarias y realizaban proselitismo.

En la mayoría de los municipios observados, los locales y útiles electorales fueron provistos adecuadamente y con suficiente antelación. Se constató que la confección y distribución de padrones, uno de los aspectos más conflictivos de la experiencia electoral anterior, se realizó con suficiente antelación y en forma más organizada que en las elecciones municipales. En Asunción, la JEC puso al servicio de la ciudadanía un sistema de información para el conocimiento de lugares y mesas de votación. En algunos municipios del interior del país, las fuerzas políticas de oposición se quejaron por no tener el mismo acceso a los padrones que el Partido Colorado. En la mayoría de los casos, este problema se solucionó antes de los comicios. Por otro lado, los Observadores también notaron que en ciertos municipios no se llegó a exhibir públicamente el padrón.

Lo significativo es que, en la gran mayoría de MRV observadas el día de los comicios, los problemas con los padrones (por ejemplo, ausencia de electores, errores en los datos de los votantes y doble inscripción) no tuvieron una importante frecuencia como para dificultar la votación. De esta manera, los padrones no constituyeron un elemento de confusión y discordia como en las elecciones anteriores.

Se observó que existió el libre acceso a los medios informativos, aunque se notó que el Partido Colorado utilizó estos medios con más frecuencia que las demás fuerzas políticas. La campaña electoral se llevó a cabo en un ambiente de libertad de expresión y ausencia de violencia o intimidaciones políticas. Se observó la existencia de una amplia libertad de prensa y de una intensa y variada cobertura radial, escrita y televisada del proceso electoral y de la observación electoral, informando sobre la forma de votar, ubicación de locales y Mesas de Votación y otros.

En la gran mayoría de los lugares observados, los comicios se efectuaron en forma ordenada, pacífica y sin mayores incidentes o impedimentos para ejercer el derecho al voto. Se respetaron importantes procedimientos y normas del Código Electoral: los votantes tuvieron acceso libre a los lugares y Mesas de Votación; el voto fue secreto; se utilizó la tinta indeleble; Veedores y Apoderados de las fuerzas políticas tuvieron presencia contínua; y se contó con la presencia discreta de efectivos de seguridad. El escrutinio se desenvolvió con transparencia, rapidez y sin mayores inconvenientes, tanto en las MRV como en la JEC. Los resultados fueron aceptados por todas las fuerzas políticas contendientes.

La actitud hacia la Misión de Observación Electoral de la OEA, por parte de las autoridades electorales, gubernamentales, partidarias y de la ciudadanía, fue generalmente cordial, respetuosa y cooperativa, demostrando interés y satisfacción por su presencia.

El Gobierno del Paraguay y las autoridades de la ANR (Partido Colorado) y del PLRA expresaron su satisfacción y agradecimiento por la presencia de la Misión de Observación Electoral (ver Anexos 16 y 17).

CAPÍTULO V
Misión de observación pre-electoral

La consolidación de un sistema político democrático requiere de ajustes constantes en los marcos legales y los instrumentos y procedimientos por medio de los cuales los ciudadanos ejercen sus derechos.

Con las elecciones Municipales de mayo y junio de 1991 y con la elección de Convencionales Constituyentes de diciembre de 1991, el Paraguay inició una nueva etapa de su historia electoral. En ambos procesos, se constató la necesidad de introducir significativas mejoras en el sistema de organización y administración electoral con el propósito de acrecentar su eficacia y transparencia y así adquirir una aceptación más amplia entre las fuerzas políticas y la sociedad en general.

En ese contexto, diversos aspectos del proceso electoral fueron objeto de cuestionamientos por parte de los partidos de la oposición y reclamaron la atención de las autoridades gubernamentales y de los organismos electorales. La confección de los padrones en los que se registra a los ciudadanos habilitados para votar, el otorgamiento de los documentos que posibilitan el ejercicio del derecho al sufragio, la integración de los organismos encargados de vigilar el cumplimiento de las normas vigentes al respecto, la designación de sus autoridades, las tareas de capacitación de las autoridades electorales y de la ciudadanía en general y el conjunto de procedimientos administrativos vinculados a estos procesos se constituyeron en temas centrales del proceso político-electoral y de la observación de la OEA. Estos tópicos habían acaparado la atención en los dos procesos electorales inmediatamente anteriores.

Por invitación del Gobierno paraguayo se realizó en agosto de 1992 una tercera Misión de la OEA cuyo cometido era participar de los pasos previos concernientes a la elección general que se llevaría a cabo en abril de 1993. Por tal motivo, a los objetivos comunes a las misiones, en esa oportunidad se añadieron otros propósitos.

En el marco de las leyes electorales paraguayas, el objetivo de la Misión fue colaborar con las autoridades gubernamentales, electorales y partidarias en sus esfuerzos para asegurar la integridad, la transparencia y la confiabilidad en el proceso electoral. A tal efecto, la Misión se propuso identificar y precisar claramente cuáles eran las dudas, reclamos o denuncias que los principales protagonistas (y especialmente los partidos de oposición) tenían sobre el proceso pre-electoral, así como, los posibles mecanismos que facilitarían la resolución de conflictos y la creación de consenso entre las partes involucradas en el proceso electoral.

En este capítulo se presenta la síntesis de la información recogida por la Tercera Misión de la OEA. La descripción de los problemas organizativos y administrativos, las versiones de los sectores involucrados y los caminos ensayados para la superación de los conflictos ilustran aspectos esenciales del proceso político-electoral en el Paraguay y de la Observación Electoral. En ocasiones, para aquellas personas no familiarizadas con los problemas electorales, los aspectos técnicos y organizativos que demandan la realización de comicios son juzgados de escasa relevancia para la definición de un sistema político democrático, pero el ejercicio electoral es el mecanismo insustituible por medio del cual la ciudadanía internaliza los valores y los comportamientos que hacen a la esencia de la cultura política democrática. La construcción del sistema democrático depende en gran medida de la experiencia electoral.

En este capítulo se hace descripción pormenorizada de las gestiones y evaluaciones que se realizaron en ocasión de la Misión de Observación Pre-Electoral en agosto de 1992. Al respecto, en primer lugar, se llama la atención sobre la naturaleza de muchos de los aspectos y desafíos que ocupan la actividad política-electoral en un país cuando se intenta crear un sistema transparente y consensuado para competir por el poder político. En segundo lugar, y en directa relación con lo anterior, se trata de ilustrar sobre los diferentes niveles de indagación y trabajo con los que debe involucrarse una Misión de la OEA, la que, por una parte realiza tareas de observación, pero al mismo tiempo se constituye en un promotor y facilitador de mecanismos de acuerdo entre los protagonistas.

Organización de la Misión

Con fecha 10 de julio de 1992, el Gobierno de la República del Paraguay, por intermedio del señor ministro de Relaciones Exteriores, Dr. Alexis Frutos Vaesken, solicitó al Secretario General de la Organización de los Estados Americanos, Embajador João Clemente Baena Soares, el envío de una Misión de Observación Pre-Electoral "mientras dure el período de inscripciones que fenece el 31 de agosto de 1992" (ver Anexos 18 y 19).

En respuesta a tal solicitud, con fecha 29 de julio, el Secretario General informó al Sr. ministro de Relaciones Exteriores que la Misión solicitada llegaría al Paraguay a principios de agosto y que ésta estaría coordinada por el Dr. Rubén M. Perina, Asesor de la Unidad para la Promoción de la Democracia de la OEA, e incluiría al Dr. José Pirota, experto en registro civil, al Lic. Miguel Escudero, funcionario de la OEA y experto en informática, y a la Dra. Magdalena Trujillo, experta en organización electoral. Se acordó asimismo que la Misión se efectuaría en el marco de los acuerdos firmados el 20 de marzo de 1991 (ver Anexo 20).

En el transcurso de la Misión se realizaron reuniones y entrevistas con las más altas autoridades gubernamentales, tanto del Poder Ejecutivo, como del Poder Legislativo y el Poder Judicial, con las autoridades electorales, y con los representantes de los partidos políticos.

Análisis de las denuncias

De las reuniones y entrevistas con los partidos y movimientos de oposición, y de los documentos presentados a la Misión por el PLRA y el Alianza Encuentro Nacional (AEN), se pudo constatar que las preocupaciones y denuncias de éstos se concentraban principalmente en los siguientes temas:

a) Diferenciación por partido político que hace el Departamento de Identificación de la Policía en los formularios que se requieren llenar para obtener Cédulas de Identidad, y en la forma en que se recibe (o no se recibe) el pago (3.000 guaraníes o US$1,50) de las Cédulas por la ANR. La Cédula de Identidad es el documento oficial que se requiere para votar.

El Comisario General Francisco Ramírez, Jefe del Departamento de Identificaciones de la Policía, en reuniones con la Misión y dirigentes del PLRA (Dres. Benítez Florentín, Callizo y Diputado Arza), mostró los formularios que se entregaban a los "ceduladores" de la ANR, los que en efecto tenían una marca que los distinguía de los que se entregaban al PLRA o a ciudadanos que los solicitaban independientemente. El Comisario General explicó que se empleaba dicha marca, luego de un acuerdo con la ANR, para poder saber cuántas cédulas habría que cobrarle al coordinador de ese partido (Sr. Becker), y sostuvo que el propósito era contable y de ninguna manera político, ya que era indispensable cobrar las Cédulas para poder mantener la operación del moderno equipo de cedulación con que cuenta el Departamento. Mostró además los recibos de depósitos que se hacían a la contaduría luego de recibir los pagos al contado que hacía el coordinador de la ANR (83 millones de guaraníes).

El Comisario General aseguró a la Misión que no se utilizarían más las marcas en los formularios una vez que se hubiera sancionado la ley de gratuidad propuesta para mayores de 18 años que soliciten la Cédula por primera vez. Se pudo constatar asimismo que el PLRA realizaba el pago correspondiente para las Cédulas de sus afiliados al retirar los formularios que éstos debían llenar y no al momento de recibir la Cédula como lo hace la ANR. En síntesis, los "ceduladores" del PLRA pagaban cuando obtenían los formularios y los de la ANR cuando recibían la Cédulas terminadas. El PLRA denunció esta forma de cobro a la ANR como "un crédito o pago diferido" lesivo a la igualdad de partes, que violaba el Art. 15 del Código Electoral que impone la igualdad ante la ley.

El Comisario General también explicó que la ANR utilizaba este método centralizado para promover la cedulación de sus afiliados porque no existía otra manera de asegurar que los fondos, que pudiera proveer la ANR a los mismos, serían utilizados por éstos realmente para la cedulación. Según el Jefe de Identificaciones de la Policía, este procedimiento también se empleaba con empresas que solicitaban Cédulas para sus empleados.

Por otra parte, en presencia de los observadores, el Comisario General ofreció a los dirigentes del PLRA la posibilidad de que éstos pudieran verificar todo el proceso de cedulación, y expresó su disponibilidad y voluntad para responder a cualquier duda o preocupación que éstos tuvieran.

En una observación de campo, realizada por los observadores en las localidades de Luque y Limpio, se pudo constatar que en la primera localidad el equipo móvil policial de cedulación se hallaba instalado dentro del local del partido de la ANR. Dada la conotación partidaria de esta práctica, se creyó aconsejable utilizar escuelas, parroquias, municipios, juzgados, etc. para el proceso de cedulación. En Limpio, por otro lado, se recibieron quejas de que los equipos móviles no llegaban al lugar desde hace mucho tiempo, lo que obligaba a sus ciudadanos a trasladarse a Asunción para cedularse. Partidarios del PLRA denunciaron esta ausencia como una discriminación contra ellos.

En principio, la intervención de los partidos políticos en el proceso de cedulación, ya sea a través del pago por sus afiliados o del pedido y coordinación de la llegada de los móviles de cedulación a diferentes localidades del país, ofrecía la posibilidad de distinguir quienes son afiliados de uno u otro partido político, lo que podía, en teoría, ser utilizado por las autoridades policiales y gubernamentales para fines políticos. Cabe señalar, además, que eran los ciudadanos que no estaban afiliados a algún partido político los que se veían discriminados por esta práctica, que viola los principios de igualdad consagrados en la Constitución Nacional (Arts. 46 y 47), y el principio de la imparcialidad de todos los organismos del Estado (Art. 6 del Código Electoral). Finalmente, esta práctica tendió a favorecer a los partidos políticos de mayores recursos, en desmedro de los demás, en la cedulación de sus afiliados, contraviniendo el Art. 15 del Código Electoral que establece la igualdad ante la ley de todos los partidos políticos.

De todas maneras, este procedimiento de marcar los formularios sería eliminado a partir de la ley de gratuidad mencionada. En reuniones con el Presidente de la República y los Presidentes de las Cámaras de Diputados y de Senadores, éstos informaron a los observadores que tal ley estaba siendo tratada en ambas Cámaras. Finalmente, el Congreso la sancionó el día 20 de agosto.

Por otra parte, el General Sánchez, Jefe de la Policía Nacional, manifestó a los observadores, el 27 de agosto, que había dado instrucciones precisas para que los móviles de cedulación realizaran su trabajo en juzgados, alcaldías, escuelas, etc. y no en sedes partidarias. También informó a la Misión, el 31 de agosto, que la ley de gratuidad estaba en vigencia y que los procedimientos para la cedulación gratuita ya habían sido puestos en práctica.

b) Cobro de las partidas de nacimientos y matrimonio violando el Decreto/Ley 33 que establece su gratuidad (del 31 de marzo de 1992).

Las partidas de nacimiento y de matrimonio son documentos necesarios para obtener la Cédula de Identidad.

En reuniones con las autoridades del Ministerio de Justicia y Trabajo, se informó a los observadores sobre la promulgación del Decreto/Ley que establecía la gratuidad para el otorgamiento de las partidas de nacimiento y de matrimonio; también sobre las visitas que se habían hecho, para promover el cumplimiento de este decreto, a los Registros Civiles y Juzgados de Paz del interior del país (estos últimos constituían el 70% de las oficinas de Registro Civil), y sobre la campaña publicitaria efectuada con ese mismo propósito. A su vez, se observó que estaba previsto legalmente (Art. 62, Ley 1.266 del

Registro Civil), un trámite sumarísimo e instantáneo que podían utilizar los ciudadanos indocumentados ante los Jueces de Paz, para la inscripción y posterior obtención de su partida de nacimiento. De este modo se contribuía y facilitaba la incorporación de un importante caudal de ciudadanos marginados hasta la fecha del proceso electoral.

Se reconoció en la reunión que en algunos casos los Jueces de Paz cobraban la expedición de partidas y la inscripción de personas indocumentadas; esta anormalidad en la actividad del Juez de Paz era una práctica tradicional que parecía imposible desterrar inmediatamente. Por otra parte, el Registro Civil carecía de jurisdicción punitiva directa sobre tales Jueces, que sí estaban sujetos a un complejo procedimiento constitucional de enjuiciamiento y remoción por parte del Poder Judicial.

Dado lo generalizado de esta práctica, y la falta de evidencias concretas de cobro discriminado a uno u otro partido, fue imposible para los observadores constatar "si sólo se cobraba a opositores". Sin embargo, y en vista de lo anterior, parecía imprescindible, para erradicar esta práctica, continuar con la enérgica campaña del Ministerio de Justicia y Trabajo, a través de Circulares o Directivas a los Jueces de Paz, instándolos al fiel cumplimiento de sus funciones de acuerdo con el Decreto/Ley 33/92.

Simultáneamente, pareció conveniente proporcionarle al Registro Civil la suficiente autonomía y presupuesto para suplantar paulatinamente los Jueces de Paz por Registradores que reunieran condiciones de idoneidad y profesionalismo, los que podían ser capacitados a través de cursos o seminarios especializados.

c) Carga de números de Cédulas de Identidad del padrón de la ANR en las computadoras de la JEC por parte de militares en servicio activo.

Técnicamente esta operación pudiera haberse realizado, con todas sus implicancias posibles. Sin embargo, la Misión no pudo corroborar con otros medios probatorios complementarios las denuncias testimoniales del Sr. Falcón (copia de la cual el PLRA hizo llegar a la Misión). En el transcurso de las entrevistas y las inspecciones técnicas realizadas en la JEC, no se pudo obtener evidencia alguna de la existencia de los archivos y programas que hubieran sido necesarios en las respectivas bibliotecas del sistema de la JEC para la operación que se alegaba. Cabe señalar que el Sr. Falcón es un ex-empleado de las fuerzas armadas, y que tuvo un contrato de trabajo temporal en la JEC, contrato que no fue renovado por apreciarse, según la JEC, que su desempeño no reunía las condiciones de capacidad requerida para continuar sus labores.

La denuncia también sugirió la posibilidad de una interconexión entre los sistemas de la JEC, la ANR, el Departamento de Identificación de la Policía y el Comando en Jefe de las Fuerzas Armadas. La Misión pudo comprobar que, a pesar de la similitud de los equipos de las mencionadas instituciones, no existía ningún tipo de coordinación electrónica, es más, era notoria la falta de coordinación entre el proceso de cedulación y el de inscripción electoral (la que debía existir para facilitar este último). La única interacción que se pudo constatar entre la Unidad de Informática del Departamento de Identificaciones de la Policía y la JEC fue para esclarecer duplicaciones que aparecen en el Registro Cívico Permanente; y ésta se realizaba exclusivamente por el intercambio de listados impresos en la JEC y corregidos por personal de Identificaciones para su posterior envío a los digitadores de la JEC (relación prevista en el Art. 24 del Código Electoral).

Con respecto a la contratación de militares en la JEC, según las autoridades de ésta, después de la renuncia del Jefe del Centro de Cómputos, se realizó una ardua búsqueda de un especialista en análisis y programación de sistemas en el mercado privado, con resultado negativo. Esto obligó a recurrir a la Dirección General de Personal Público donde se ubicó al Cap. Oscar Velázquez, de comprobada experiencia con equipos similares a los de la JEC. El reclutamiento de este técnico se aprobó sin objeción por todos los miembros de la JEC, incluyendo al Sr. Joaquín Cazal, representante del PLRA y otros miembros representantes de los partidos de la oposición, como consta en acta de fecha 6 de agosto de 1991.

d) Traslado de 15 terminales de la Junta Electoral Central, por personal de las fuerzas armadas, al centro de Cómputos de la ANR.

La Misión verificó la existencia de las terminales en la JEC, cotejando el número de serie de las mismas con el inventario de equipos del organismo.

Por otro lado, la Contraloría General de la Nación, con fecha 1 de julio de 1992, corroboró en su informe de "Verificación de los Equipos de Computación de la Junta Electoral Central" la existencia de las mismas en las instalaciones de la empresas PS-LINE y de la IBM. Ese informe incluyó, como documentos de soporte, notas de ambas empresas.

e) Negativa de la JEC de entregar copias del Registro Cívico Permanente en cinta magnética en violación a las normas legales vigentes.

Según el Art. 121 del Código Electoral, los partidos políticos podían obtener copias del Registro Cívico Permanente, (compuesto del Registro Cívico Nacional y del padrón de extranjeros). El Registro indicado se formaría con la inscripción *calificada* de los ciudadanos y extranjeros que no estuvieran exceptuados por la Ley (Arts. 122 y 123); éste era público para los partidos políticos y los electores y sería depurado y ampliado anualmente (Art. 124). El concepto de *"inscripción calificada"* correspondía a inscripciones firmes que resultaban al finalizar el período de tachas y reclamos (período de calificación). Como ni siquiera se había terminado el período de inscripción, no había inscripciones calificadas nuevas con relación al padrón de diciembre de 1991, y por lo tanto no era posible disponer a la fecha de un Registro Cívico Permanente "actualizado", como lo solicitaba el PLRA. Por otro lado, cabe señalar que toda la documentación referida a la inscripción, como a tachas y reclamos, se encontraba en las JES, las que remitirían esa documentación a la JEC una vez terminado el período de calificación para conformar el padrón de las próximas elecciones (Art. 128).

Con respecto a la solicitud de recibir una copia del Padrón Electoral en cinta magnética, el Código Electoral no establecía la obligación de la JEC de proveer el padrón por ese medio. Por otro lado, se estimaba que la provisión del padrón en esa forma haría posible alteraciones que crearían una nueva fuente de conflicto, inseguridad y desconfianza. Sin embargo, existió voluntad por parte de las autoridades de la JEC de facilitar copias del padrón de diciembre de 1991 en papel, siempre y cuando se les proveyera del material y cinta impresora, dada las limitaciones de insumos que afligían a la JEC.

f) Nombramientos de funcionarios permanentes y transitorios propuestos por los partidos políticos, en cantidad proporcional al caudal electoral de los partidos en el DIR de la JEC.

El Art. 96 del Código Electoral establecía:

El Departamento de Inscripción y Registro tendrá un director designado a propuesta del Partido Político que haya obtenido la mayor cantidad de votos válidos en las últimas elecciones nacionales y un vice-director designado por el partido que le hubiera seguido en el número de votos. Los funcionarios serán nombrados a propuesta de los partidos, proporcionalmente al número de votos que hubieran obtenido en dichas elecciones nacionales.

La Misión comprobó que el Director y Vice-Director del referido Departamento respondían a lo preceptuado en el Código, cumpliéndose el contralor partidario correspondiente (Director del ANR y Vicedirector del PLRA). Se verificó también que había funcionarios pertenecientes a diferentes partidos dentro de los cuadros permanentes en el DIR (Brahin Haidar del PRF y Eduardo Pozzo del PLRA). En cuanto al resto del personal, las autoridades de la JEC expresaron que la selección de personal se realizó por la Comisión de Recursos Humanos de la misma, en base a las aptitudes personales y de acuerdo con las exigencias técnicas del cargo. Integraba dicha Comisión el Dr. Leopoldo Elizeche, Miembro de la JEC, representante del PRF.

g) Irregular integración de la JEC. Incumplimiento del principio de representación proporcional, (Art. 86 del Código Electoral).

La representación proporcional que establece el Art. 86, a que hacía referencia la denuncia del PLRA, era para una JEC cuyos miembros hubieran sido elegidos en comicios generales directos, y no era aplicable en esa oportunidad.

La integración de esa JEC se regía por la disposición transitoria del Art. 362, del Código Electoral, que estipulaba lo siguiente:

Hasta tanto se realice los comicios generales para elección de los miembros de Junta Electoral Central, la misma seguirá integrada con los miembros nominados por los partidos políticos y designados por la Honorable Cámara de Diputados en la proporción correspondiente a los votos obtenidos para la representación en el Congreso Nacional de las últimas elecciones generales.

Los miembros de la JEC fueron designados por la Cámara de Diputados de acuerdo con el artículo mencionado. Su composición respondía a los resultados de las elecciones de mayo de 1989, en las que la ANR obtuvo una amplia mayoría en el Congreso Nacional.

Por otra parte, el Art. 86 debía considerarse derogado en forma tácita por la nueva Constitución, al dejar de tener el organismo, en principio, carácter electivo (la JEC no estaba mencionada entre los organismos cuyos integrantes serían electos en las elecciones generales de 1993). Finalmente, cabe mencionar que la JEC mantenía la misma integración que tuvo para las elecciones Municipales y para la elección de Constituyentes.

h) Postergación del nombramiento del Sr. Darío Villalba como funcionario propuesto por el PLRA en el DIR de la JEC, imposibilitándose el control de ese departamento por parte del partido.

Como se indicó anteriormente, en el DIR de la JEC trabajaban los Sres. Ferreira (Vicedirector del Departamento) y Eduardo Pozzo (analista de sistemas), afiliados del

PLRA. El Sr. Darío Villalba fue funcionario permanente de la JEC, renunciando a tal puesto luego de las elecciones municipales de mayo de 1991. En esa oportunidad el PLRA realizaba gestiones para su reincorporación a la misma. Esto, sin embargo, se vió dificultado porque el Sr. Villalba efectuó una serie de denuncias contra el Sr. Grau y los miembros de la JEC, lo cual creó una situación conflictiva y de mutua desconfianza que parecía no favorecer su retorno como funcionario del DIR. Las autoridades de la JEC expresaron su voluntad de incorporar al DIR otro técnico propuesto por el PLRA.

Conclusiones

La Misión pudo observar que, para facilitar todo el proceso de cedulación y de inscripción electoral, parecía necesaria *una mayor coordinación inter-institucional entre los organismos partícipes del proceso*, incluyendo al Registro Civil, la Policía y a la JEC. Esto implicaba una mayor cooperación entre estos organismos para armonizar procedimientos y métodos de trabajo.

Con respecto al proceso de cedulación, la Misión constató que era aconsejable la realización de una campaña informativa y de exhortación a la cedulación a través de todo el país, en la que se tratara de eliminar, a la vez, toda asociación partidaria que pudiera ser percibida como discriminatoria de uno u otro partido.

En el transcurso de la Misión se inició un diálogo entre los partidos de oposición, particularmente el PLRA y el AEN (organizaciones que por otra parte lideran alianzas con otros partidos de oposición) y la JEC para establecer mecanismos de verificación periódica del proceso electoral. El propósito de esto era dar seguridad, transparencia y confianza a todos los participantes en el proceso. Con respecto a posibles mecanismos de verificación del proceso de inscripción electoral, por parte de los partidos políticos en la JEC, pareció necesario que las partes acordaran métodos de verificación y certificación que, por un lado, dieran seguridad a las autoridades de la JEC y que, por otro, proporcionaran confianza a los partidos políticos.

La JEC propuso un razonable método de verificación, por el cual esta permitía la visita en forma conjunta y periódica, o cuando fuere necesario, de los apoderados y los técnicos de los partidos políticos y movimientos oficializados independientes, para que, con la correspondiente supervisión y guía del Director del DIR, se familiarizaran con los métodos de trabajo y servicios que otorgaba el Departamento en relación al proceso pre-electoral y electoral. Estas visitas sólo iban a estar restringidas a las limitaciones de tiempo que se presentaran durante los períodos críticos de producción (ver Anexos 21 y 22).

Con estas visitas y reuniones periódicas los partidos políticos y movimientos podrían estar al tanto de los procedimientos y programas que se utilizaban para depurar, consultar, imprimir y organizar los padrones del registro electoral en las diferente etapas, tales como carga de nuevos inscritos, verificación de los mismos; modificación del Registro Cívico Permanente con las tachas y reclamos; organización de padrones en lo que respecta a los LV, Mesas y otros; impresión; confección de las actas; empaquetamiento y distribución de los elementos y útiles electorales a las diferentes JES.

La Misión notó la conveniencia de que, no obstante la opinión de la JEC sobre la inconstitucionalidad del Art. 96 del Código Electoral (nombramiento de funcionarios a propuesta de los partidos políticos), y dada la especialidad del organismo y el estado de desconfianza que existía, que la provisión de los cargos del DIR en el futuro se realizaran de acuerdo con la proporcionalidad establecida en dicho artículo. Esto no debía obviar la evaluación de las aptitudes personales de los candidatos propuestos por los partidos, y no debía significar que el funcionario desconociera las normas de subordinación jerárquica y de buena conducta, propia de toda administración. Debía tenerse en cuenta que el término "propuesto" no significaba estar a la orden del partido porque ello crearía un desorden administrativo, y violaría el Art. 101 de la Constitución Nacional ("los funcionarios y funcionarios públicos están al servicio del país").

Por otro lado, la Misión consideró que era de gran utilidad para el adecuado funcionamiento del DIR establecer un reglamento interno donde se definiera claramente cuales eran las normas de funcionamiento, como asimismo los derechos y deberes de los funcionarios (régimen de licencia, faltas, horario, omisión de los deberes inherentes al cargo, etc.).

La Misión detectó la necesidad, en el seno de la JEC, de establecer un programa de información pública rápida y continua, que tuviera el propósito de instruir a la ciudadanía, aclarar dudas y responder a denuncias que pudieran surgir durante el proceso electoral las cuales podían quitarle transparencia y credibilidad al mismo.

La Misión pudo observar la buena voluntad y la apertura por parte de la JEC y el Departamento de Inscripciones de la Policía para ponerse a disposición tanto de los observadores como de los partidos políticos y movimientos para evacuar cualquier pregunta, preocupación o duda sobre el proceso de inscripción y de cedulación.

Durante la estada de la Misión, la Corte Suprema de Justicia, con fecha del 19 de agosto de 1992, resolvió por unanimidad el conflicto constitucional de competencias planteado entre el Tribunal Electoral de la Capital y la JEC, ratificando a la JEC como responsable de la organización, dirección, fiscalización y realización de las elecciones de 1993. La continuación de este conflicto hubiera sido perjudicial para la organización de las elecciones de 1993.

La Misión observó que la Cámara de Diputados, el día 18 de agosto, trató y aprobó la ley de gratuidad para la cedulación de mayores de 18 años que solicitaran la Cédula por primera vez. El Senado la sancionó el día 20 de agosto, y se espera que será aplicada inmediatamente. También siguió con detenimiento el proceso legislativo referente a la sanción de la ley que extendía el proceso de inscripción electoral del 31 de agosto hasta el 30 de octubre de 1992, lo que hacía posible una mayor inscripción electoral. La Cámara de Diputados aprobó el 18 de agosto el proyecto de la nueva Ley Electoral que en su Art. 135 extendía el período de inscripción electoral.

La Misión recibió notas de agradecimiento por la labor realizada de parte de las autoridades del PLRA (ver Anexos 23 y 24).

CAPÍTULO VI
Las elecciones generales

El proceso de apertura del sistema político democrático que se inició en el Paraguay en febrero de 1989 tuvo como punto culminante de su primer etapa, la realización de las elecciones generales de abril de 1993. El caudal de conocimientos alcanzados a lo largo de las tres misiones que precedieron a esta nueva visita de la OEA fueron de extrema utilidad para que la Misión pudiera responder con idoneidad al mayor desafío político-electoral de la sociedad paraguaya de sus últimos años.

En efecto, muchos aspectos fundamentales de la vida política e institucional se habían modificado desde la Misión de Observación con motivos de las elecciones municipales de mayo de 1991. Una nueva y más participativa Constitución imponía un marco institucional diferente para una sociedad que había hecho notables avances en la ampliación e inclusión de los ciudadanos en su vida política.

A los partidos políticos tradicionales, el Partido Colorado y el PRLA se habían sumado nuevas organizaciones políticas, la libertad de organización, expresión y de prensa se habían expandido y consolidado, el poder militar ya no era incuestionable y los mecanismos legales y los procedimientos administrativos del sistema electoral, a pesar de arrastrar aún importantes deficiencias, también evidenciaban mejoras.

Estas circunstancias impusieron un contexto diferente a la Misión. A medida que los aspectos técnicos y de logística-administrativa podían ser desplazados paulatinamente hacia un espacio menos destacado, los problemas políticos reclamaban mayor atención. En relación con esto, la Misión intentó constantemente actuar como puente para el entendimiento entre los diferentes actores del proceso político y electoral. Uno de los ejemplos fue el "Acta de Compromiso democrático" que a instancias de la Misión firmaron las pricipales fuerzas políticas y que contribuyó a reducir la tensión que enrarecía el ambiente y la convivencia democrática.

Al representar esta elección en gran medida el cierre de una importante etapa en la vida política del Paraguay y a su vez de las diferentes misiones de Observación que realizó la OEA, se encontrarán en este capítulo constantes evaluaciones de carácter general acerca del sistema electoral y político. Sus conclusiones son el fruto de más de dos años de trabajo continuo con los problemas políticos, legales y electorales del Paraguay.

Organización de la Misión

Nuevamente la participación de la MOE de la OEA en el proceso electoral paraguayo de 1993 fue el resultado de la invitación del Gobierno del Paraguay al Secretario General de la Organización de Estados Americanos, para observar las Elecciones Generales que se realizaron el 9 de mayo de 1993. Por nota del 11 de marzo de 1993, el Secretario General, Embajador Baena Soares comunicó al ministro de Relaciones Exteriores, Dr. Alexis Frutos Vaesken, el envío de la Misión que estaría coordinada por el Dr. Rubén M. Perina, Coordinador General de la Misión de la UPD (ver Anexo 25).

La Observación Electoral quedó instrumentada a través del *Acuerdo sobre privilegios e inmunidades de los observadores* (Gobierno del Paraguay-Secretaría General de la OEA) y del *Acuerdo sobre Procedimientos de Observación Electoral* (JEC-Secretaría General de la OEA), suscriptos en 1991, en ocasión de la primera MOE de la OEA en el país, y cuya vigencia fue renovada para esa oportunidad.

El Dr. Rubén M. Perina, y un primer grupo de 5 observadores llegaron al país el 23 de marzo procediendo a la instalación de la Misión en las oficinas de la Secretaría General de la OEA en Asunción. Los demás observadores se fueron incorporando posteriormente hasta completar un total de 90 el día 9 de mayo, incluyendo 20 voluntarios facilitados por la Embajada Argentina en el Paraguay, los cuales se distribuyeron en las Coordinaciones Departamentales de acuerdo con los requerimientos de cobertura (ver Anexo 26). El 6 de mayo, se sumaron al Grupo de Observación el Secretario General de la OEA, su comitiva y dos observadores japoneses.

La Misión se realizó en el marco de los objetivos generales que guían este tipo de solicitudes de los países a la OEA. Fue también función de la Misión, en sus lugares de cobertura, dar seguimiento cercano a todas las actividades de la JEC y las JES referidas a la organización de las elecciones, tratando de que su presencia sirva como factor o elemento disuasivo o preventivo de posibles irregularidades (ver Anexo 27).

Durante todo el proceso, la Misión, a solicitud de cualquiera de las partes, con frecuencia actuó como intermediario o facilitador para resolver situaciones conflictivas, colaborando en la obtención y transmisión de información y/o en la aclaración de situaciones confusas o contradictorias.

Para el cumplimiento de los objetivos y funciones asignados, la Misión operó a través de 9 subsedes, cuyo radio de acción se extendió a uno o más departamentos, de acuerdo con la concentración de población y con su distribución geográfica. Así fue posible cubrir los 17 departamentos y los 176 distritos más importantes, de los 240 distritos electorales del país. El Coordinador de cada subsede fue responsable de las actividades de la Misión en esa zona, para lo cual contó con un grupo promedio de 5 observadores. En cada caso se contó con oficina y apoyo logístico para comunicaciones y vehículos. El Grupo de

Observadores de cada coordinación se conformó sobre la base de los siguientes criterios; grado de experiencia en tareas de Observación, profesión y nacionalidad.

La Misión logró establecer una red de comunicaciones, a través de la cual mantuvo conectada a la Sede Central con cada una de las sub-sedes del interior. Así también, estableció intercomunicación departamental entre las coordinaciones de Caacupé, Villarrica, Misiones y Coronel Oviedo. La instalación del sistema de comunicaciones fue facilitada por la colaboración de ANTELCO que proveyó a cada sede departamental con una línea de fax y/o teletipo y por lo menos con una línea telefónica. Cada una de las etapas del proceso de observación requirió de instrumentos adecuados para recoger la información de manera ágil, precisa, completa y fácilmente transmisible (ver Anexo 28).

El costo total de la Misión en el que se incluyen los gastos efectuados y la estimación de los aportes que realizaran el Gobierno del Paraguay y la OEA alcanzó a US$ 798.014,87 (ver Anexo 29).

Nuevos aspectos político-electorales

Con la sanción de la Constitución de 1992 fueron establecidos una serie de cambios en la organización institucional del Paraguay que debieron ser contemplados en el proceso electoral de 1993. Al mismo tiempo, la profundización del proceso democrático implicó el surgimiento de nuevos actores políticos y la mayor participación de la ciudadanía obligó a la realización de ajustes en los procedimientos habituales con los que se administraban las elecciones. En este sentido se destacan aquí los aspectos más sobresalientes de los cambios que tanto en el plano político, como en el electoral rodearon la convocatoria y realización de las elecciones generales de abril de 1993.

En lo político-partidario, en los sucesivos procesos de Observación, la Misión pudo verificar un aumento del espacio político por parte de los partidos y movimientos políticos. Para la convocatoria a Elecciones Generales 1993, el espectro político estuvo conformado por 14 candidaturas inscriptas ante la JEC, aunque en el momento de elección participaron para Presidente y Vicepresidente sólo 9 de ellas.

Sin embargo, el caudal político se concentró en las siguientes organizaciones: los dos partidos tradicionales, la ANR, PLRA y la AEN que incluyó, entre otros, la facción mayoritaria del PRF, y una facción del PDC.

Política y administrativamente, con la nueva Constitución de 1992 se estableció una división en departamentos (17), municipios y distritos, los cuales gozan de autonomía política, administrativa y normativa para la gestión de sus intereses, y de autarquía en la recaudación de sus recursos.

Los distritos se subdividen, a su vez en Colonias y Compañías. La ciudad de Asunción es la Capital de la República y no pertenece a ningún Departamento. Los departamentos son:

En la Región Oriental

Primer Departamento:	CONCEPCIÓN
Segundo:	SAN PEDRO
Tercero:	CORDILLERA
Cuarto:	GUAIRA

Quinto:	CAAGUAZÚ
Sexto:	CAAZAPA
Séptimo:	ITAPUÁ
Octavo:	MISIONES
Noveno:	PARAGUARÍ
Décimo:	ALTO PARANÁ
Undécimo:	CENTRAL
Décimo segundo:	NEEMBUCÚ
Décimo tercero:	AMAMBAY
Décimo cuarto:	CANINDEYÚ

En la Región Occidental

Décimo quinto:	PRESIDENTE HAYES
Décimo sexto:	ALTO PARAGUAY
Décimo séptimo:	BOQUERÓN

Según lo establece la Constitución de 1992, el Paraguay "... se constituye en Estado social de derecho, unitario, indivisible y descentralizado ..." y "... adopta para su gobierno la democracia representativa, participativa y pluralista fundada en el reconocimiento de la dignidad humana" (Título I, Art. 1).

El Gobierno es ejercido por los Poderes Legislativo, Ejecutivo y Judicial "en un sistema de independencia, equilibrio, coordinación y recíproco control". Ninguno de estos poderes puede atribuirse, ni otorgar a otro, ni a persona alguna, individual o colectiva facultades extraordinarias o la suma del Poder Público (Título I, Art. 3).

El Poder Ejecutivo es ejercido por el Presidente de la República, electo por votación del pueblo, por un periodo de 5 años y asistido por un gabinete de Ministros-Secretarios de Estado. El Poder Legislativo reside en el Congreso Nacional compuesto por dos Cámaras: la de Senadores (45 miembros titulares y 30 suplentes) y la de Diputados (con un mínimo de 80 miembros titulares y 80 suplentes). El término de mandato parlamentario es de 5 años.

El Poder Judicial es el custodio de la Constitución, la interpreta, la cumple y la hace cumplir. Está compuesto por la Corte Suprema de Justicia, los Tribunales y los Juzgados de los distintos fueros. La nueva Constitución establece además la formación del Consejo de la Magistratura, el Ministerio Público —ejercido por el Fiscal General de Estado y los agentes fiscales— previéndose una sección especial para la Justicia Electoral.

La Constitución de 1992 establece en su Art. 161, por primera vez, el Gobierno Departamental, ejercido por un Gobernador (en reemplazo del Delegado de Gobierno) y una Junta Departamental, elegidos por voto directo de los ciudadanos radicados en los respectivos departamentos. La elección se lleva a cabo en comicios coincidentes con las elecciones generales. Tanto el Gobernador como la Junta Departamental durarían 5 años en sus funciones.

El Gobernador representa al Poder Ejecutivo en la ejecución de la política nacional y no podrá ser reelecto. En las elecciones del 9 de mayo de 1993, se eligieron las primeras autoridades de los gobiernos departamentales.

En lo que respecta a la Organización y Administración Electoral, debe hacerse notar la conyuntura jurídica de transición que marcó el paso de un sistema constitucional (Constitución de 1967) a otro (Constitución de 1992). En ese sentido, uno de los cambios más significativos en la nueva Constitución fue la creación de la Justicia Electoral en la misma, la que, una vez conformada, pasará a ser responsable de todo lo concerniente a la materia electoral.

Sin embargo, en las Disposiciones Finales y Transitorias de esta nueva Constitución (Título V, Art. 6) se dispuso también que, hasta tanto se realicen los comicios generales de 1993, seguirán en función los organismos electorales actuales. Durante el proceso electoral, esta situación generó interpretaciones divergentes sobre cuáles debían ser las instituciones responsables por las elecciones del 9 de mayo.

A los efectos de las Elecciones Generales de 1993 estuvo vigente el Código Electoral Ley 01/90 con sus modificaciones, ampliaciones y supresiones (entre otras, Leyes 03/90, 79/91, 39/92, 75/92, Ley 132/93 y 154/93 y Resoluciones 6/92 y 7/92 del Tribunal Electoral de la Capital (TEC). En esta oportunidad, el Congreso Nacional estuvo a cargo del juzgamiento de las elecciones.

El punto de partida del proceso electoral lo determinó el Poder Ejecutivo, con la convocatoria a elecciones, que, según el Código Electoral, debía establecer la fecha, cargos y secciones electorales donde se realizarían los comicios. Esta atribución tiene trascendencia especial ya que, desde la fecha que se establece para las elecciones, se conforma un cronograma con plazos límites para el cumplimiento de diferentes actividades vinculadas con la contienda electoral, como ser, la presentación de candidaturas, la designación de autoridades de mesas y/o LV, la presentación de la lista de Veedores ante la JEC para su verificación y acreditación, etc. Además de la fijación de los cargos y secciones, la convocatoria es importante para la determinación de los lugares que componen un Departamento o un Distrito Electoral. También la ley encomendó al Poder Ejecutivo disponer la nueva convocatoria de elecciones, en los casos en que éstas no se hubieran realizado (Arts. 246, 247 y 248 del Código Electoral).

Por otra parte, es de destacar que, en esta ocasión, las Disposiciones Transitorias de la nueva Constitución (Art. 4) asignaron al TEC la atribución de fijar la fecha de las Elecciones Generales para 1993. Sin embargo, la fecha de las elecciones fue determinada por el Poder Ejecutivo en su convocatoria de elecciones por los decretos números 15.465 y 15.466 del 6 de noviembre de 1992. En marzo de 1993, el TEC, encontrando que esos decretos contenían defectos, intentó subsanarlo por resolución 2/93 de fecha 26 de marzo, en la que resolvió, *inter alia*, lo siguiente:

a) Oficiar al Poder Ejecutivo a fin de informarle sobre la necesidad de regularización de convocatoria a Elecciones Generales y Departamentales y la publicación y divulgación de las Secciones Electorales;

b) Establecer las Secciones Electorales (capital y 17 departamentos);

c) Establecer la cantidad de cargos para Diputados, Gobernadores y Juntas Departamentales de la capital y los 17 departamentos.

En la actualidad, existen 7 TE, en la capital y en las ciudades de Concepción, Coronel Oviedo, Encarnación, Pedro J. Caballero, Villarrica y Ciudad del Este, desde donde atienden las causas tramitadas ante el fuero electoral.

Por su parte, el Congreso Nacional tuvo a su cargo el Juicio de las Elecciones Generales de 1993 por expresa disposición de la Ley 75/92 Art. 3, ya que la Justicia Electoral de la cual habla la Constitución de 1992 quedaría organizada sólo después de realizadas las elecciones mencionadas, según se desprende del Art. 6 de las Disposiciones Finales y Transitorias de la misma.

La nueva Constitución en la Sección V, Capítulo III, Art. 273 introduce una significativa modificación en lo que respecta a la Justicia Electoral, creando el Tribunal Superior de Justicia Electoral. En ese sentido, la reforma básica sobre el tema, fue crear la Justicia Electoral que estará integrada por un Tribunal Superior de Justicia Electoral y por los Tribunales, Juzgados, Fiscalías y demás órganos a definirse por Ley que determinará su organización y funciones. La misma tendrá la siguiente atribución:

> ... la convocatoria, el juzgamiento, la organización, la dirección, la supervisión y la vigilancia de los actos y de las cuestiones derivadas de las Elecciones Generales, Departamentales y Municipales, así como de los derechos y de los títulos de quienes resulten elegidos ...

Lo anterior generó una controversia entre la JEC y el TEC. El TEC pretendió atribuírse todas las funciones otorgadas por la Constitución Nacional a la Justicia Electoral, argumentando que era la única Justicia Electoral existente, y cuestionando la facultad de la JEC para organizar el proceso electoral, e implícitamente, la del Poder Ejecutivo, para realizar la convocatoria. Los sustentos de cada uno en el conflicto giraron sobre la interpretación adecuada de las Disposiciones Finales y Transitorias del nuevo Estatuto Político, (Art. 6) que prorroga el funcionamiento de los distintos órganos existentes (JEC, JES, TE) hasta la realización de los Comicios Generales de 1993, siempre que no hubiera contradicción con la Constitución Nacional.

En agosto de 1992, durante la estadía de la Misión pre-electoral de la OEA, la Corte Suprema resolvió por unanimidad el conflicto constitucional de competencia planteado entre el TEC y la JEC, ratificando a la JEC como responsable de la organización, dirección, fiscalización y realización de las Elecciones de 1993. El fallo dió por terminado el conflicto. Otra divergencia importante surgió cuando el TEC relativizó la convocatoria del Poder Ejecutivo, entendiendo que, aún siendo su potestad, si se le permitiera convocar al Poder Ejecutivo, éste debería completar dicho acto con la mención de las secciones en las que se efectuarían las elecciones, ya que, de no hacerlo así, la convocatoria sería nula.

La Corte Suprema tuvo oportunidad de pronunciarse sobre el tema el 4 de mayo, en ocasión de una acción de inconstitucionalidad presentada por un grupo de legisladores a último momento (26 de abril), cuando, decidió rechazar "in limine litis" (sin más trámites) la acción, entendiendo que no existían vicios sustanciales en el acto de convocatoria (ver Anexos 30 y 31).

Para la elección correspondiente a Presidente, Vicepresidente y Senadores existió una sola circunscripción electoral nacional (Colegio único). Para la elección de Diputados, Gobernadores y Juntas Departamentales, la circunscripción fue departamental.

Se utilizó un solo boletín de voto para el caso de Presidente y Vicepresidente, uno para Senadores, uno para Diputados, uno para Gobernador y uno para Junta Departamental. Tal como lo indica el Código Electoral, los boletines únicos para cada cargo electivo (Presidente, Vicepresidente, Senadores, Diputados, Gobernador y Junta Departamental) estuvieron divididos en espacios cuadriláteros, con un color y número diferenciado (ver Anexo 32).

En Asunción se votó por Presidente, Vicepresidente, Senadores y Diputados (3 boletines). En tanto en los departamentos cada votante debió utilizar 5 boletines (Presidente, Vicepresidente, Senadores, Diputados, Gobernador y Junta Departamental).

La Constitución de 1992 establece el voto directo para todos los cargos, manteniendo vigente la normativa electoral que establecía el sistema de lista cerrada y de representación proporcional tipo D'Hont, para la integración de las Cámaras del Congreso; lo cual fue extendido a las Juntas Departamentales, por expresa disposición de la Ley 39/92, que a su vez determina la simple mayoría para la elección de Gobernadores. Para Presidente y Vicepresidente se modificó la Norma Electoral que requería la obtención de más del 50% de los votos válidos emitidos, por la sola exigencia de obtener el mayor número de votos válidos para ganar la Presidencia y la Vicepresidencia.

Período pre-comicios

Durante el período previo a la realización de los comicios del 9 de mayo, la Misión logró cubrir 176 de los 240 distritos electorales (73%). El Coordinador de la Misión y los observadores tomaron contacto y mantuvieron reuniones con distintas autoridades gubernamentales, electorales y partidarias, así como con candidatos a distintos cargos electivos. Estas reuniones, en los primeros días, permitieron recabar la información necesaria para el trabajo de la Misión, explicitar tanto su naturaleza como las características de los procedimientos de observación y constituyeron un ámbito propicio para acordar la colaboración necesaria para el mejor desarrollo del proceso electoral.

Con ese propósito, se mantuvieron reuniones con el Presidente de la República, General Andrés Rodríguez; con el ministro y viceministro de Relaciones Exteriores; con miembros de la Corte Suprema de Justicia de la Nación y de los TE; y con integrantes del Poder Legislativo, tanto de la Cámara de Senadores como de la de Diputados.

La Misión trabajó en forma permanente con la JEC, a través de su Presidente, miembros y funcionarios y, de la misma manera, con las JES en el interior del país. El día de la elección, los observadores estuvieron en contacto directo y permanente con las autoridades de las MRV quienes tuvieron a su cargo, en cada caso, la responsabilidad de conducir los procesos de votación.

Las entrevistas con los partidos políticos fueron canalizadas a través de sus jefes de campaña o de los miembros que los partidos o movimientos designaron para mantener el enlace con la Misión. También se realizaron reuniones con la mayoría de los candidatos a la Presidencia. En los departamentos se entrevistaron a los candidatos a Diputados, Gobernador y miembros de las Juntas Departamentales.

Fue también preocupación de la Misión comunicarse con entidades intermedias vinculadas con el proceso electoral. Y aún otras, como la Iglesia Católica, por su gran importancia y por su preocupación acerca del normal desarrollo del proceso democrático paraguayo. En tal sentido se entrevistó al Arzobispo de Asunción y a diversas jerarquías eclesiásticas en el interior del país. Con respecto a la relación con las ONGs se mantuvo estrecho contacto y colaboración con dos de ellas: SAKA y DECIDAMOS.

Con el apoyo del Instituto Nacional Demócrata para Asuntos Internacionales de Estados Unidos (NDI), SAKA organizó un conteo rápido y paralelo de los resultados de las elecciones a través de una muestra extraída de los resultados de las MRV el mismo día del comicio. Para ello contó con la colaboración de otras organizaciones nacionales como la Iglesia Católica, que decidió movilizar a sus feligreses para el trabajo del 9 de mayo. La operación de SAKA tuvo serias interferencias en el momento de su realización lo que motivó gestiones ante la Presidencia de la República por parte del Secretario General de la OEA, Embajador Baena Soares, y del ex-presidente norteamericano, Jimmy Carter, con el propósito de solicitar la resolución del problema.

En cuanto a DECIDAMOS, institución dedicada principalmente a la capacitación cívica de la ciudadanía en general, sin compromiso político partidario alguno, fue convocada por las autoridades de la JEC para cumplir tareas de capacitación de los miembros de las

MRV, Veedores y Apoderados partidarios, tarea que fue supervisada en sus aspectos técnicos por los observadores de OEA. La Misión también cooperó con los representantes del NDI, que también realizó trabajos de observación tanto del período pre-comicial como del día de las elecciones.

En el interior, los observadores tuvieron oportunidad de tomar contacto con otro tipo de organizaciones sociales intermedias, tales como entidades empresariales, sindicales, filantrópicas, etc. lo cual permitió auscultar la opinión y la forma en que las distintas comunidades vivieron el proceso.

La Misión promovió y colaboró con los Jefes de campaña de las principales fuerzas contendientes para la firma del "Acuerdo de Convivencia Democrática". Este acuerdo fue firmado por los candidatos Juan Carlos Wasmosy, del ANR, Domingo Laíno, del PLRA y Guillermo Caballero Vargas, del AEN. Los candidatos hicieron entrega al Coordinador General de la Misión de un ejemplar del acuerdo durante el trancurso de un sencillo acto realizado en la sede de la delegación de la OEA (ver Anexo 33).

El acuerdo estableció en cinco puntos la decisión de los firmantes de promover en la ciudadanía y en las autoridades electorales de distinto nivel una participación respetuosa de las normas vigentes. Asimismo se comprometieron a respetar la voluntad popular surgida de comicios limpios y legítimos y a rechazar cualquier posibilidad de interrupción u obstrucción del proceso electoral. El acuerdo adquirió particular significación en una semana plagada de rumores de golpes militares, y durante la cual se había presentado ante la Corte Suprema de Justicia un pedido de suspensión de las elecciones por parte de un grupo de Diputados y Senadores. La firma del mismo por los principales candidatos mencionados tuvo amplia y favorable cobertura periodística.

Los observadores de la OEA en el interior del país también promovieron y presenciaron la firma de acuerdos similares en tres departamentos, los que se difundieron públicamente como una contribución a la creación de un clima democrático que aportó garantías y seguridad a la población. Los acuerdos tuvieron lugar en los Departamentos de Misiones, Concepción y Caaguazú, y fueron suscriptos por los candidatos a la Gobernación de los mismos.

La atención brindada a la MOE de la OEA por la autoridades, los partidos políticos y candidatos y por las organizaciones, en general, fue cordial y de manifiesto interés por el trabajo desarrollado. Sin embargo, hubo algunas excepciones constituídas por autoridades electorales de las JES y Apoderados provenientes de la ANR, que tuvieron actitudes agresivas hacia los observadores en reuniones donde éstos intentaron obtener información sobre aspectos del proceso electoral. Tales los casos de San Patricio, Ayolas y Villa Florida en el Departamento de Misiones, Simón Bolivar en el Departamento de Caaguazú, Trinidad en Alto Paraná, Cambyretá y Carmen del Paraná en Itapúa, Carapeguá y Caraguatay en el Departamento de Cordillera.

Al comenzar la Misión, sobre todo en el interior del país, los observadores percibieron una actitud de desconfianza por parte de las autoridades electorales y de los representantes de los partidos políticos, especialmente la ANR. Con el transcurso del tiempo y del desarrollo de las actividades de Observación esa actitud de los partidos de oposición fue cambiando, persistiendo en cambio la relación distante con los miembros del Partido Colorado (ANR).

En la JEC, en términos generales, hubo una actitud de colaboración y apertura para con la Misión; sin embargo, en los primeros días de trabajo, y en los previos al día de la elección, en el Centro de Registros y Cómputo se restringió el acceso y la información de los observadores.

En términos generales, se percibió en la población (incluídas autoridades electorales y partidarias) un alto interés en las actividades de la Misión. Sin embargo, fue necesario aclarar en varias oportunidades la naturaleza de sus objetivos y funciones, y, en particular, el hecho de que no podía actuar como juez ni como árbitro del proceso electoral. Para despejar dudas y evitar malas interpretaciones por parte de quienes, por desconocimiento, pretendían una intervención de los observadores no compatible con sus funciones y atribuciones, con frecuencia se debió enfatizar que la naturaleza de la Misión era actuar con objetividad y ecuanimidad. Estos conceptos se expresaron en las reuniones mantenidas periódicamente con representantes partidarios, y se trató de transmitirlos a la opinión publica en conversaciones con los medios periodísticos, y a través de informes de prensa en los que se aclararon los alcances de la MOE y de sus actividades específicas.

Durante el transcurso de la Misión, los observadores mantuvieron 402 reuniones con los protagonistas del proceso electoral, tanto en Asunción como en los departamentos del interior.

a) Seguimiento de la cobertura periodística

Durante todo el proceso electoral pudo constatarse una intensa y libre actividad periodística, ya sea por medios escritos como por radio y televisión. Es destacable la existencia en el Paraguay de gran cantidad de medios de comunicación que realizan una cobertura minuciosa del acontecer político, a través de numerosos periodistas. En general, la dedicación y penetrante labor de la prensa durante el proceso electoral contribuyó al esclarecimiento y difusión de muchos temas y acontecimientos, lo cual resultó una colaboración preventiva y hasta disuasiva respecto de posibles violaciones de las normas electorales.

Se recibió una denuncia, sobre violación de libertad de expresión proveniente de Ciudad del Este, donde el AEN denunció interferencia intencional en su programa radiofónico emitido a través de Radio Parque de esa ciudad (de propiedad del candidato a Gobernador por la ANR, Sr. Carlos Barreto Sarubbi). Observadores de la OEA entrevistaron por este caso al Cnel. Eduardo Kischi, presidente de la Junta Administradora de ANTELCO quien explicó el procedimiento regular a través del cual la institución podía actuar para verificar los hechos y buscar la correspondiente solución. En este caso, debía presentarse una denuncia formal por parte del denunciante. Los observadores comunicaron a la AEN el resultado de la entrevista y le solicitaron copia de la denuncia, para hacer su seguimiento en ANTELCO. La Misión no tuvo información sobre si el EN presentó o no una denuncia formal.

A través de la prensa, se tomó conocimiento de una denuncia del Sindicato de Periodistas del Paraguay sobre el despido del periodista Nelson Insaurralde del Diario HOY, porque había publicado en ese diario (página 2 del 17 de abril) una fotografía del Gral. Lino Oviedo y otras personas, considerada "inconveniente" por la dirección del periódico. El despido del periodista contravino los Arts. 26 y 29 de la Constitución Nacional, sobre libertad de expresión y de prensa y para el ejercicio del periodismo respectivamente. Al poco tiempo el periodista fue restituído a sus funciones por presiones del Sindicato de Periodistas del Paraguay.

Aparte de lo anterior y según lo observado, en general, los candidatos tuvieron libre acceso a los medios de difusión masiva y pudieron, a través de ellos, plantear sus propuestas, difundir sus ideas y llevar a cabo su propaganda electoral.

Sin embargo, en ese entorno, la AEN presentó una acción judicial con el propósito de impedir manifestaciones periodísticas, supuestamente agraviantes para sus candidatos. Esta presentación fue considerada contraria a la libertad de prensa por parte de algunos medios, por lo cual, finalmente el movimiento AEN desistió de la demanda.

b) Seguimiento de las actividades proselitistas

Los observadores de la Misión, como parte de su tarea específica, presenciaron casi un centenar de actividades proselitistas de campaña (92), tales como: concentraciones públicas, conferencias, debates, caravanas de vehículos y de otro tipo. La campaña electoral no se caracterizó, tampoco esta vez, por una gran movilización callejera o por la realización de numerosos actos públicos, sino hasta la semana anterior a los comicios.

Las actividades proselitistas se realizaron, en una buena medida, en ámbitos reducidos, a través de visitas domiciliarias o dirigidas a grupos específicos de la sociedad paraguaya. En los últimos diez días, se notó un incremento en la movilización popular que demostró, en número significativo, su adhesión a distintos partidos y movimientos; por ejemplo, embanderando sus vehículos y usando una extensa gama de distintivos partidarios. La propaganda tuvo las características tradicionales en lo que hace a la publicidad gráfica, radiofónica y televisiva.

En cuanto a la observación directa de las campañas partidarias, se registraron pocos incidentes y se puede concluír que, en términos generales y en este sentido, fueron respetuosas y sus actividades se realizaron con orden y dentro del marco previsto por la ley. En la población, se pudo advertir una actitud espontánea, entusiasta y pacífica, sobre todo en los cierres de campaña.

Si bien se recibieron quejas y denuncias sobre la destrucción de propaganda gráfica en la vía pública (pasacalles en especial), tanto en Asunción como en los distritos del interior del país, la cantidad no fue significativa y se inscribe, lamentablemente, entre los hechos que se repiten con frecuencia en este tipo de procesos políticos.

c) *Asuntos sobresalientes en el proceso electoral*

Una serie de acontecimientos contribuyeron a enrarecer el ambiente político durante el proceso electoral. En este sentido, entre los asuntos y acontecimientos más sobresalientes se destacan: la participación de las Fuerzas Armadas en las actividades políticas, la presentación realizada ante la Corte Suprema de Justicia para que sean anuladas las elecciones, la utilización de los bienes estatales para actividades proselitistas y las presiones sobre funcionarios públicos para intervenir o financiar actividades partidarias.

La Constitución Nacional como el Código Electoral aluden a la situación de los militares con respecto al proceso electoral. El Art. 173 (Constitución Nacional) dice:

> Los militares en servicio activo ajustarán su desempeño a las leyes y reglamentos y no podrán afiliarse a ningún partido o movimiento alguno, ni realizar ningún tipo de actividad política.

En tanto el Código Electoral en su Art. 49 determina que

> Se abstendrán de toda actividad partidaria, o de movimiento político, cualquiera sea ella, los miembros de las FF.AA. de la Nación y los de las Fuerzas Policiales en servicio activo, que se hubiesen afiliado a un Partido o Movimiento Político antes de la promulgación del presente Código.

Y en el Art. 345:

> Serán castigados con la pena de 1 mes a 2 años de penitenciaría más una multa equivalente a 100 jornales mínimos... c) los miembros de las FF.AA. o policiales en servicio activo, o funcionarios de la Justicia Electoral que realizaren propaganda en favor de determinada candidatura.

Un hecho que suscitó gran inquietud y polémica generalizada en el país una semana antes de la realización de los comicios, fueron las expresiones del Gral. Lino César Oviedo, Comandante del 1er. Cuerpo de Ejército, durante un almuerzo realizado en el Ministerio del Interior. El Gral. Oviedo manifestó en esa oportunidad:

> ... la decisión de las Fuerzas Armadas es co-gobernar con el glorioso Partido Colorado, por secula seculorum, hasta que el país conquiste el bienestar y el bien común, le guste a quien le guste, moleste a quien moleste y chille quien chille' (ABC, miércoles 28 de abril, pág. 21).

Estaban presentes en esa ocasión la plana mayor del Partido Colorado, su candidato a la Presidencia, los Comandantes del Ejército, la Fuerza Aérea y la Armada Nacional, los Intendentes Colorados del interior del país y funcionarios del Ministerio del Interior.

En su discurso de ese día, recogido y comentado ampliamente por la prensa nacional y extranjera, el Gral. Oviedo manifestó también:

> ... ahora vamos a hacer el recutú (volveremos a ganar) y vamos a rubricar por un período más y después vamos a calcular lo que viene, más vale malo conocido que bueno por conocer. No quiero probar yo, ni todas las FF.AA. con otro partido político que desconocemos y que todavía no mandan y ya empiezan a ponerse en contra nuestra y hablar mal de nosotros y tratan de denigrarnos.

Esto último se refería a declaraciones del Diputado por el PLRA, el Dr. Miguel Abdón Saguier, con quien mantuvo un intercambio de expresiones públicas, cuya característica estuvo dada por un vocabulario agresivo y grosero.

Según manifestaciones del Fiscal Electoral, Dr. Miguel Ángel Aranda se inició proceso por delito electoral al Gral. Oviedo en el Juzgado de Primera Instancia, descartando el juzgamiento por el TE de la capital. La Fiscalía Electoral anunció que solicitaría a los distintos medios de comunicación los antecedentes y elementos probatorios de las declaraciones realizadas, como ser las grabaciones, para estudiar el caso.

Por otra parte, la prensa (NOTICIAS, sábado, 1º de mayo, pág. 14) recogió distintos hechos, entre los que se destacaba el que se dió en la ciudad de Villarrica, Departamento de Guairá. Allí, el 30 de abril, los principales dirigentes partidarios del coloradismo guaireño, Presidente y miembros de Seccionales se reunieron con el Comandante del 1er. Cuerpo de Ejército, Gral. Oviedo, en la Segunda División de Infantería. También estuvieron presentes el Comandante del 2do. Cuerpo de Ejército, Gral. Marino González, el Comandante de la 2da. División de Infantería, Gral. Daniel Idoyaga y el Vicealmirante Eduardo González Petit. En la misma publicación se informa que el Gral. Oviedo mantuvo reuniones similares en Pilar, Departamento de Ñeembucú y en Coronel Oviedo, Departamento de Caaguazú. También se informó que dirigentes de la ANR no tuvieron inconvenientes en confirmar que los asuntos tratados se refirieron al imperativo de mantener la disciplina partidaria apoyando la candidatura de la Lista 1.

En términos de la participación militar en la política en Paraguay, vale señalar que el Gral. Andrés Rodríguez en la proclama del 3 de febrero de 1989 expresó:

> Hemos salido de nuestros cuarteles en defensa de la dignidad y del honor de las FF.AA; por la unificación plena y total del coloradismo en el gobierno, y por la iniciación de la democratización en el Paraguay....

Un punto crítico durante el período pre-comicial, lo constituyó la presentación de una acción de inconstitucionalidad contra los decretos para la convocatoria a las Elecciones Generales expedidos por el Poder Ejecutivo. Un grupo de 22 Senadores y Diputados colorados, pertenecientes a corrientes contrarias a la candidatura del Ing. Wasmosy, promovió, con fecha 26 de abril, la acción de inconstitucionalidad contra los Decretos 15.465 y 15.466 del 6 de noviembre de 1992 por los cuales se convocaba a comicios generales. Los parlamentarios señalaron en su presentación que los decretos:

> Son de notoria inconstitucionalidad, por violar expresos requisitos exigidos en el Art. 158 del Código Electoral, especialmente los incisos b) y c) sobre los cargos a ser llenados y secciones electorales, respectivamente.

La acción también fue contra el Art. 2 de la Ley 132, del 5 de marzo de 1993, y contra la Resolución 2, del 26 de marzo de 1993, del TEC. La acción de insconstitucionalidad fue rechazada "in limine litis" (sin más trámite), y unánimemente, por la Corte Suprema de Justicia, en su Resolución del 4 de mayo de 1993.

El 14 de enero de 1993, el Poder Ejecutivo había emitido la Resolución 1/93 por la cual se prohibe, a los candidatos y funcionarios, realizar proselitismo dentro de las Instituciones Públicas. En tanto, el 1º de abril fue sancionada por el Senado, en el marco del proyecto de "Registro, uso y tenencia de vehículos de la Administración Pública", la prohibición del uso y tenencia de vehículos del Sector Público, para fines particulares o ajenos a la función pública, incluyendo las actividades proselitistas. No obstante ello, la malversación de los bienes del Estado durante la campaña política fue un asunto de permanente vigencia y de preocupación para diversos sectores políticos de la oposición.

Aunque la Misión recibió sólo 5 denuncias formales por parte de los partidos de oposición sobre la utilización de los bienes del Estado para actividades proselitistas por parte de la ANR, la prensa recogió múltiples denuncias sobre el tema. Así, tanto en Asunción como en los departamentos observados, se pudo comprobar lo siguiente: presencia de propaganda electoral (Lista 1) en las dependencias públicas; uso de vehículos de distintas instituciones oficiales para actividades proselitista de la ANR; y asistencia de empleados públicos a reuniones y actos políticos de la campaña colorada, en horario de oficina. Los casos más elocuentes fueron los de los entes binacionales Yacyretá, en el Departamento de Misiones, e Itaipú, en Alto Paraná.

Con referencia a las denuncias recogidas por la prensa escrita, el diario Noticias del 23 de abril da cuenta de la querella criminal ante el Juez Luis Maria Benítez Riera presentada por el candidato a Gobernador por el PLRA para el Departamento Central, Luis Alberto Wagner, contra la ANTELCO por supuestos hechos de malversaciones de bienes del Estado. Otras denuncias del mismo tenor informan sobre:

- el uso de vehículos del Ejército en Lambaré para transportar funcionarios públicos que iban a un mitin político del Ing. Wasmosy;
- uso de vehículos del Ministerio de Agricultura del Departamento de Itapúa, asignados a la campaña política de la ANR;
- uso de vehículos del Ministerio de Agricultura y Ganadería, del Banco Nacional de Fomento, del Instituto de Bienestar Rural, del Crédito Agrícola encampaña política de la ANR. El MAG borró todos los logos que identificaban los vehículos oficiales de dicha institución destinados a la campaña del coloradismo. (Los autos y funcionarios del Ministerios de Agricultura y Ganadería se encuentran diseminados a lo largo y a lo ancho de la República y tiene influencia considerable sobre los agricultores).

También fueron publicadas, en la prensa local, declaraciones del Contralor General de la Nación, Sr. Rubén Darío Guillén quien manifestó que, mediante las denuncias periodísticas sobre mala utilización de bienes del Estado, se podrían llevar a cabo sumarios administrativos y en consecuencia penar a aquéllos que cometieran infracción en ese contexto. Indicó también que la base de la investigación la constituyen las publicaciones de los periódicos y las fotografías que pudieran aportar los mismos medios y que la Ley que sirve como marco de pena para estos casos es la 200/70 Estatuto del Funcionario Público.

La presión sobre funcionarios públicos para que contribuyan a y/o participen en la campaña electoral de un partido político podría considerarse violatoria de los derechos fundamentales del individuo, entre otros, la libertad de expresión y de asociación, (por ejemplo, Arts. 25, 32, 42, y 125) que consagra la Constitución Nacional.

El 5 de abril de 1993, el Presidente de la ANR, Blás N. Riquelme, envió nota a los funcionarios públicos requiriendo aporte económico "voluntario" como afiliado de la ANR, a hacerse efectivo con el descuento de un mínimo de 1% de su sueldo sobre la base de la Ley 39/92 Art. 34 inc. k, que faculta a los partidos políticos a descontar hasta el 5% de los salarios de los funcionarios públicos o quienes ejercen cargos electivos.

La Misión recibió algunas denuncias informales sobre este particular, en el sentido de que el descuento era de carácter obligatorio así como la asistencia a reuniones políticas de la Lista 1. Los denunciantes no quisieron formalizar las denuncias, como en otras oportunidades, por temor a represalias.

La prensa escrita recogió denuncias sobre este tema:

- funcionarios de mandos medios y altos cargos del Hospital Nacional de Itauguá denunciaron que recibieron presiones por parte del Director del Hospital y de la Junta de Gobierno del Partido Colorado, para que acepten un descuento mensual de sus salarios en beneficio de la campaña política de la Lista 1;
- fuerte presión sobre los técnicos del servicio de extensión agrícola-ganadera asignados a localidades del interior, para que trabajen en favor del Partido Colorado. A cada funcionario se le habría asignado una compañía en cada zona donde trabaja para que visite a los productores (usando vehículos oficiales y en horas de trabajo);
- denuncia del Sindicato de Trabajadores del Ministerio Público (08/04/93) sobre presión ejercida sobre los funcionarios a través del panfleto 'No patees tu olla';
- denuncia del ministro de Educación, el Dr. Sapena Brugada (07/04/93) acusando al presidente del Partido Colorado de tratar de utilizar a los maestros y funcionarios del Ministerio como operadores políticos (despues de fuertes presiones políticas, el Ministro Sapena Brugada se vió obligado a renunciar);
- funcionarios del Ministerio de Hacienda desarrollan proselitismo en favor de la Lista 1 en pleno horario de trabajo (ABC, 13/04/93).

Como se ha dicho, algunas de estas denuncias, tanto en lo relativo al uso indebido de bienes del Estado, como a las presiones ejercidas sobre personas y/o instituciones, están siguiendo su curso legal, presentadas conjuntamente, por los partidos de oposición (PLRA y AEN) a la Fiscalía General del Estado.

d) Recepción y seguimiento de denuncias

Una nota distintiva respecto del tema de las denuncias es que, sobre todo a nivel departamental, la mayor parte de las quejas y denuncias que recibió la Misión se realizaron en el contexto de conversaciones informales. Las personas se negaron a formalizar las denuncias por escrito, por temor a represalias de sectores oficialistas.

Las 104 denuncias formales recibidas por la Misión durante el período pre-electoral, en su mayoría estuvieron referidas a cuestiones vinculadas con la organización de los comicios, tales como:

- Violación de normas para la integración de las MRV, la determinación de LV y la exhibición de padrones de Mesa
- Confección incorrecta de padrones
- Uso indebido de bienes del Estado en la campaña electoral
- Presión sobre empleados públicos para que se adhirieran al partido oficialista e intimidación personal por causas políticas. Los casos de intimidación no fueron generalizados y no provocaron perturbaciones graves en el desarrollo de la campaña electoral.

Hasta donde fue posible, la Misión realizó el seguimiento de las denuncias presentadas, en un esfuerzo contínuo para responder a las preocupaciones de las principales fuerzas de oposición (PLRA y AEN), quienes presentaron la mayor cantidad de denuncias (57-70,51%). Sin embargo, en muchos casos, no se contó con elementos suficientes para profundizar los seguimientos. Por ejemplo, muchas de las denuncias recibidas se referían a problemas en la confección del padrón, tales como multiplicidad de inscripciones, cambios de lugares de votación de electores sin aparente explicación, omisión de personas en el padrón y otros. Cuando se solicitó a los denunciantes concretar los casos y aportar las evidencias necesarias para realizar la investigación, la diligencia no fue siempre cumplida, razón por la cual la Misión no pudo frecuentemente, a pesar de su disposición, comprobar si la supuesta irregularidad tenía alguna explicación compatible con los procedimientos utilizados para la confección del padrón.

Cuando, como en el caso de la AEN, las denuncias vinieron acompañadas por listados de personas con dificultades en el padrón, los técnicos de la Misión realizaron una minuciosa investigación, en oportunidades acompañados por los interesados, para detectar el origen de los problemas. En la mayoría de los casos se encontró una explicación satisfactoria a las situaciones planteadas. Un ejemplo de esta actividad fue la investigación realizada sobre la denuncia presentada por el Dr. Ursino Barrios, candidato a Gobernador por la AEN para el Departamento Central, quien presentó una nómina de 77 personas que supuestamente no aparecían en el padrón de Fernando de la Mora. La Misión encontró que 66 estaban debidamente inscriptos y figuraban en el padrón y 11 no pudieron ser localizados por tener datos incompletos. Este tipo de tarea se llevó a cabo en repetidas oportunidades.

Organización y administración de las elecciones

a) El Código Electoral

Una de las funciones fundamentales de los observadores es la de verificar que tanto el comportamiento de los protagonistas del proceso electoral como los procedimientos utilizados se correspondan con las normas electorales vigentes. Por eso, el principal referente de la Observación lo constituyó el Código Electoral, que otorga el marco legal al proceso eleccionario. Los observadores realizaron un estudio previo del documento y lo consultaron en forma permanente durante todo este proceso, lo cual permitió advertir ciertas dificultades en su interpretación y aplicación (ver Anexo 34).

Por ejemplo, se identificaron Arts. que en su momento provocaron confusión y propiciaron errores, imputables en gran parte a la ambigüedad conceptual de la norma, a las contradicciones entre su articulado y/o entre su articulado y el de la Constitución Nacional, y falta de definición adecuada sobre el carácter, competencia y funciones de los organismos electorales. Entre los principales problemas se identificaron los relativos a la obligatoriedad del sufragio, los requisitos domiciliarios para el ciudadano, las disposiciones referidas a los partidos políticos, la coordinación entre las diferentes autoridades, la forma en que debe llevarse a cabo el cómputo parcial y final, las disposiciones relativas al proceso de impugnación, y otras que a continuación se reseñan.

El sufragio ha sido caracterizado en el Código Electoral como un derecho, deber y función pública, lo que permite considerarlo como obligatorio. Esta tesis se fortalece con la normativa que detalla quienes están excluídos de la obligación de votar (Art. 78). Sin embargo, no existe sanción al incumplimiento de este deber, por lo que puede inferirse que es voluntario; de lo contrario se requeriría la reglamentación legal. Otro aspecto notable, es que la inscripción en el Registro Cívico Permanente, condición indispensable para poder votar, aparenta ser optativa, con lo cual se da la paradoja de que si bien para el elector paraguayo sería obligatorio votar, no lo es inscribirse para poder hacerlo.

Por otra parte, en el Art. 2 se dispone que el ciudadano paraguayo debe estar radicado en el territorio nacional para ser elector. Dicha disposición, que tiene fuente constitucional ahora, precisa ser aclarada, ya que no existe un criterio para determinar cuándo el ciudadano adquiere la condición de elector (tiempo mínimo de residencia o tiempo de residencia inmediato anterior a las elecciones o domicilio real o domicilio permanente de los negocios, etc.); y su no especificación puede traer aparejada consecuencias, como la interpretación judicial que prohibió la entrada de ciudadanos paraguayos desde el extrajero el día anterior a los comicios, invocando tal disposición.

Sobre los partidos políticos existen disposiciones que requieren precisión, como las que marcan las diferencias entre movimiento y partido. Otro aspecto relacionado con este tema que requiere revisión es el de los representantes de los partidos. En efecto, originalmente, el Código Electoral, al establecer los requisitos para conformar una agrupación política, no limitaba la cantidad de Apoderados que podía tener cada partido, y por ende era posible deducir que podría haber tantos Apoderados como MRV. Ello motivó una modificación del Código, estableciendo que podía haber hasta un Apoderado por sección electoral y dos por local de votación. Pero el proyecto legislativo original de modificación requería que las designaciones fueran autenticadas por la JEC o las JES. El mismo requisito se estipulaba para las designaciones de Veedores. Esto produjo irritación y desconfianza en la oposición, por la composición partidista de esos organismos, y porque siempre se entendió que ésta era una atribución reservada internamente a los partidos y/o movimientos. Sin embargo, pocos días antes de las elecciones, la controversia se solucionó finalmente al incluirse en la legislación modificadora que la autenticación o verificación de Apoderados y Veedores se daba de hecho si las autoridades electorales no lo hacían con la diligencia necesaria. Esta estipulación despejó las dudas sobre los requisitos de verificación.

En este tema, en principio no existen disposiciones que causen grandes dificultades, ya que las atribuciones aparecen correctamente perfiladas en el estatuto legal, reconociéndose —en principio— que las JES tienen cierta autonomía en el ejercicio de algunas de sus funciones. Sin embargo, existen diferentes aspectos que deslucen esta afirmación ya que, por un lado, le está permitido a la JEC imponer la integración de las JES que no se constituyeran en forma legal; y por otro lado, está la norma que otorga al organismo central la superintendencia de toda la organización electoral, disposición que le sirve de sustento para expedir instrucciones a las reparticiones del interior. A ello se suma que el manejo del presupuesto para la organización electoral sólo está en manos de la JEC, por lo que los organismos seccionales dependen en este aspecto también de las decisiones de aquella para el cumplimiento de su misión. Una de las funciones más trascendentes de las JES es la de designar los LV al momento de la selección de los miembros de mesa, advirtiéndose que en la legislación no está previsto claramente el curso a seguir por la JEC si las JES no cumplieran debidamente con la designación de los LV, como ocurrió en ciertos distritos electorales.

Otro punto donde se constató cierta ambiguedad y confusión fue sobre el lugar donde se debía realizar el cómputo provisional de las Actas de Escrutinio, ya que originalmente la legislación disponía que cada JES efectuase el de su localidad, quedándose con un juego de las Actas. En esta oportunidad, la JEC entendió que el escrutinio local en las JES correspondía únicamente para elecciones Municipales; pero que en el caso de ser elecciones sólo de carácter departamental o nacional, como las del 9 de mayo, el cómputo debía ser realizado por la JEC; y por lo tanto se dispuso que las JES debían enviarle los expedientes electorales a la JEC dentro de las 24 horas siguientes al cierre de la votación.

Por otro lado, la JEC también dispuso que una de las tres Actas debía quedar resguardada en las JES, lo que hacía que los sobres cerrados y lacrados por las autoridades de las MRV, que contenían los expedientes electorales, se tuvieran que abrir necesariamente en cada sede de JES. Este hecho suscitó todo tipo de desconfianza y denuncias de fraude por parte de la oposición, particularmente cuando los sobres abiertos comenzaron a llegar a la JEC después de las elecciones.

Respecto a la impugnación de candidaturas se observaron fallas que se ha reiterado en los distintos procesos electorales. En efecto, el Código Electoral paraguayo prevé un sistema de impugnación de candidaturas demasiado extenso, ya que después de presentadas las impugnaciones se corre traslado a las distintas partes intervinientes, para luego dar término a su subsanación si fuera el caso y, por último, conceder tres días más para que se resuelva. Si esto ya resulta dilatado, existe todavía la revisión de lo decidido por la JEC por parte del Tribunal Electoral, el que a su tiempo tiene que cumplir todo un procedimiento que se contrapone con las características que posee todo cronograma electoral. Por eso ha ocurrido que, al momento de imprimirse los boletines de voto, aún no se sabía quienes eran los candidatos legalmente aptos. La salida legal que autorizaba la confección de los boletines de voto con impugnaciones sin resolver tampoco ofrecía una solución a esta contingencia, particularmente si se advierten las consecuencias de una resolución judicial desfavorable a un candidato ya presente en un boletín de sufragio.

Aparte de la necesidad de una ley orgánica propia para los TE que les dé la autonomía necesaria, deben anotarse fundamentalmente dos aspectos del estado de situación actual. En primer lugar, la frecuente aplicación de la legislación procesal civil a los asuntos electorales, con sus requeridos trámites, conflictúa o contradice la perentoriedad de los plazos electorales. Los plazos electorales deberían ser siempre corridos, computándose inclusive los días inhábiles; y algunos traslados judiciales son innecesarios, siendo suficiente con la vista del Fiscal Electoral. El sistema propuesto por la nueva Constitución, de colocar la organización general bajo la Justicia Electoral, resulta más apropiado ya que, al realizarse todo en el mismo fuero y sede, se prescindiría de realizar dos trámites y estudios sobre un mismo problema (por ejemplo, sobre condiciones de elegibilidad de un candidato).

En segundo lugar, deben perfilarse estrictamente los contornos de la revisión de las decisiones de los TE, ya que permitir una apelación ordinaria de todo lo resuelto no sólo contraría las exigencias de tiempo establecidas para el proceso electoral, tal como se ha indicado arriba, sino que se pierde la independencia que se reclama de esta institución electoral al sometérsela a otra instancia como es la Justicia común.

Por otra parte, entre los Art.s que requerirían un análisis para su posible modificación o fortalecimiento figuran los siguientes:

- Art. 75, lit. c) y Art. 81, lit. e), prohibición inherente a los miembros de las FF.AA., para participar en política y sanciones correspondientes por transgresión de la norma.
- Art. 84, sobre las oficinas de cedulación de las Secciones Electorales.
- Art. 98, num. 2 sobre la localización y funciones de las Juntas Electorales o de los organismos que las sustituyan en la nueva organización electoral.
- Art. 112, sobre las sesiones de trabajo de las Juntas Electorales o de los organismos sustitutivos de éstas.
- Art. 124, sobre los términos para entrega y depuración del Registro Cívico Permanente.
- Art. 131, lit. b), sobre Registro Electoral
- Art. 181, sobre la integración de las MRV.
- Art. 182, sobre la notificación a los miembros de las MRV.
- Art. 183, sobre la entrega del listado donde se definen los locales para las MRV.
- Art. 191, Art. 194, lit. c), Art. 232, sobre la entrega a los Veedores de los certificados del resultado de la votación, debidamente firmados por los miembros de las MRV.
- Art. 200, sobre el cumplimiento del horario para el trabajo en la MRV.
- Art. 221, num. 2, sobre el número de Veedores que puede sufragar en cada MRV.
- Art. 223, sobre la anotación del número de sufragantes en el formulario obrante en el padrón.
- Art. 236, sobre los plazos para realizar el primer cómputo de resultados comiciales.
- Art. 237, sobre los plazos para remitir los antecedentes de las elecciones a los organismos encargados de juzgarlas.
- Arts. 246, 247, 328, sobre el alcance de los porcentajes que obligan a la celebración de nuevas elecciones por diferentes causales.
- Art. 281, sobre la estructura de los organismos electorales y su autonomía.
- Arts. 283, 291, sobre la labor de los agentes fiscales,
- Art. 293, sobre la aplicación de las normas procesales civiles y de procedimiento penal,

- Arts. 327, 329, 331, sobre las causales de nulidad de las elecciones,
- Art. 333, sobre obligaciones de los ciudadanos que desempeñan funciones electorales y sobre la responsabilidad penal imputable a estos ciudadanos.
- Art. 334, sobre la calidad de documentación pública de toda la documentación electoral, incluyendo los Certificados de Escrutinios.

La experiencia y las deficiencias experimentadas en las 3 últimas elecciones debería facilitar la modificación y el fortalecimiento de la legislación en materia electoral. Para la implementación de una nueva y más adecuada estructura de organización electoral, se deberían considerar también los siguientes aspectos:

- Conservar los boletines de voto hasta el juzgamiento de la elecciones;
- Mejorar la capacitación de los miembros de las MRV. y de los delegados partidarios;
- Descentralizar el procesamiento de la información correspondientes a los resultados electorales;
- Fijar el principio que garantice la imparcialidad del Presidente, sus ministros y de todos los funcionarios públicos evitando su ingerencia en los procesos electorales;
- Convocar una nueva inscripción en el Registro Permanente.

b) *Preparación y administración de las elecciones*

La adquisición, preparación y distribución de los materiales para el día de los comicios, en todo el país, estuvo a cargo de la JEC que conformó una Comisión de Adquisiciones integrada por su presidente y dos miembros representantes de los partidos de oposición PLRA y PRF.

De acuerdo con lo observado, la adquisición de los materiales fue contratada con suficiente anterioridad, aunque, en algunos casos, se produjeron retrasos en las entregas, no atribuíbles al trabajo de la Junta. Por ejemplo, la impresión del Código Electoral y del Manual de Instrucción para Miembros de Mesa tuvo que ser retrasada debido a las modificaciones producidas por la ley 154 promulgada el 19 de abril, que introdujo modificaciones sustanciales en la forma de integrar las MRV.

Por otra parte, la impresión de los boletines de voto presentó algunas dificultades en cuanto al proceso de separación de colores. Si bien, se tomaron ciertas precauciones —en función de la complejidad técnica— para lograr que los boletines fueran iguales, sobre todo en el color, el hecho de haber repartido el trabajo entre varias imprentas produjo inconvenientes, lo cual obligó a una revisión manual boletín por boletín. Es de hacer notar que el color en los boletines de votos es identificatorio de los partidos y que en la gama de colores utilizada, había tonalidades parecidas.

Por otro lado, se señala que la diagramación de los boletines de voto debería modificarse, en caso de mantenerse el actual Código Electoral, para que se pueda realizar en el escrutinio la separación de los boletines por cargo, sin abrirlos, tal como lo indica la ley. También hubo mayores dificultades para conseguir la totalidad de la tinta indeleble, aunque recién se logró completar los 10.500 frascos necesarios el 24 de abril.

La distribución de los materiales al interior del país fue realizada por camiones y aviones del ejército, acompañados en todos los casos por un miembro de la JEC. Con respecto al trabajo en la JEC, se evalúa como tardía la contratación de recursos humanos y como insuficiente la disponibilidad de espacio físico para el cumplimiento de las tareas, lo cual produjo inconvenientes respecto del cumplimiento de los plazos establecidos.

En conclusión, y a pesar de las dificultades descritas sobre la organización, se puede advertir una sensible mejoría respecto de experiencias similares observadas por OEA en ocasiones anteriores.

c) *Confección y distribución de los padrones*

La confección y distribución de los padrones se constituyó en uno de los temas centrales de la observación, ya que fue uno de los puntos de mayor preocupación de los partidos y movimientos de oposición y el centro de las denuncias y acusaciones que manifestaron públicamente e hicieron llegar a la Misión. Ya en agosto de 1992, durante la observación pre-electoral, la Misión había advertido problemas en el proceso de inscripción, que sin duda incidieron en la elaboración del padrón electoral. Por ejemplo, se insistió en la falta de coordinación interinstitucional adecuada entre los principales componentes del proceso de empadronamiento: Registro Civil, Departamento de Identificaciones de la Policía y Registro Cívico Permanente de la JEC. En esa oportunidad, se señaló la conveniencia de eliminar toda asociación partidaria relacionada con el proceso de inscripción que pudiera percibirse como discriminatoria de uno u otro partido, ya que en la inscripción de las personas en el Registro Cívico Permanente participaban activamente los partidos políticos; y, además, la inscripción se realizaba en casas particulares en las que funcionaban las oficinas de las JES, lo cual siempre dio lugar a desconfianza por parte de la oposición (ver Cap. V).

En el transcurso de esa Misión pre-electoral la Misión promovió el inicio de un diálogo entre los partidos de oposición y la JEC para establecer mecanismos de verificación periódica del proceso electoral y en particular el de la confección del padrón. La JEC, por resolución 145/92 definió los niveles de verificación técnica que la institución podía ofrecer como medio de constatación de la transparencia de su gestión, e invitó a los partidos políticos a una reunión donde, con la presencia de los Observadores de la OEA, se explicó el procedimiento a ser implementado. Este mecanismo de verificación, sin embargo, no fue utilizado a cabalidad.

Durante la presente Misión se consideró conveniente destacar dos observadores, especialistas en la materia, para que realizaran el estudio del sistema informático a través del cual se confeccionó el padrón; y también para que realizaran el posterior seguimiento de las denuncias vinculadas con el tema. El personal técnico de la Misión, conjuntamente con el de la JEC, realizó las revisiones y seguimientos de los diferentes procesos y procedimientos efectuados en el sistema del Registro Cívico Permanente, base de información para la concepción del padrón. En ese sentido, se realizó un seguimiento de las fases de programación, desarrollo e implementación del sistema, así como de los puntos de control establecidos y las seguridades previstas. De igual forma, se realizaron muestreos de información, utilizando listados proporcionados por el PLRA y la AEN.

Las principales anormalidades denunciadas, causa de preocupación de las fuerzas políticas, fueron:

- la doble inscripción
- la alteración en los lugares de votación de muchos electores respecto de anteriores oportunidades en las que votaron

- la omisión de inscriptos

En menor medida se plantearon otro tipo de dificultades, como errores en el número de cédula de identidad, inclusión de fallecidos o menores y otras.

Durante las primeras semanas de abril, los observadores de la Misión presenciaron reuniones entre los representantes de la AEN, y el Director del Departamento de Inscripciones y Registros de la JEC, Sr. Adolfo Grau, en las cuales se trataron inquietudes y denuncias respecto a la elaboración del padrón electoral. La AEN denunció la existencia de 134.000 inscripciones incorrectas en el padrón, a favor de ANR. El Sr. Grau aclaró que se trataba en realidad de dobles o múltiples inscripciones en distintos distritos y que en total alcanzaban 200.000. Informó además que la situación se resolvió en su momento al mantenerse como válida la primera inscripción. También manifestó la intención de la institución de entregar a los partidos políticos información complementaria sobre cada uno de los casos presentados, por distrito y por índice alfabético. Con respecto a 26.000 votantes omitidos en el padrón, afirmó que fueron producto de defectos insalvables en las fichas de inscripción.

Respecto de los cambios en los lugares de votación de inscriptos, los partidos y movimientos manifestaron reiteradamente denuncias verbales, pero en muy pocos casos presentaron las evidencias que la Misión requirió para realizar la investigación y gestión correspondiente. Sin embargo, en los casos en que fue hecho el seguimiento, se obtuvo una explicación en relación con el sistema adoptado para la organización del padrón y la distribución de los LV, lo cual en principio, descartó la posibilidad de un manejo arbitrario de ese tema, en perjuicio de alguna fuerza política.

Con respecto a omisiones o posibles exclusiones, los técnicos de la OEA pudieron determinar, por medio de un listado proporcionado por el PLRA y la AEN, que los ciudadanos en cuestión estaban empadronados pero tenían problemas de doble inscripción, de dirección electoral diferente o eran personas fallecidas.

La distribución de los padrones a los partidos políticos se realizó en los plazos establecidos legalmente. Sin embargo, la AEN denunció formalmente ante los observadores que la ANR (Partido Colorado) había recibido los padrones con anticipación y que lo favorecía en el trabajo proselitista. Ese hecho no pudo ser comprobado fehacientemente por la Misión, pero provocó inquietud en medios políticos y fue registrado por los medios periodísticos.

La JEC prometió a las fuerzas políticas la entrega de un padrón confeccionado por orden alfabético, el cual se demoró y fue entregado sólo parcialmente a pesar de las gestiones de la Misión. Durante la verificación del correspondiente a Asunción, los técnicos de la Misión detectaron un error grave cometido por el personal técnico de la JEC quienes, al hacer la clasificación, no tomaron en cuenta la división de LV que existe para cada distrito electoral, y asignaron a todos los electores de cada distrito electoral un solo LV. La situación pudo ser superada a través de reuniones con los partidos políticos, sugeridas y gestionadas por la Misión, en las cuales se informó sobre la corrección del error, la impresión correcta de los listados alfabéticos y su distribución entre los partidos políticos, haciéndose énfasis en la precaución debida para no utilizar la versión incorrecta.

Con respecto al Art. 132, que señala la obligación para los presidentes de las JES de retirar y exhibir los padrones de mesa por los menos 15 días antes, no se cumplió en la gran mayoría de los distritos. Es de señalar que, según la JEC, por un "error involuntario", el Art. 132 del Código Electoral actualizado, enviado a las JES por telegrama, estaba mal impreso, omitiéndose lo referente a la exhibición inmediata de los padrones de mesa. Por otra parte, la JEC prometió a la Misión y a los partidos y movimientos participantes instalar una terminal "boba" (computadora que sólo puede recibir información sin poder modificarla) para control del padrón y localización de afiliados con sus lugares de votación. Sin embargo, esta promesa no se cumplió hasta último momento causando, innecesariamente, desconfianza e irritación entre la oposición, que además sospechaba que la ANR (Partido Colorado) ya tenía acceso al padrón electoral.

De igual manera sufrió una demora muy considerable (dos meses) la instalación de las terminales "bobas" de computación en las JES de los distritos más importantes del interior, lo cual había sido un compromiso de la JEC. En algunas localidades, como el Departamento de Misiones (cuya terminal servía también al Departamento de Itapúa) el equipo comenzó a funcionar en forma regular el jueves 6 de mayo, o sea 3 días antes de las elecciones. Prácticamente por la demora en la instalación y funcionamiento, que se concretó apenas pocos días antes del comicio, el sistema de interconexión JEC-JES no pudo brindar el servicio esperado.

En cuanto a la instalación de la terminal "boba"" en la sede de la Misión, nunca llegó a concretarse. Finalmente la Misión, a través de sus técnicos, pudo hacer un control de los padrones que se destinaron a las MRV para los comicios, comparándolos con los ya entregados, lo que permitió determinar la correspondencia entre unos y otros.

d) Designación de las autoridades de las MRV

El Código Electoral (Ley 1/90) establecía el mecanismo para la designación de las autoridades de MRV, pero esa normativa fue modificada en pleno proceso, faltando tan sólo veinte días para el comicio. Esto provocó lógica confusión entre quienes debían aplicar la norma y desconfianza entre las fuerzas políticas que se sintieron perjudicadas. Esa norma establecía el sorteo de los tres integrantes de la mesa entre todos los partidos y movimientos participantes, estableciendo suplentes en cada caso. La Ley 154/93, promulgada el 19 de abril, estableció dos lugares seguros para los dos partidos políticos con mayor caudal electoral en las últimas elecciones nacionales (ANR y PLRA) y el tercer miembro, a sortearse entre los demás partidos o movimientos que hubieran presentado candidatos. Entre los tres miembros así designados, se sortearía el presidente de las MRV.

Cuando la Ley 154/93 entró en vigencia, un buen número de sorteos ya se habían realizado bajo el régimen de la norma anterior, y aún utilizando la Ley 01/90, en la que no se mencionaba a los movimientos políticos, con lo cual quedaba eliminado la AEN. Todo esto produjo situaciones controvertidas, y en algunos casos se anuló el sorteo realizado y se convocó a uno nuevo, para realizarlo con la nueva metodología. Con referencia a estos sorteos, llamó la atención de los observadores el desconocimiento de la legislación vigente por parte de las autoridades electorales de los respectivos distritos electorales, teniendo los observadores que, a solicitud de los interesados, en varias ocasiones en el interior del país facilitar información y esclarecer puntos al respecto.

En muchos casos se denunció a la Misión actitudes arbitrarias de las autoridades de JES (controladas por miembros del partido oficialista-ANR), al negar o dificultar éstas la participación de partidos o movimientos de oposición en la integración de las mesas. En otros casos la presencia de la Misión evitó la comisión de irregularidades en este tema. En otras ocasiones, en el interior del país, la situación derivó en recursos de amparo ante los TE, los que en varios casos fallaron favorablemente a los recurrentes. Tal fue el caso de Trinidad (Departamento Itapúa), Yby Yaú, Horqueta y Paso Barreto (Departamento de Concepción), Santiago y Villa Florida (Departamento de Misiones). Estos casos fueron seguidos muy atentamente por la Misión.

Sin embargo, hubo casos en que las autoridades no respetaron la decisión judicial (Simón Bolívar, Departamento de Caaguazú) y otros en los que la decisión llegó a último momento, como los casos de Alto Verá, Capitán Meza y otros distritos del Departamento de Itapúa, lo que impidió que estuvieran presentes como miembros de mesa representantes de AEN.

En Nueva Colombia (Departamento Cordillera) y Simón Bolivar (Departamento Caaguazú), las mesas estuvieron integradas sólo por representantes del Partido Colorado (ANR), y en las localidades de San Bernardino, Emboscada y Caraguatay participaron ANR y PLRA, no permitiéndose la inclusión de representates de otro partido o movimiento. Tampoco en Yabebyry (Departamento de Misiones) los representantes de la AEN integraron las MRV.

En varios distritos observados se detectaron problemas para la conformación de las MRV, pero con frecuencia éstos fueron resueltos por acuerdo de partes, en presencia de los observadores de la Misión. En términos generales, y a pesar de todos los incovenientes surgidos —algunos no superados— la conclusión es que, en la mayor parte de los distritos electorales observados se logró hacer cumplir la ley, con lo cual representantes de las tres fuerzas políticas mayoritarias (PLRA, ANR y AEN) integraron gran parte de las MRV, para cumplir su función de mutuo control. En los casos en que fue imposible conseguir la participación de representantes de los partidos de oposición como miembros de mesa, en el día de las elecciones se constató la presencia de Apoderados y Veedores de esos partidos, los que tuvieron la oportunidad de ejercer controles sobre el proceso.

e) *Designación de las LV*

La designación de locales, según el Código Electoral (Art. 183), debe realizarse paralelamente al sorteo de las autoridades de las MRV, lo cual debe establecerse quince días antes, sin posibilidades de posterior modificación. Sin embargo, por disposición de las JES, y a veces contra la opinión de los partidos de oposición, en los distritos observados hubo las MRV que fueron trasladadas en el transcurso de las últimas dos semanas, y hasta pocas horas antes de la votación, desde centros poblados donde se votaba tradicionalmente a zonas rurales, con la explicación de que el traslado se debía a la necesidad de acercar el lugar de votación al de residencia de la población de la campaña. Esta situación provocó problemas a los partidos de oposición para controlar la organización electoral y el proceso de votación, y causó además una lógica desconfianza por parte de éstos hacia las razones que motivaron la decisión de las JES. Se observaron estas irregularidades en los distritos de Borja, Félix Perez Cardozo e Itapé del Departamento de Guairá; Raúl Oviedo y Frutos en el Departamento de Caaguazú; en Eusebio Ayala, Arroyos y Esteros, Tobatí, Nueva Colombia, Emboscada y Caraguatay del Departamento Cordillera, y en Concepción, en el Departamento del mismo nombre.

La situación fue rechazada por los partidos de oposición que denunciaron "maniobras para confudir a la población y disminuir la participación de los votantes", por lo cual la Misión dió un seguimiento particular al problema (ver Anexo 35). En muchos de los casos mencionados, la dispersión de los lugares de votación coincide con bastiones electorales tradicionales de la oposición (PLRA), según las denuncias recibidas, por lo cual los traslados pudieron haber perjudicado a ese partido. El traslado indebido de las MRV, sin embargo, no fue generalizado en el ámbito de la observación; y en muchos casos observados, a pesar de la irregularidad, se pudo constatar la presencia de Apoderados y Veedores de la oposición.

f) *Tareas de información y capacitación*

A solicitud de las autoridades de la JEC, la Misión colaboró en la elaboración del Manual de Instrucción para miembros de Mesas (material escrito) y asesoró en la elaboración de un vídeo destinado a la información de los distintos niveles de participantes en el proceso electoral. Las sugerencias realizadas fueron aceptadas casi en su totalidad por todos los integrantes de la JEC.

En forma independiente de la capacitación que deberían organizar las JES, cada uno de los partidos políticos organizó sesiones de trabajo con sus miembros de Mesas, Apoderados y Veedores, con el propósito de capacitarlos convenientemente para el cumplimiento de sus respectivas funciones y aclarar todo tipo de duda e interpretaciones sobre la legislación electoral vigente. La Misión, concluyó, sin embargo que este esfuerzo fue insuficiente y/o inefectivo.

Una vez instalada la Misión, se hizo contacto con DECIDAMOS, ONG especializada en educación cívica, dedicada a la Campaña por la Expresión Ciudadana, obteniendo de la misma información sobre sus actividades y muestras de los materiales didácticos que utilizaban en los programas de capacitación para diferentes niveles de participantes en el proceso electoral. Se asistió, también, a algunos cursos impartidos por la mencionada institución para Monitores, Veedores y Apoderados pudiéndose apreciar que se utilizó una metodología adecuada para este proceso de educación entre adultos.

Con posterioridad, el 26 de abril, se firmó un convenio entre la JEC y DECIDAMOS, por el cual se estableció la cooperación para la capacitación de los miembros de las MRV, acordándose los siguientes objetivos didácticos: a) identificar y diferenciar la composición, funciones y documentos de los miembros de mesa, Apoderados y Veedores; b) enumerar las secuencias de acciones de las Autoridades de Mesa y del elector; c) ejercitar el uso de las Actas según el proceso de votación; d) clarificar la secuencia de actos para el proceso de escrutinio; e) esclarecer cuestiones dudosas acerca del acto comicial.

Para el seguimiento del programa, en la cláusula décimo tercera se establece que "ambas partes aceptan la actuación de los observadores internacionales designados por la OEA". Al comenzar el seguimiento de dicha capacitación, se constató que no había una coordinación adecuada con las JES lo cual ocasionó inconvenientes en el momento de concretar el trabajo. La JEC debió notificar debidamente y solicitar la colaboración activa de las JES para la realización de estas tareas de capacitación. De todas maneras, el Convenio de Cooperación no se pudo cumplir en su totalidad, por tener un cronograma demasiado estricto que no pudo adaptarse a los requerimientos de tiempo, ya que la firma se llevó a cabo 12 días antes de los comicios, y en ese lapso, debieron haberse cubierto los 240 distritos del país.

Un aspecto importante de resaltar es el interés de las autoridades electorales nacionales para que los miembros de Mesa tuviesen una buena capacitación y pudieran desarrollar su tarea con eficacia. Sin embargo no ocurrió lo mismo respecto de la capacitación de los miembros de las JES, que no fueron tenidos en cuenta para los procesos de capacitación. A ese respecto la Misión pudo constatar que no todas las JES trabajaron con criterios unificados, provocando confusiones y sospechas con su desempeño. Además resultó evidente la falta de conocimientos de los integrantes de las JES, acerca de la legislación vigente. En consecuencia, la Misión con frecuencia tuvo que colaborar con éstos en el esclarecimiento de los mismos.

Presencia del Secretario General de la OEA

El Embajador João Clemente Baena Soares, acompañado por su Jefe de Gabinete, Sr. Hugo De Zela, su Asesor de Prensa y el Director de Información Pública de la OEA, llegó a la ciudad de Asunción el día jueves 6 de mayo para observar el final de la campaña y el propio comicio. Acompañó a la delegación la Embajadora de los Estados Unidos ante la OEA, Sra. Hattie Babbit, quien desarrolló una intensa labor de observación. También acompañaron al Secretario General dos observadores delegados del Gobierno de Japón, los Sres. Akira Urabe y Makoto Sano.

a) Entrevistas con autoridades

En los días previos al comicio, el Secretario General mantuvo una serie de entrevistas que le permitieron tener una visión directa de la situación que se vivía en el país, a esa altura del proceso electoral. En primer lugar, tomó contacto con el grupo de observadores destacados en Asunción, quienes le brindaron un informe detallado sobre la observación llevada a cabo hasta ese momento, como asimismo sobre las características del operativo para el día de las elecciones. También se entrevistó con el presidente de la JEC, Dr. José Luis Ibarra Llano, con quien conversó particularmente sobre lo relativo a los preparativos del comicio.

El viernes 7 de mayo conversó con el ministro de Relaciones Exteriores del Paraguay, Dr. Alexis Frutos Vaesken, y fue recibido por el Presidente de la República, Gral. Andrés Rodríguez, a quien le explicitó el motivo de su visita, en el marco de la MOE, y le manifestó sus deseos de que todo lo relacionado con el proceso electoral se desarrollase con respeto a las normas vigentes. El Embajador Baena Soares también mantuvo reuniones con los candidatos presidenciales, Domingo Laíno, del PLRA, Juan Carlos Wasmosy, de la ANR (Partido Colorado), Guillermo Caballero Vargas, de la AEN. Los candidatos le ofrecieron su visión personal sobre el proceso electoral y le manifestaron las principales preocupaciones vinculadas con el mismo.

Con la misma intención de recabar opiniones sobre acontecimientos de este período electoral, el Secretario General se reunió con el Secretario de la Conferencia Episcopal, Monseñor Yegros, con el Nuncio Apostólico, Monseñor Sebastián Laboa, y con los integrantes del Comité de Iglesias. El Secretario General también efectuó una visita al Presidente del Congreso Nacional, Senador Gustavo Díaz de Vivar, y al de la Cámara de Diputados, Dr. José A. Moreno Rufinelli, los que lo recibieron en compañía de otros

Senadores y Diputados representantes de los partidos que integran el Poder Legislativo. Asímismo, en la Sede de la Misión se reunió con otro grupo de Legisladores paraguayos.

Además, lo visitaron en la Sede otros candidatos a la Presidencia de la República: Eduardo Arce, del PT, Abraham Zapag, del Partido Liberal y Leandro Prieto Yegros, del Movimiento Político Social Progresista. Con el propósito de explicar los planes de trabajo de la Misión para el día de las elecciones, el Embajador Baena Soares mantuvo una reunión de trabajo con los embajadores ante el Gobierno del Paraguay de los países miembros de la OEA, ocasión en la cual los diplomáticos tuvieron la oportunidad de intercambiar opiniones sobre el proceso electoral paraguayo.

El día anterior a los comicios se reunió nuevamente con los observadores destacados en Asunción para ultimar detalles y acordar pautas con relación a la estrategia de observación del día siguiente. También recibió a periodistas.

b) *Denuncias recibidas*

El sábado antes de los comicios, el Secretario General y el Coodinador de la Misión recibieron la reiteración de una denuncia del PLRA, por el traslado extempóraneo de Mesas de Votación, en distintos distritos de diferentes departamentos. Por esa razón, se reiteró una nota al presidente de la JEC solicitando información sobre los lugares de votación definitivos en todo el país. El presidente de la JEC, Dr. Ibarra Llano, respondió manifestando que según la legislación vigente la información solicitada obraba en poder de las JES, las que no habían informado a la JEC a pesar de habérsele hecho la solicitud a través de telegrama colacionado.

Asimismo, ese mismo día, se denunció la existencia de una resolución judicial por la cual se prohibía el ingreso al país de ciudadanos paraguayos y de extranjeros, hasta pasado los comicios del día domingo. Ese hecho causó un profundo malestar en la población y en especial en sectores de oposición, y tuvo amplia repercusión en la prensa nacional y extranjera. La denuncia fue verificada "in situ" por los observadores (en Pilar, Departamento de Ñeembucú, en Puerto Falcón, Departamento Central y en Encarnación, Departamento de Itapúa), comprobándose el cierre de la frontera. El Embajador Baena Soares hizo gestiones al más alto nivel para la solución de esa situación irregular, considerando que se atentaba contra derechos esenciales de rango constitucional, que podían afectar el derecho al voto. Sin embargo, la prohibición se mantuvo hasta las 17.00 horas del día domingo.

Otra gestión de alto nivel que realizó el Embajador Baena Soares fue la relacionada con las interferencias que sufrió la operación de SAKA. Esta organización, mientras realizaba su conteo rápido y paralelo debió enfrentar interferencias producidas por el corte del servicio telefónico entre las 14.00 horas y las 02.00 de la madrugada del día siguiente. Además, muchos de sus recolectores de datos, en el interior del país, tuvieron dificultades de acceso a los resultados de los escrutinios de mesa. A pesar de las gestiones realizadas, el problema de SAKA no tuvo la solución inmediata que requería, por lo cual la finalización de su conteo rápido tuvo que demorarse indebidamente, aunque, a pesar de los invonvenientes logró finalizar su tarea con alguna demora.

c) *Observación de los comicios*

El día 9 de mayo, el Secretario General mantuvo una intensa actividad de observación desde la apertura del proceso hasta el momento de cierre. Recorrió distintos LV observando el desarrollo del comicio en las MRV y posteriormente el escrutinio en algunas de ellas. Los locales visitados estuvieron en las ciudades de Asunción, Fernando de la Mora, Capiatá, Ypacaraí, Itá y San Lorenzo del Departamento Central; y Caacupé y Piribebuy del Departamento Cordillera.

Durante su itinerario, el Embajador Baena Soares tuvo oportunidad de conversar con miembros de las MRV y observó la forma en que actuaban los distintos participantes del proceso, pudiendo comprobar la masiva participación popular, que constituyó una caracteristica destacable de la jornada. También manifestó su complacencia por la normalidad generalizada en la cual se desarrolló la actividad eleccionaria y por el respeto a las normas electorales que advirtió durante su recorrido. En el transcurso del día, recibió algunas denuncias sobre situaciones puntuales, que, al no revestir gravedad, no configuraron un cuadro alarmante en el proceso.

El Secretario General manifestó su preocupación, por la difusión de proyecciones de encuestas (de "boca de urnas") que daban cuenta de resultados por parte de una radio de Asunción. Si bien en la noticia no se mencionaban los candidatos, era posible identificarlos indirectamente, con lo cual se violaba la norma que establece la prohibición de dar a conocer encuestas y resultados hasta tanto no se haya finalizado el sufragio.

d) *Actividades postcomiciales*

Al día siguiente de la elección y luego de realizada una evaluación preliminar de los acontecimientos de la víspera, la Misión emitió un Comunicado de Prensa en el que se dieron a conocer las conclusiones del Secretario General sobre la jornada comicial, producto de su propia experiencia y de la información que el resto de los observadores había hecho llegar a la sede central de la Misión. En ese comunicado se insistió en aclarar que la OEA y su Misión de Observación no tienen la atribución de proclamar al vencedor de la contienda electoral. También se explicó que la OEA realizó una proyección de los resultados sobre la base de un muestreo estadístico representativo de Mesas escrutadas, cuya única función fue la de constituir uno más de los elementos de análisis que el Secretario General tiene para elevar la información correspondiente al Consejo Permanente de la Organización (ver Anexo 36).

Antes de regresar a la Sede en Washington, el Embajador Baena Soares saludó a los tres candidatos, que, de acuerdo con los cómputos preliminares, se ubicaron en las tres primeras posiciones, con un caudal significativo de votos. También se despidió del Presidente de la República y mantuvo una última reunión con los embajadores de países miembros acreditados en el Paraguay para informarles suscintamente sobre los resultados de la observación y las primeras conclusiones a las que la Misión estaba arribando en relación con el proceso electoral. Algunos embajadores manifestaron su complacencia con el trabajo de la Misión y agradecieron su contribución al proceso de democratización del continente americano.

El día de la elección

A solicitud de la Coordinación General de la Misión, los Coordinadores del interior presentaron un plan de cobertura para el día de los comicios que incluyó principalmente itinerarios que permitieran la recolección de los datos para el muestreo estadístico, como así también alternativas para el caso de que, por razones climáticas, no pudieran cubrirse algunos distritos de difícil acceso. En total, la cobertura de la OEA alcanzó 127 (53%) de los más importantes distritos del país, de un total de 240 (ver Anexo 37). Esos distritos correspondieron a una población electoral de 1.383.707 votantes que representó el 81% de la población electoral total. La cobertura significó la visita a unas 6.500 Mesas Receptoras de Votos (80% del total), distribuídas en aproximadamente 480 LV. En promedio, cada uno de los 80 observadores en el campo visitó seis LV.

En general, en los lugares visitados se dieron pocas situaciones problemáticas en el momento de la instalación de las mesas. Se identificaron algunos retrasos en la apertura, ausencia de algunos miembros de Mesas y alguna ocasional falta de materiales. En todos los casos observados, los inconvenientes fueron subsanados y no afectaron el desarrollo de los comicios. En esta etapa pudo verificarse la correcta provisión de los materiales para el trabajo de las MRV, lo cual significó un progreso respecto de las observaciones anteriores en el país.

La actitud asumida por las autoridades de mesa no fue la misma en todos los lugares visitados por los observadores. En términos generales puede decirse que fue correcta; sin embargo, hubo lugares donde los miembros de mesa actuaron muy presionados por los apoderados del partido oficialista y adoptaron actitudes hostiles para con los observadores, tal como se pudo comprobar en muchos distritos del Departamento Concepción. En la misma ciudad de Concepción, el candidato a diputado por el partido oficialista, Sr. Ismael Echagüe, ordenó a los miembros de mesa de su partido no brindar información a los observadores, lo cual dificultó notablemente el trabajo de éstos, además de violar los acuerdos suscriptos entre la OEA y el Gobierno del Paraguay.

Situaciones similares se dieron en los distritos de Cambyretá y Carmen del Paraná, en el Departamento de Itapúa, donde los respectivos apoderados de la ANR dieron orden de no entregar los certificados a OEA, promoviendo una actitud hostil y arbitraria de las autoridades electorales; en Caraguatay y Carapeguá en el Departamento de Cordillera, los presidentes de las JES, el Dr. Filiberto Fretes y el Sr. Cabrera dieron muestras permanentes de agresividad y falta de colaboración para con la Misión OEA. En San Patricio, en el Departamento de Misiones, el apoderado de la ANR, Sr. Luis Alberto Pacheco, intentó obstaculizar la tarea de observación. Pero es con referencia al Departamento de Concepción, donde el informe de los observadores revela, por parte de las autoridades electorales coloradas, actitudes reñidas con los principios democráticos tales como abuso de autoridad e intimidación de votantes.

En el Departamento de Caaguazú, se observó como arbitraria la actitud de las autoridades electorales de los distritos de Simón Bolívar, Frutos y Cecilio Báez. En el Departamento de Cordillera se percibió presión de las autoridades partidarias coloradas hacia los integrantes de las JES, lo cual provocó problemas para garantizar una actitud ecuánime por parte de éstos. En muchos lugares del interior del país los observadores pudieron comprobar conocimientos insuficientes de los miembros de mesa para el cumplimiento de sus funciones, lo cual contrasta con la situación dada en la ciudad de Asunción, donde, en general, se percibió un manejo correcto y ajustado de los procedimientos legalmente establecidos.

Resulta importante destacar que, en los lugares observados, no se percibieron dificultades importantes en el padrón utilizado por las MRV. Si bien hubo problemas de electores no inscriptos o con diferencias en los datos, estos casos no fueron significativos en cantidad y fue posible subsanarlos garantizando la posibilidad del voto para los electores. Esta relativa normalidad en este importante rubro contrastó significativamente con lo observado en las elecciones de 1991, cuando los padrones de mesa mostraron serias deficiencias, ocasionando innumerables denuncias.

Uno de los aspectos que resultó de mayor relevancia y contribuyó a la legitimación del comicio en general fue la gran afluencia de votantes y su correcto desempeño. La participación del electorado se estima entre el 65 y 75% lo cual significó un dato destacado, que puso en evidencia el interés de participación del pueblo paraguayo.

Personal especializado de la Universidad de Campinas (Sâo Paulo -Brasil) diseñó la muestra estadística sobre la base de información relativa a distritos accesibles, suministrada por los Coordinadores del interior y de la Capital. De un universo de 8.475 Mesas del país, los observadores consideraron accesibles 6.936, o sea el 81,82%, cubriendo un total de 1.388.500 electores (81,67% del total). De las 6.936 Mesas accesibles se tomó una muestra aleatoria simple, constituída por 180 Mesas (2,6%). La mayoría de los datos para la proyección estadística se obtuvo alrededor de las 22.00 horas del día 9 de mayo, completándose la información en la primera hora del día siguiente. La proyección realizada coincidió con el orden en que eventualmente figuraron los diferentes candidatos, tanto en la proyección y conteo paralelo de SAKA, como en los resultados provisorios de la JEC y en los resultados finales oficiales del Congreso Nacional.

CUADRO 1

COMPARACIÓN DE PROYECCIONES Y RESULTADO FINAL DE ELECCIONES PARA PRESIDENTE Y VICEPRESIDENTE

	OEA	SAKA	JEC PRELIMINAR	JEC FINAL
Wasmosy-Seifart	40.97	40.14	40.03	39.91
Laino-Benitez	30.47	32.83	32.02	32.13
Caballero Vargas-Brusquetti	27.60	24.97	23.52	23.14

El escrutinio

En la mayoría de los casos de las MRV observadas el escrutinio se desarrolló con normalidad, en forma pública (Art. 224) y con la presencia de Apoderados y Veedores (Arts. 192 y 194), aunque los observadores constataron en distintas oportunidades la negativa de algunos presidentes de MRV para que mensajeros de SAKA, encargados de la recolección de datos para el conteo rápido y paralelo estuvieran presentes durante el escrutinio.

En otros casos observados, el procedimiento utilizado no se ajustó estrictamente a lo establecido en los Arts. 225 y 226 del Código Electoral y en el Manual de Instrucciones de la JEC (pág. 10 c). El Código indica que, una vez abierta la urna se procederá al conteo de los boletines sin abrirlos, para poder, en caso de que hubiera más votos que votantes, sacar un número igual al excedente y destruirlos. Señala seguidamente que se introducirán de nuevo los boletines en las urnas, de donde el Presidente los irá sacando y los desdoblará uno a uno para leer en voz alta el contenido.

Por lo general, en esta ocasión, las autoridades de mesa acordaron sacar los votos del interior de la urna, abrirlos y proceder de inmediato a clasificarlos por tipo de autoridad a elegir; el conteo se realizó después de haber cumplido este paso. Es de hacer notar, como ya se dijo, que los boletines no estaban diseñados para que se pueda realizar la clasificación sin abrirlos tal como lo indica la ley. En todo caso hubo acuerdo entre los miembros de mesa y presencia de Apoderados y Veedores que aceptaron los procedimientos utilizados.

Por otro lado, en distritos de los Departamentos de Concepción y Cordillera los observadores registraron irregularidades durante el proceso de escrutinio. En Piribebuy (Departamento de Cordillera) en el 80% de las MRV, se escrutaron entre 6 y 16 votos más por mesa, consignados en la casilla especial reservada para los miembros de mesa, Apoderados y Veedores. En Horqueta (Departamento de Concepción) los observadores pudieron verificar visibles muestras de adulteración en actas de escrutinio, situación que fue reconocida por la presidente de la JES. En Paso Barreto (Departamento de Concepción) se comprobó también la violación de las Actas de escrutinio, y se recibieron denuncias en el mismo sentido de Yby Yaú y Bella Vista, del mismo departamento. En Fernando de la Mora (Departamento Central) se pudo comprobar que el presidente de la JES, de afiliación colorada, había llevado los sobres con las Actas a su domicilio particular, donde fueron abiertos. Esto fue motivo de denuncias y seguimiento por parte de los observadores de OEA allí destinados.

Según el Código Electoral Ley 01/90, para las Elecciones Municipales, el expediente electoral debía ser enviado de las MRV a las JES, a los efectos del cómputo provisorio. Sin embargo, en esta ocasión de Elecciones Generales, las JES, por disposición del Art. 3 de la Ley 132/93, debían remitir los sobres a la JEC dentro de las 24 horas siguientes al cierre de la votación; pero el procedimiento se complicó cuando la JEC dispuso, por circular del 3 de mayo, que un juego de actas fuera archivado en las JES. En la mayoría de los distritos, en efecto, se abrieron los sobres en las JES para cumplir con esa disposición.

Cuando los expedientes llegaron a la JEC, la mayoría de los sobres se encontraban abiertos, probablemente por las razones aludidas anteriormente, lo cual provocó severas protestas y denuncias de fraude por parte de los partidos de oposición. La situación derivó en una concentración de simpatizantes de las tres fuerzas políticas mayoritarias la noche del día lunes 10, frente a las oficinas de la JEC. En tanto los opositores denunciaban fraude, los Colorados prometían la defensa de su virtual triunfo. La situación alcanzó ribetes peligrosos para la seguridad de los presentes que sumaban varios centenares, incluyendo los observadores de la OEA. La llegada de los efectivos de seguridad y el apaciguamiento por parte de dirigentes políticos contribuyeron a restablecer la calma.

Tras arduas negociaciones, los tres partidos en conflicto, a través de sus Apoderados, y en presencia de los observadores de OEA, firmaron un Acta-Acuerdo en la cual se establecieron pautas para la verificación de los expedientes correspondientes a cada mesa, hecho que logró calmar los ánimos (ver Anexo 38).

Para llevar a cabo la tarea propuesta en el Acta-Acuerdo sucripto por los partidos, se conformaron 7 comisiones verificadoras, presididas por autoridades electorales de la JEC, e integradas por representantes de los partidos y movimientos políticos y observadores de la OEA. Asimismo, durante todo el transcurso del trabajo realizado en la JEC se contó con la presencia permanente del Juez del Crimen, Dr. Nelson Alcides Mora, del Fiscal Electoral, Dr. Miguel Ángel Aranda, del Fiscal del Crimen, Dr. Héctor Samaniego y de delegados fiscales, quienes, constituídos en el lugar, presenciaron el trabajo de verificación de las Actas.

En las comisiones, con la presencia y la colaboración contínua de los observadores de la OEA, se revisaron las Actas correspondientes a la totalidad de las MRV (8.468), sesionando por 10 horas diarias aproximadamente, por un período de 13 días (10-22 de mayo), en cuyo transcurso los Apoderados de las diferentes fuerzas políticas pudieron cotejar las Actas con sus propios certificados de escrutinio.

Esta tarea permitió comprobar las situaciones irregulares denunciadas, antes que los expedientes fueran enviados al Congreso de la Nación para el Juicio definitivo de las Elecciones. El día 24 de mayo, la JEC pasó a la Comisión Bicameral del Congreso Nacional, constituída para el juzgamiento de las elecciones, la documentación que obraba en su poder, incluyendo 196 (2,31%) Actas observadas.

Con el objeto de poder cubrir el proceso de juzgamiento de las elecciones que se llevó a cabo en el Congreso Nacional, dar seguimiento a las denuncias presentadas conjuntamente por el PLRA y la AEN, así como a otros procesos judiciales que por delitos electorales se pusieron en marcha, y a los efectos de preparar la documentación necesaria para la redacción del Informe Final y el cierre de la Misión, fue necesario extender la permanencia del Coordinador General y un grupo reducido de observadores hasta el 24 de junio.

En cumplimiento con lo estipulado por la Ley 75/92, Art. 3, que señala que el juzgamiento de las Elecciones Generales de 1993 será realizado por el Congreso Nacional, éste conformó una Comisión Bicameral integrada "por la pluralidad del propio cuerpo legislativo" (6 representantes de la ANR, 4 del PLRA y 1 del PRF). Esta Comisión trabajó entre el martes 25 y el sábado 29 de mayo, en dependencias de la Casa de la Cultura y tuvo a su disposición la documentación entregada por la JEC al Congreso.

A los efectos de acelerar el proceso, la Comisión integró seis sub-comisiones que trabajaron en la identificación de las Actas conflictivas u observadas, para someterlas al estudio de la Plenaria. Las sub-comisiones, tras el análisis preliminar correspondiente, identificaron 433 Actas conflictivas (5,11%), 184 con irregularidades sobre el Acta misma (adulteraciones, en blanco, sin firmas, etc.) y 249 impugnadas por irregularidades contextuales (conformación irregular de MRV, traslado indebido de MRV, situaciones de violencia o presión, etc.). Tras un análisis minucioso de todas estas Actas conflictivas, Departamento por Departamento, la Plenaria de la Comisión Bicameral decidió finalmente la anulación de 137 Actas (1,59% del total, a nivel nacional). Los casos contextuales fueron tratados, pero no se encontró suficiente mérito para proceder a su anulación. La mayor cantidad de actas anuladas correspondió a los Departamentos de Concepción (18,5%) y Boquerón (16,2%).

La Comisión Bicameral completó su labor con un dictamen aprobado por unanimidad. Luego, en la Plenaria del Congreso Nacional. Éste aprobó también por unanimidad dicho dictamen. Un grupo de observadores de la OEA acompañó en forma permanente el trabajo de la Comisión Bicameral y colaboró con sus miembros en gestiones que facilitaron la conclusión exitosa de sus tareas (ver Anexo 39). Los observadores también estuvieron presentes en la sesión Plenaria del Congreso Nacional. Al respecto, es de hacer notar que tanto la Comisión Bicameral como el Congreso Nacional dejaron constancia documental sobre;

> *El permanente acompañamiento y la eficiente colaboración que le dispensaran los observadores destacados por la Organización de los Estados Americanos* (ver Anexo 40).

En sesión extraordinaria celebrada el 1º de junio, el Congreso Nacional proclamó los candidatos electos (ver Anexo 41).

En síntesis, cabe destacar que las labores de verificación y juzgamiento de las Actas de Mesas y de los comicios realizadas en la JEC y en la Comisión Bicameral del Congreso Nacional, respectivamente, representaron una importante mecanismo de identificación y de control de irregularidades y de intenciones dolosas. El control se realizó a través de los Apoderados de los partidos políticos, las autoridades electorales, el Fiscal Electoral, el Juez en lo Criminal, los observadores de la Misión y finalmente por los Senadores y Diputados del oficialismo y la oposición que conformaron la Comisión Bicameral del Congreso. Esto le confirió transparencia y legitimidad a esta etapa final del proceso electoral.

Resultados finales

El candidato del ANR (Partido Colorado), Ing. Juan Carlos Wasmosy, ganó la presidencia de la República con 39,9 % de los votos, mientras que el principal partido (PLRA) y movimiento de oposición (AEN), en conjunto, obtuvieron mayoría en las dos Cámaras del Poder Legislativo. La oposición también logró vencer en cinco gobernaciones de importantes departamentos y obtener representación significativa en varias Juntas Departamentales (ver Anexo 42).

Finalmente, se continuó con el seguimiento de las denuncias que presentaron conjuntamente la AEN y el PLRA a la Fiscalía General del Estado, el 20 de mayo, sobre presuntos fraudes cometidos en los períodos pre y post-comiciales y durante el día de las elecciones. El 3 de junio, un grupo de observadores mantuvo una reunión con el Fiscal Electoral de la Capital, Dr. Miguel Ángel Aranda, a cuyo despacho el Fiscal General del Estado remitió las denuncias presentadas por la AEN y el PLRA. El Fiscal Aranda manifestó que se estaban haciendo los estudios pertinentes para determinar cuáles de las denuncias presentadas, implicaban delitos electorales y cuáles constituían delitos de orden común. Una vez hecha esa clasificación, las causas serían giradas al Tribunal que correspondiera. El mismo expresó también que algunos casos serían desestimados por cuanto eran denuncias sin pruebas documentales y sin datos específicos. Por último, el Fiscal Aranda manifestó que le era imposible estimar el tiempo necesario para concluir el proceso de clasificación de los delitos.

La Misión también conversó con los Apoderados de los partidos de oposición, en virtud de que éstos no volvieron a interesarse por el seguimiento de sus denuncias. Ambos, el PLRA y la AEN, manifestaron su intención de retomar el seguimiento de las denuncias y dar continuidad a los juicios iniciados; asimismo tomaron conocimiento del interés de la Misión por el seguimiento de los procesos judiciales.

Conclusiones

Como resultado del análisis de la documentación recogida, y de las propias actividades de observación en el campo, la MOE llegó a la conclusión, en síntesis, de que las elecciones fueron válidas. Las irregularidades identificadas durante los comicios no fueron lo suficientemente generalizadas como para cuestionar su validez.

El día de las elecciones, en la gran mayoría de los distritos observados, se constató una significativa participación (65-75%) y un alto espíritu democrático de la ciudadanía paraguaya. La Misión observó que se respetaron los más importantes procedimientos y normas del Código Electoral: en general, el sufragio se realizó en un ambiente de tranquilidad y seguridad; el voto fue libre y secreto, se utilizó la tinta indeleble para evitar el voto múltiple, y la gran mayoría de los votantes no tuvo impedimentos para votar.

En gran parte de los casos observados, los comicios se realizaron en los LV debidamente designados y sus MRV estuvieron integradas por representantes de los principales partidos y movimientos políticos. Las MRV contaron con la documentación y los materiales legalmente exigidos y con la presencia de Veedores y Apoderados de las distintas agrupaciones participantes. Se constató, asimismo, que el escrutinio se efectuó públicamente y con la fiscalización correspondiente de Apoderados y Veedores, los que recibieron sus respectivos certificados de los resultados. Esto último permitió que en varios casos no fuera burlada la voluntad popular y consiguió que no prosperara, ni en la JEC ni en la Comisión Bicameral ni en el Congreso, el intento de fraude en Actas que se observó en algunos lugares.

El trabajo realizado después de las elecciones por parte de la Comisión Bicameral del Congreso Nacional representó una importante instancia de control de irregularidades y de intenciones dolosas, y dió legitimidad al resultado de las elecciones, que fue aceptado eventualmente por todos los contendientes.

Los resultados oficiales indican que el electorado votó en forma selectiva y cruzada, dividiendo su voto y favoreciendo a diferentes candidatos para diferentes cargos. El candidato del partido oficialista ganó la presidencia, mientras que la oposición, en conjunto, obtuvo mayoría en las dos Cámaras del Poder Legislativo y ganó importantes Gobernaciones. Al final, de las tres principales fuerzas políticas que participaron, todas ganaron alguna porción del poder político; ninguna ganó todo, ni perdió todo.

Esto permite apreciar que, en términos generales, esta etapa del proceso de transición culminó con éxito. En efecto, existe una nueva Constitución que garantiza la vigencia de las libertades públicas y de los derechos humanos; los poderes públicos fueron electos libremente; el marco institucional asegura la separación e independencia entre sí de los diferentes poderes del Estado; y, se prevee un equilibrio político-institucional ya que la oposición controla los poderes ya mencionados. Todos estos elementos favorecen el proceso de consolidación democrática y sientan las bases para el pleno funcionamiento de sus instituciones.

Pero, por otro lado, en los períodos pre-comicial y comicial también se verificaron irregularidades. En el primero se observó una dispersión y falta de coordinación entre las instituciones responsables de la organización de las elecciones; poca claridad y cambios de último momento en las disposiciones del Código Electoral; deficiencias en los procesos de cedulación y empadronamiento; presión sobre funcionarios públicos;

participación de los militares en el proceso electoral; y uso indebido de bienes del Estado en la campaña electoral.

Asimismo, inmediatamente antes y durante el día de las elecciones se identificaron, en menos del 5% de las MRV observadas, las siguientes irregularidades: retraso en su constitución; errores o ausencias en los padrones; adulteración de actas; proselitismo en lugares de votación; falta de coordinación entre las autoridades electorales; incorrecta designación de miembros de mesa; y traslado de MRV fuera de los plazos establecidos por la Ley.

Se reitera, sin embargo, que las irregularidades verificadas y descriptas en estas páginas, si bien originaron situaciones conflictivas y/o confusas en un limitado número de distritos observados, no alcanzaron el nivel de generalización necesario para invalidar la totalidad del proceso.

Finalmente, a nivel del sistema de organización electoral, es necesario puntualizar distintos aspectos del proceso electoral que mostraron deficiencias importantes, las que serían necesario corregir para garantizar una mayor seguridad, integridad y transparencia en la organización de futuras elecciones. En primer término, hay que hacer referencia al propio sistema de organización electoral en el cual se detectaron algunos problemas estructurales que requerirían un perfeccionamiento futuro. Entre ellos:

a) Falta de definición clara de los roles correspondientes a las diferentes instituciones legislativas, ejecutivo-administrativas y judiciales que participan en el proceso electoral. Esto origina frecuentes contradicciones y conflictos entre ellas y confusión en los destinatarios de sus decisiones.

b) Ausencia de coordinación adecuada entre los ámbitos mencionados en el punto anterior y los distintos niveles de la estructura administrativa, particularmente, entre la Junta Electoral Central y las Juntas Electorales Seccionales. En este sentido, se requeriría la estructuración adecuada de un sistema de organización electoral claro en la distribución de funciones y jerárquicamente ordenado que le dé unidad de concepción y de acción en todo el país.

c) Politización partidaria del sistema electoral administrativo en sus instancias nacional (JEC), seccional (JES) y de MRV, lo cual le quita ecuanimidad y por lo tanto credibilidad, generando frecuentes conflictos. Respecto de este tema parece importante la desvinculación, en la medida de lo posible, de la conducción directa de las instituciones electorales por parte de los partidos políticos, para hacerlas más independientes y profesionales.

d) Falta de coordinación, ineficacia y poca transparencia en el proceso de inscripción y registro electoral, que origina múltiples problemas en el Registro Cívico Permanente. Con relación a este problema y de los análisis realizados por la Misión, parece conveniente sugerir en forma preliminar, por ejemplo, se podría pensar en subordinar el Registro Civil, el Departamento de Identificaciones y el Registro Cívico Permanente a un mismo organismo del Estado con el fin de facilitar la coordinación necesaria y de integrar debidamente el sistema de organización electoral. Esto a su vez permitiría fortalecer las funciones que desarrolla cada una de las instituciones mencionadas. Más específicamente, se requeriría:

- Dotar al Registro Civil de los medios necesarios para computarizar la información, microfilmar sus libros, elaborar microfichas, fotocopias, fotografías, etc., además de asignarle un local adecuado para el buen resguardo de sus archivos. Es importante también considerar la capacitación necesaria de su personal en todas las instancias;
- Una vez obtenida la modernización del sistema, se debe ser más exigente en el cumplimiento de los =procesos y requisitos necesarios para las inscripciones tardías de nacimientos, estableciendo la expedición de un certificado, por parte de la Dirección del Registro Civil, en el que conste que ese nacimiento no fue registrado anteriormente;
- Establecer en la Ley o Reglamento respectivo que sea el certificado o partida de nacimiento el único documento válido para la solicitud de cédula de identidad;
- Establecer documento de identidad único;
- Depurar el sistema de numeración de cédulas de identidad, estableciendo un orden numérico progresivo y suprimiendo los números existentes que permiten diferenciar a personas con o sin prontuario policial;
- Renovar, en forma total el Registro Cívico Permanente según lo prevé el Art. 124 del Código Electoral, en razón de sus múltiples inconsistencias, para, posteriormente, considerar la posibilidad de los registros automáticos. Esta adecuación del sistema es factible, ya que se requiere legislación reguladora del Art. 274 de la Constitución Nacional, relacionado con la integración del Tribunal Superior de Justicia Electoral, institución ésta que por su afinidad y responsabilidad por los procesos electorales del país podría ser la indicada para que se le subordinen el Registro Civil, la Cedulación, y el Registro Cívico Permanente.

e) Ambigüedades, y a veces contradicciones en la legislación electoral que generan situaciones confusas en el momento de la aplicación de la norma. Parece necesario un minucioso estudio, a la luz de las experiencias anteriores y de la próxima implementación de la Justicia Electoral, que permita completar los vacíos, ordenar y suprimir las incoherencias existentes en ella misma y en relación a las normas constitucionales. La revisión del Código Electoral y sus modificaciones, y su adecuación a un esquema práctico y claro que facilite su aplicación. A tal efecto, sería útil un estudio comparado de probados códigos electorales de otros países. Cabe destacar que en el cotexto de la creación de la Justicia Electoral surge la oportunidad para la reformulación coherente de todo el sistema de organización electoral y de su legislación.

f) Serias dificultades en el desempeño de funcionarios electorales de las JES y las MRV. También se ha observado la falta de información y de conocimiento, en la población en general, sobre sus responsabilidades cívicas y los procedimientos necesarios para su participación en los procesos electorales (obtención de documentos habilitantes, inscripción, traslado de inscripción, votación, etc.), lo que remite a la necesidad de plantear el tema de la capacitación. La capacitación de todos los participantes de un proceso electoral es un factor fundamental para su buen desarrollo. Por lo cual es recomendable pensar en el diseño e implementación de un Plan Nacional y Permanente de Capacitación que incluya tanto a los funcionarios de los organismos electorales y/o partidarios como al electorado activo. Este plan también debería considerar la inclusión de la educación cívico-electoral en establecimientos educativos y a través de los medios de comunicación.

ANEXOS

Anexo 1

Ministerio de Relaciones Exteriores

Asunción, 14 de diciembre de 1990

DM/SSRE/N° 325

Señor Secretario General:

Como es de conocimiento de Vuestra Excelencia, el Gobierno Nacional presidido por el Señor General Andrés Rodríguez, se halla avocado a la tarea histórica de consolidar la democracia en el Paraguay.

Con ese objeto garantiza el fiel cumplimiento del respeto de todas las libertades en la República y ha procedido a ratificar todos los instrumentos internacionales, que en el seno de la Organización de los Estados Americanos y en el de las Naciones Unidas, aseguran el más pleno ejercicio de los derechos humanos.

Es así que, para asegurar procesos electorales con las máximas garantías, el Poder Ejecutivo ha promulgado la Ley N° 01/90 que establece el Código Electoral y basado en el mismo ha convocado para el día 26 de mayo de 1991, las primeras elecciones de Juntas Municipales y de Intendentes Municipales en todo el territorio de la República.

Por ese motivo, Señor Secretario General, el Gobierno Nacional solicita el envío de Observadores de la Organización de los Estados Americanos para acompañar este proceso electoral, en la seguridad de que la presencia de los mismos contribuirá a consolidar la democracia en el Paraguay, otorgando al mismo credibilidad y confiabilidad en el ámbito nacional e internacional.

Esta solicitud se ve avalada por el pronunciamiento a favor de la presencia de Observadores de la OEA de todos los Partidos Políticos del Paraguay, los cuales así lo han manifestado oficialmente al Poder Ejecutivo.

El Gobierno Nacional dará a los Observadores de la OEA todas las facilidades y colaboración que en el desempeño de su tarea sean necesarias.

..//..

Ministerio de Relaciones Exteriores

DM/SSRE/Nº 325 (Cont.)

Este pedido, Señor Secretario General, se halla fundamentado en la Resolución AG/RES.991 (XIX-089) sobre Derechos Humanos y Democracia - Observación Electoral, que le recomienda "organizar y enviar misiones a aquellos Estados miembros que, en el ejercicio de su soberanía, lo soliciten, con el propósito de observar el desarrollo, de ser posible en todas sus etapas, de cada uno de los respectivos procesos electorales".

En la seguridad de que Vuestra Excelencia, interpretando el propósito del Gobierno del Paraguay, dará curso favorable a esta solicitud, hago propicia la oportunidad para saludar a Vuestra Excelencia reiterándole el testimonio de mi más alta estima y consideración.

ALEXIS FRUTOS VAESKEN
Ministro de Relaciones Exteriores

Anexo 2

ACUERDO ENTRE EL GOBIERNO DE LA REPUBLICA DEL PARAGUAY Y LA SECRETARIA GENERAL DE LA ORGANIZACION DE LOS ESTADOS AMERICANOS RELATIVO A LOS PRIVILEGIOS E INMUNIDADES DE LOS OBSERVADORES DEL PROCESO ELECTORAL PARAGUAYO

El Gobierno de la República del Paraguay,

y la Secretaría General de la Organización de los Estados Americanos,

CONSIDERANDO:

Que con fecha 14 de diciembre de 1990, el Ministro de Relaciones Exteriores de la República del Paraguay, Doctor Alexis Frutos Vaesken, invitó al Secretario General de la Organización de los Estados Americanos, Joao Clemente Baena Soares, a observar el Proceso Electoral del Paraguay que culminará con las elecciones del 26 de mayo 1991.

Que la Resolución AG/RES 991 de la Asamblea General de la OEA, recomienda al Secretario General "organizar y enviar misiones a aquellos Estados miembros que, en el ejercicio de su soberanía, lo soliciten, con el propósito de observar el desarrollo, de ser posible en todas sus etapas, de cada uno de los respectivos procesos electorales";

...///...

Ministerio de Relaciones Exteriores

...///...

Que el Articulo 138 de la Carta de la Organización de los Estados Americanos (en adelante denominada la Organización), dispone que: "La Organización de los Estados Americanos gozará en el territorio de cada uno de sus Miembros de la capacidad jurídica, privilegios e inmunidades que sean necesarios para el ejercicio de sus funciones y la realización de sus propósitos".

ACUERDAN:

CAPITULO I

PRIVILEGIOS E INMUNIDADES DEL GRUPO DE OBSERVADORES

ARTICULO I

Los priviligios e inmunidades del Grupo de Observadores del Proceso Electoral en el Paraguay, serán aquellos que se otorgan a la Organización, a los Organos de la Organización y al personal de los mismos.

ARTICULO II

Los bienes y haberes del Grupo de Observadores en cualquier lugar del territorio del Paraguay y en poder de cualquier persona en que se encuentren, gozarán de inmunidad contra todo procedimiento judicial, a excepción de los casos particulares en que se renuncie expresamente a esa inmunidad. Se entiende, sin embargo, que esa renuncia de inmunidad no tendrá el efecto de sujetar dichos bienes y haberes a ninguna medida de ejecución.

ARTICULO III

Los locales que ocupe el Grupo de Observadores serán inviolables. Asimismo, sus haberes y bienes, en cualquier lugar del territorio del Paraguay y en poder de cualquier persona en que se encuentren, gozarán de inmunidad contra allanamiento, requisición, confiscación, expropiación y contra toda otra forma de intervención, ya sea de carácter ejecutivo, administrativo, judicial o legislativo.

...///...

...///...

ARTICULO IV

Los archivos del Grupo de Observadores y todos los documentos que le pertenezcan o que se hallan en su posesión, serán inviolables donde quiera que se encuentren.

ARTICULO V

El Grupo de Observadores estará: a) Exento de toda tributación interna entendiéndose, sin embargo, que no podrán reclamar exención alguna por concepto de tributos que de hecho constituyan una remuneración por servicios públicos. b) Exentos de toda tributación aduanera, prohibiciones y restricciones respecto a artículos y publicaciones que importen o exporten para su uso oficial. Se entiende, sin embargo, que los artículos que se importen libres de derechos, solo se venderán en el país conforme a las condiciones que se acuerden con el Gobierno del Paraguay. No estarán sujetos a ordenanzas fiscales, reglamentos o moratorias de naturaleza alguna. Además, podrán tener divisas corrientes de cualquier clase, llevar sus cuentas en cualquier divisa y transferir sus fondos en divisas.

DE LOS MIEMBROS DEL GRUPO DE OBSERVADORES

ARTICULO VI

Serán Miembros del Grupo de Observadores (en adelante los Observadores) aquellos que, previa aceptación del Gobierno del Paraguay, hayan sido debidamente designados y acreditados ante las autoridades paraguayas por el Secretario General de la Organización.

ARTICULO VII

Los Observadores gozarán durante el periodo en que ejerzan sus funciones y durante sus viajes de ida y regreso al Paraguay, de los privilegios e inmunidades siguientes:

...///...

...///...

a) Inmunidad contra detención o arresto personal; e inmunidad contra todo procedimiento judicial respecto a todos sus actos ejecutados y expresiones emitidas, ya sean orales o escritas en el desempeño de sus funciones;

b) Inviolabilidad de todo papel y documento;

c) El derecho de comunicarse con la Secretaría General de la Organización a través de radio, teléfono, telégrafo, vía satélite u otros medios y recibir documentos y correspondencia por mensajeros o valijas selladas, gozando al efecto de los mismos privilegios e inmunidades que los concedidos a correos, mensajeros o valijas diplomáticas;

d) El derecho de utilizar para su movilización cualquier medio de transporte tanto aéreo, marítimo como terrestre a lo largo de todo el territorio nacional;

e) Excepción, respecto del mismo, de sus esposas e hijos, de toda restricción de inmigración y registro de extranjeros y de todo servicio de carácter nacional en el Paraguay;

f) Las mismas franquicias otorgadas a los representantes de Gobiernos extranjeros en Misión Oficial Temporal por lo que respecta a las restricciones sobre divisas;

g) Las mismas inmunidades y franquicias respecto de sus equipajes personales, acordadas a los enviados diplomáticos y también;

h) Aquellos otros privilegios, inmunidades y facilidades compatibles con lo antes dicho, de los cuales gozan los enviados diplomáticos, con la excepción de que no gozarán de exención de derechos aduaneros sobre mercaderías importadas (que no sean parte de su equipaje personal) o de impuestos de venta y derechos de consumo;

ARTICULO VIII

La Misión de Observación Electoral OEA podrá establecer y operar en el territorio del Paraguay un sistema de radiocomunicaciones autónomo destinado a proveer enlace permanente entre los Observadores y los vehículos OEA con las oficinas y sedes regionales, como de éstas con la sede central en Asunción, y de ésta con la sede de la Secretaría General en Washington, para cuyo logro el Gobierno prestará toda la colaboración técnica y administrativa que se considere necesaria.

...///...

...///...

ARTICULO IX

Las disposiciones contenidas en el articulo VII no son aplicables a los nacionales acreditados, salvo respecto de los actos oficiales ejecutados o expresiones emitidas en el ejercicio de sus funciones.

CAPITULO III

COOPERACION CON LAS AUTORIDADES

ARTICULO X

Los Observadores cooperarán con las autoridades competentes del Paraguay para evitar que ocurran abusos en relación con los privilegios e inmunidades mencionados. Asimismo, las autoridades competentes del Paraguay harán lo posible por facilitar la cooperación que le sea solicitada por los observadores.

ARTICULO XI

Sin perjuicio de las Inmunidades y Privilegios otorgados, los Observadores respetarán las leyes y reglamentos vigentes en Paraguay.

ARTICULO XII

El Gobierno del Paraguay y el Secretario General tomará las medidas que sean necesarias para procurar un arreglo amistoso en la solución adecuada de :

a) las controversias que se originen en contratos u otras cuestiones de derecho privado;

b) las controversias en que sea parte cualquiera de los Observadores respecto de materias en que gozan inmunidad.

...///...

...///...

CAPITULO IV

CARACTER DE LOS PRIVILEGIOS E INMUNIDADES

ARTICULO XIII

Los privilegios e inmunidades se otorgan a los Observadores para salvaguardar su independencia en el ejercicio de sus funciones de observación del Proceso Electoral paraguayo y no para beneficio personal, ni para realizar actividades de naturaleza política en territorio paraguayo.

Por consiguiente el Secretario General renunciará a los privilegios e inmunidades de cualquiera de éstos en caso de que, según su criterio, el ejercicio de ellos impida el curso de la justicia.

El Secretario General proveerá a cada uno de los Observadores, como también al personal local contratado, de un carnet de identidad numerado el cual contendrá el nombre completo, la fecha de nacimiento, el cargo o rango y una fotografía.

Asimismo, los Observadores, no estarán obligados a entregar dicho carnet sino presentarlo cuando así lo requieran las autoridades del Paraguay.

CAPITULO VI

DISPOSICIONES GENERALES

ARTICULO XV

El Gobierno de la República del Paraguay reconoce el "documento oficial de viaje" expedido por la Secretaría General como documento válido y suficiente para los viajes de los Observadores. Dicho documento requiere visado de cortesía para que los Observadores ingresen en el país y permanezcan en él hasta el término de su Misión Oficial.

...///...

...///...

ARTICULO XVI

Este Acuerdo podrá ser modificado por mutuo consentimiento del Gobierno de la República del Paraguay y de la Secretaría General de la Organización.

ARTICULO XVII

Este Acuerdo entrará en vigor, provisionalmente, a partir de la fecha de su firma y definitivamente, una vez cumplidos los requisitos constitucionales necesarios para la aprobación del mismo.

Se dará por finalizado una vez que los Observadores concluyan sus labores, de acuerdo con los términos de invitación hecha por el Gobierno de la República del Paraguay el 14 de diciembre de 1990.

EN FE DE LO CUAL, los infrascritos, debidamente autorizados para hacerlo, firman el presente Acuerdo en dos ejemplares de un mismo tenor, en la Ciudad de Asunción, a los veinte días del mes de agosto del año mil novecientos noventa y uno.

POR EL GOBIERNO DE LA
REPUBLICA DEL PARAGUAY

POR LA SECRETARIA GENERAL
DE LA ORGANIZACION DE LOS
ESTADOS AMERICANOS

Alexis Frutos Vaesken
Ministro de Relaciones
Exteriores

Hugo De Zela
Jefe de Gabinete

Anexo 3

JUNTA ELECTORAL CENTRAL

ACUERDO

ENTRE LA JUNTA ELECTORAL CENTRAL DEL PARAGUAY Y LA SECRETARIA GENERAL DE LA OEA SOBRE PROCEDIMIENTOS DE OBSERVACION ELECTORAL

CONSIDERANDO la invitación del Gobierno del Paraguay al Secretario General de la Organización de los Estados Americanos (nota del Ministerio de Relaciones Exteriores, del 14 de diciembre de 1990), para el envío de Observadores de la OEA a los efectos de acompañar el proceso electoral de las elecciones de Juntas Municipales y de Intendentes Municipales, que se realizarán el día 26 de mayo de 1991, con " la seguridad de que la presencia de los mismos contribuirá a consolidar la democracia en el Paraguay, otorgando al mismo credibilidad y confiabilidad en el ámbito nacional e internacional";

CONSIDERANDO la Resolución AG/RES 991 de la Asamblea General de la OEA, que recomienda al Secretario General "organizar y enviar misiones a aquellos Estados miembros que, en el ejercicio de su soberanía, lo soliciten, con el propósito de observar el desarrollo, de ser posible en todas sus etapas, de cada uno de los respectivos procesos electorales";

CONSIDERANDO que el Código Electoral del Paraguay (Ley No 1/90) establece en su artículo No 85 que " la organización, dirección, fiscalización y realización de las elecciones quedan confiadas a la Junta Electoral Central";

CONSIDERANDO los entendimientos entre las autoridades de la Junta Electoral Central del Paraguay y la primera misión enviada por el Secretario General a Asunción entre los días 4 y 8 de febrero del corriente año;

La Junta Electoral Central del Paraguay, a través de su Presidente, y el Secretario General de la OEA acuerdan el siguiente procedimiento de observación del proceso electoral:

...///...

JUNTA ELECTORAL CENTRAL

..///...

a) La Junta Electoral Central (de ahora en adelante Junta) garantiza al Grupo de Observadores designados por el Secretario General de la OEA (de ahora en adelante Observadores), todas las facilidades para el cumplimiento adecuado de su misión de observación electoral de las elecciones municipales, en conformidad con las normas constitucionales, legales y reglamentarias vigentes en el Paraguay, y en los términos de este Acuerdo.

b) La Junta deberá suministrar a los Observadores toda la información referente a la organización, dirección y supervisión del proceso electoral. Los Observadores podrán solicitar a la Junta la información adicional necesaria para el ejercicio de sus funciones.

c) Los Observadores podrán informar a la Junta acerca de las irregularidades e interferencias que observen o que les fueren comunicadas. Asimismo los Observadores podrán solicitar informaciones sobre las medidas que al respecto se hubieren tomado.

d) La Junta facilitará a los Observadores informaciones relativas a padrones electorales y a los datos contenidos en el computador referente al mismo. Asimismo la Junta proveerá toda información relativa al sistema de cómputo para el día de las elecciones y ofrecerá demostraciones de su operación.

e) La Junta, durante el día de los comicios garantizará a los Observadores el acceso a los locales de votación para observar que sus condiciones estén de conformidad con las normas legales electorales vigentes.

f) La Junta, en el día de las elecciones, garantizará a los Observadores el acceso al proceso de escrutinio de los votos, e instruirá a las Juntas Electorales Seccionales que expida a los mismos —si así lo requieren— una copia certificada de los resultados de las distintas mesas.

g) La Junta garantizará a los Observadores información sobre el cómputo provisional y el cómputo definitivo efectuado por cada una de las Juntas Electorales Seccionales y la Junta Electoral Central, y éstas permitirán la observación del proceso electoral.

...///...

JUNTA ELECTORAL CENTRAL
— . —

...///...

h) La Secretaría General de la OEA comunicará al Presidente de la Junta Electoral Central los nombres de las personas que integrarán el Grupo de Observadores, los que estarán debidamente identificados con Carnet de Identificación de la OEA y de la Junta elaborado especialmente para la observación.

i) Los Observadores deberán actuar con imparcialidad, objetividad e independencia en el cumplimiento de sus funciones de observación, y deberán presentar una copia a la Junta del informe final del Secretario General.

j) La Junta Electoral Central sin perjuicio de lo preceptuado en los Artículos 179 y 232 del Código Electoral, recomendará a los Presidentes de Mesas otorgar facilidades a los Observadores para la constatación del Acto eleccionario y proveer certificados sobre los resultados de la elección.

k) La Junta Electoral hará conocer y difundirá entre todos sus organismos electorales y personal involucrado en el proceso electoral el contenido de este Acuerdo sobre procedimiento de observación electoral, e implementará su vigencia efectiva mediante Resoluciones y Circulares dirigidas a las Juntas Electorales Seccionales.

POR LA JUNTA ELECTORAL
CENTRAL DEL PARAGUAY

POR LA SECRETARIA GENERAL
DE LA ORGANIZACIÓN DE LOS
ESTADOS AMERICANOS

Anexo 4

OBSERVADORES DE LA MISION DE OBSERVACION ELECTORAL DE PARAGUAY
(del 5 de marzo al 28 de junio de 1991)

NOMBRE	PAIS	FECHA LLEGADA	FECHA SALIDA
Rubén Perina	(ARG)	5 marzo	27 junio
Luciano Leiva	(ARG)	4 abril	3 junio
Lia Onega	(ARG)	31 marzo	30 mayo
Claudio Escalada	(ARG)	9 mayo	9 junio
M. Susana Ruggiero	(ARG)	14 abril	27 junio
Juan Goncalves	(ARG)	11 abril	29 mayo
Daniel Lozano	(ARG)	11 abril	30 mayo
Jorge Spitalieri	(ARG)	11 abril	
Marcondes Gadelha	(BRA)	17 marzo	21 marzo
		16 abril	27 abril
		23 mayo	29 mayo
Julio Singer	(BRA)	19 mayo	29 mayo
Carlos Pereira	(BRA)	23 mayo	29 mayo
Heitor Ulyssea	(BRA)	8 abril	27 junio
Guy Choquette	(CA)	18 mayo	28 mayo
Elba Molina	(CHI)	5 marzo	26 junio
Olga Rebolledo	(CHI)	21 mayo	29 mayo
Judith Lobos	(CHI)	14 mayo	28 mayo
Claudio Molina	(CHI)	30 abril	28 mayo
Mauricio Rosales	(CHI)	20 abril	28 mayo
M. Victoria Londoño	(COL)	22 mayo	28 mayo
Gabriel Morales	(COL)	13 mayo	28 mayo
Miguel A. Rodriguez	(COL)	5 abril	28 mayo
Ismael Quinteros	(COL)	15 mayo	28 mayo
Eduardo Velez	(COL)	10 abril	28 mayo
Alvaro Vargas	(CR)	21 abril	28 mayo
Alberto Pinto	(CR)	8 mayo	28 mayo
Rodolfo Delgado	(CR)	13 mayo	28 mayo
Enrique Saltos	(ECU)	19 abril	25 junio
Rubén Suárez	(ECU)	15 mayo	28 mayo
Hugo Medina	(ECU)	13 mayo	28 mayo
Gerardo Castro	(GUA)	10 abril	11 junio
Armando Sosa	(NIC)	17 abril	27 junio

Víctor Jimenez	(MEX)	10 abril	20 mayo
Arturo Garzón	(MEX)	8 abril	27 junio
Isaac Canales	(PERU)	20 mayo	28 mayo
Anibal Sierralta	(PERU)	20 mayo	28 mayo
Jorge Buendía	(PERU)	26 abril	28 mayo
Jorge Levano	(PERU)	12 mayo	28 mayo
Guillermo Corsino	(URU)	31 maro	27 junio
María Trujillo	(URU)	25 abril	27 junio
Lucas Pacello	(URU)	11 abril	27 junio
Julio Macedo	(URU)	9 mayo	28 mayo
Julio Ricaldoni	(URU)	16 abril	27 junio
Fanny Aaron	(URU)	22 abril	27 junio
Gloria Amen Pisani	(URU)	23 abril	28 mayo
Héctor Pedrosa	(URU)	6 marzo	27 junio
Iván Moreno	(VEN)	12 mayo	28 mayo
Pedro Alexander	(VEN)	18 mayo	28 mayo

Anexo 5

Elections
Rev.11.04.91

ORGANIZATION OF AMERICAN STATES

COST OF OBSERVATION OF ELECTORAL PROCESS IN PARAGUAY *
(MARCH 91 – JUNE 91)

Overtime	$	1,076
Travel/Per Diem		236,012
Documents		9
Equipment		133,619
Rent/Housing		5,706
Experts		26,052
Communic/Insurance		37,353
	$	439,827

* Subject to year–end adjustments and audit

Anexo 6

ASOCIACION NACIONAL REPUBLICANA
(PARTIDO COLORADO)
25 DE MAYO 842
TELEFONOS: 444 137. - 444 138
TELEX 5480 PY A.N.R.
Asunción - Paraguay

Asunción, 10 de Abril de 1.991.-

Señor
RUBEN M. PERINA,
Coordinador Técnico de Observación Electoral
de la ORGANIZACION DE ESTADOS AMERICANOS
Presente

De mi consideración:

    Tengo el alto honor de dirigirme a Ud., en su carácter de Coordinador Técnico de tan importante organismo asesor de la OEA; en nombre de la Asociación Nacional Republicana PARTIDO COLORADO, a fin solicitar oficialmente la Observación Electoral de ese Organismo en las elecciones internas de nuestro Partido a realizarse el próximo domingo 14 de abril del cte. año.

    Es de suma importancia para el proceso de democratización que vive actualmente nuestro país, demostrar a la opinión pública nacional e internacional la voluntad política de nuestro Partido de ofrecer las garantías necesarias, y la transparencia en estos comicios electorales.

    En la seguridad de merecer una atención favorable a este pedido del Partido Colorado, aprovecho la oportunidad para reiterarle las expresiones de mi más alta y distinguida consideración.-

PROF. DR. LUIS MARIA ARGAÑA
Presidente
Asociación Nacional Republicana
PARTIDO COLORADO

Anexo 7

ASOCIACION NACIONAL REPUBLICANA
(Partido Colorado)

Asunción, 5 de Julio de 1991.-

Excelentísimo Señor:

Tengo el honor de dirigirme al Señor Secretario General para manifestar cuanto sigue:

En nombre de la Junta de Gobierno, máxima autoridad política permanente del Partido Colorado, la que tengo el honor de presidir, me dirijí por nota del 10 de abril ppdo., a la Misión de Observación Electoral de la OEA en el Paraguay para solicitar la observación electoral de los comicios internos que se encontraban próximos a ser realizados en nuestro partido político.

Hemos tenido la satisfacción de contar con la observación electoral solicitada en las internas efectuadas el 14 de Abril para elegir candidatos a intendentes y concejales municipales y a convencionales partidarios.

De nuestra parte, conviene resaltar que las autoridades partidarias pusieron todo su empeño para que los sufragios se realizaran como se realizaron con la mayor transparencia, conforme con la tradición democrática y el estilo republicano y civilista de nuestro Partido.

Apreciamos en su justo valor, Señor Secretario General, la presencia valiosa y la tarea positiva de los miembros de la Misión de Observación de la OEA en nuestros comicios internos y de modo especial deseamos destacar la diligente y capacitada labor profesional de los Señores Dr. Marcondes Gadhela, Coordinador Político, y Dr. Rubén M. Perina, Coordinador Técnico, a todos los cuales extendemos nuestros profundos reconocimientos.

Al manifestar a la Secretaría General nuestra satisfacción por la tarea cumplida y nuestra gratitud por la cooperación recibida, deseo reiterar la honda convicción democrática del Partido Colorado cuyos antiguos principios doctrinarios sirven de base al actual proceso político paraguayo y cuya inclaudicable posición es la intransigente defensa de la voluntad popular libremente expresada.

Válgame de la ocasión para renovarle los sentimientos de mi alta y distinguida consideración, así como la de mi personal aprecio y estima.

LUIS MARIA ARGAÑA
Presidente.

EXCMO. SEÑOR EMBAJADOR
DOCTOR JOAO CLEMENTE BAENA SOARES
SECRETARIO GENERAL DE LA ORGANIZACION DE ESTADOS AMERICANOS
WASHINGTON DC

Anexo 8

Ministerio de Relaciones Exteriores

Asunción, 31 de Mayo de 1991.-

DM/SSRE/No. 56.-

Señor Secretario General :

        Como es del conocimiento de Vuestra Excelencia el 26 de Mayo próximo pasado, se realizaron en el Paraguay las primeras elecciones de Juntas Municipales y de Intendentes Municipales, con presencia de los Observadores de la Organización de los Estados Americanos (O.E.A.), cumpliendo un papel preponderante dentro de la observación electoral en dicha elecciones.

        Asimismo, cumplo en informar a Vuestra Excelencia que en 28 localidades se han postergado las elecciones para una fecha a ser fijada por el Poder Ejecutivo.

        Por ese motivo, Señor Secretario General, el Gobierno Nacional solicita la ampliación de la presencia de los Observadores de la O.E.A. hasta la realización de los comicios electorales en las localidades que han sido postergadas.

        En la seguridad de que Vuestra Excelencia interpretando el propósito del Gobierno del Paraguay, dará curso favorable a esta solicitud, hago propicia la oportunidad para saludar a Vuestra Excelencia reiterándole el testimonio de mi más alta estima y consideración.

ALEXIS FRUTOS YBESK.
Ministro de Relaciones Exteriores

Al Excelentísimo
Señor Embajador JOAO CLEMENTE BAENA SOARES
Secretario General de la Organización de los Estados Americanos
WASHINGTON D.C.

Anexo 9

Ministerio de Relaciones Exteriores

Asunción, 1º de julio de 1991

Señor Secretario General:

Tengo el honor de dirigirme a Vuestra Excelencia con el objeto de agradecerle en nombre del Gobierno paraguayo por la excelente labor cumplida por la Misión de Observación de la Organización de los Estados Americanos (O.E.A.), que fuera solicitada por el Gobierno Nacional, y que acompañaron los comicios municipales que se llevaron a cabo el 26 de mayo y 23 de junio de 1991, respectivamente.

Como es del conocimiento de Vuestra Excelencia, las mencionadas elecciones municipales fueron las primeras realizadas en mi país, bajo la vigencia del nuevo Código Electoral, sancionado por este Gobierno, y ha dado como resultado, elecciones justas de acuerdo al propio juicio emitido por los Observadores de Vuestra Misión, que expresa: "importantes componentes de un proceso electoral transparente estuvieron presentes y fueron respetados". Esa opinión fue compartida por los partidos políticos y la ciudadanía en forma mayoritaria.

Mi Gobierno se siente íntimamente satisfecho por el éxito de estas elecciones y aprecia el valioso aporte de la OEA en el proceso de consolidación de la democracia en el Paraguay.

Al reiterar a Vuestra Excelencia el agradecimiento del Pueblo y Gobierno de mi país a la OEA, a su Misión de Observación y a Usted en particular, apreciado Secretario General, hago propicia la oportunidad para hacerle llegar las expresiones de mi más alta y distinguida consideración.

ALEXIS FRUTOS VAESKEN
Ministro de Relaciones Exteriores
de la República del Paraguay

A Su Excelencia
Embajador JOAO CLEMENTE BAEANA SOARES
Secretario General de la
Organización de los Estados Americanos (O.E.A)
WASHINGTON D.C. - ESTADOS UNIDOS DE AMERICA

Anexo 10

PARTIDO LIBERAL RADICAL AUTENTICO

"AÑO DEL CENTENARIO DE LA GESTA DEL 18 DE OCTUBRE DE 1891"

SAN JOSE 556 · Tel. 24394 · ASUNCION · PARAGUAY

Asunción, 27 de Junio de 1991

Señor
SECRETARIO GENERAL DE LA
ORGANIZACION DE LOS
ESTADOS AMERICANOS
JOAO CLEMENTE BAENA SOARES
E. S. D.

De mi consideración más distinguida:

Cumplo en dirigirle la presente en nombre del Partido Liberal Radical Auténtico, con el objeto de manifestarle nuestra complacencia por la actuación de la Observación Internacional de la Organización de Estados Americanos, en las elecciones Municipales del 26 de Mayo y 23 de Junio realizadas en el Paraguay.

Dichas elecciones constituyeron una prueba crucial para la credibilidad del proceso de transición a la democracia en que está empeñado nuestro partido junto con otras fuerzas políticas y sociales. Pese a los graves problemas de desorganización que se observaron en estas elecciones podemos afirmar que hemos superado la difícil prueba aunque somos concientes que mucho hay que mejorar aún en materia de organización electoral en nuestro país.

En medio de nuestras dificultades hemos encontrado en los Observadores de la Organización de los Estados Americanos una inestimable colaboración para llevar adelante los comicios con un margen aceptable de limpieza y transparencia.

Al reiterarle nuestros reconocimientos por la actuación de los Observadores de la Organización de los Estados Americanos, ruego a Ud. transmita estos sentimientos al Director General Senador Marcondes Gadelha, como al Director Dr. Perina y a todos los colaboradores que tuvieron a su cargo este emprendimiento de solidaridad democrática continental.

Atentamente,

JUAN MANUEL BENITEZ FLORENTIN
Presidente del Partido Liberal Radical Auténtico

Anexo 11

Ministerio de Relaciones Exteriores

Asunción, 4 de octubre de 1991

DM/Nº 85

Señor Secretario General:

Nos dirigimos a Usted, alentados por el éxito que significó la presencia de Observadores de la Organización de Estados Americanos durante las elecciones municipales que se realizaron en mi país el día 26 de mayo del corriente año.

La misión de Observadores de la OEA, contribuyó a dar credibilidad y confianza al proceso y al acto eleccionario, el que por otra parte, se realizó en un ambiente festivo, de paz, sin que hubiesen incidentes que lamentar.

El próximo día 1 de diciembre de este año, se realizarán en el Paraguay elecciones para elegir convencionales constituyentes, que tendrán la responsabilidad de elaborar una nueva Constitución, acorde con esta etapa de consolidación de nuestra democracia y nuestras libertades. Es de interés del Gobierno, de los Partidos Políticos y de la ciudadanía toda, volver a contar con el aval de la presencia de observadores de esa Organización, por lo que nos permitimos solicitar una vez más, el envío de Observadores, en la seguridad de que ha de proporcionar nuevamente confianza, tanto en el ámbito nacional como internacional, a nuestro proceso eleccionario y a nuestra cada vez más fortalecida democracia.

No desconocemos las limitaciones de carácter económico que Usted nos comentara en su nota fechada en Santiago de Chile el 4 de junio de 1991, pero la importancia que tiene para mi país la presencia de Observadores de la OEA, nos impulsa a hacer esta petición, esperando sepan valorarla en su justa dimensión.

Demás está decir que el Gobierno Nacional dará a los Observadores de la OEA todas las facilidades y colaboración que en el desempeño de su tarea sean necesarias.

../..

Al Excelentísimo
Señor Embajador JOAO CLEMENTE BAENA SOARES
Secretario General de la Organización de los Estados Americanos.
WASHINGTON, D.C.

Ministerio de Relaciones Exteriores

DM/Nº ____ (Cont.)

.:

Fundamento una vez más este pedido, Señor Secretario General, en la Resolución AG/RES.991 (XIX-089) sobre Derechos Humanos y Democracia - Observación Electoral, que le recomienda "organizar y enviar misiones a aquellos Estados miembros que, en el ejercicio de su soberanía, lo soliciten, con el propósito de observar el desarrollo, de ser posible en todas sus etapas, de cada uno de los respectivos procesos electorales".

En la seguridad de que Vuestra Excelencia, interpretando el propósito del Gobierno del Paraguay, dará curso favorable a esta solicitud, hago propicia la oportunidad para saludarle reiterándole el testimonio de mi más alta estima y consideración.

ALEXIS FRUTOS VAESKEN
Ministro de Relaciones Exteriores

Anexo 12

ORGANIZACIÓN DE LOS ESTADOS AMERICANOS

WASHINGTON, D. C.

EL SECRETARIO GENERAL

16 de octubre de 1991

Señor Ministro:

Tengo el honor de dirigirme a Vuestra Excelencia en relación a la nota No. DM/85, de 4 de octubre, mediante la cual Vuestra Excelencia expresa el "interés del Gobierno, de los partidos políticos y de la ciudadanía toda, de volver a contar con el aval de la presencia de observadores de esa Organización, por lo que nos permitimos solicitar una vez más el envío de Observadores" para las elecciones de convencionales constituyentes que tendrán lugar el próximo primero de diciembre.

Sobre el particular expreso a Vuestra Excelencia la mejor disposición para enviar una misión de observación electoral. Sin embargo, antes de concretar este envío, debemos resolver la parte financiera de nuestras tareas.

Como Vuestra Excelencia conoce, la observación electoral de las elecciones municipales efectuada en Paraguay, se pudo realizar mediante una provisión extraordinaria hecha por el Consejo Permanente de fondos que se incrementaron al presupuesto para 1991 de la Organización. Con ello fue posible financiar la observación electoral y su prórroga, a la cual hizo referencia mi nota de 4 de junio de este año. Ese dinero, cuyo monto fue de US$500.000, se utilizó prácticamente en su integridad por lo que, para todo efecto, puede considerarse agotado.

Una nueva observación electoral demandaría la obtención de nuevos aportes para financiarla. En el Fondo Regular de la Organización, de donde se obtuvo el financiamiento anterior, no es posible encontrar remanentes. Ello deja dos posibilidades: obtener fondos de un tercer país o que Paraguay financie la operación. Mucho apreciaré los comentarios que Vuestra Excelencia quiera tener a bien efectuar sobre este asunto.

Hago propicia la oportunidad para renovar a Vuestra Excelencia las seguridades de mi más alta y distinguida consideración.

João Clemente Baena Soares

Excelentísimo señor
Prof. Dr. Alexis Frutos Vaesken
Ministro de Relaciones Exteriores
Asunción, Paraguay

Anexo 13

ORGANIZACIÓN DE LOS ESTADOS AMERICANOS
WASHINGTON, D. C.

EL SECRETARIO GENERAL

8 de noviembre de 1991

Señor Ministro:

Tengo el honor de dirigirme a Vuestra Excelencia en relación a la solicitud de vuestro distinguido Gobierno para el envío de una Misión de Observación Electoral para las elecciones de convencionales constituyentes, a realizarse el primero de diciembre de 1991.

Al respecto, me complace comunicarle que el primer grupo de la misión llegará a Asunción el 18 de noviembre próximo. Se tratará de que la Misión, en su mayoría, esté compuesta por observadores con experiencia en la observación anterior. El Dr. Rubén M. Perina será el coordinador de la misma.

Hago propicia la oportunidad para renovar a Vuestra Excelencia las seguridades de mi más alta y distinguida consideración.

João Clemente Baena Soares

Excelentísimo señor
Dr. Alexis Frutos Vaesken
Ministro de Relaciones Exteriores
Asunción, Paraguay

Anexo 14

Ministerio de Relaciones Exteriores

8227

Asunción, 15 de noviembre de 1991.

SSPE/DT/E/N° 126/91

Señor Secretario General:

Tengo el honor de dirigirme a Vuestra Excelencia en ocasión de hacer referencia a su nota de fecha 12 de noviembre del año en curso, relativa a la venida de la misión de observadores de la OEA para las elecciones que se realizarán el día 1º de diciembre del año en curso, el cual estará destinado a la elección de los convencionales para la Convención Nacional Constituyente a establecerse a fin de elaborar una nueva Constitución para la República del Paraguay.

Al respecto, cumplo en manifestarle que al citado Grupo le serán otorgados los privilegios e inmunidades de conformidad al Artículo 138 de la Carta de la Organización, al "Acuerdo entre el Gobierno de la República del Paraguay y la Secretaría General de la Organización de los Estados Americanos sobre el Funcionamiento de la Oficina de la Secretaría General de la OEA en el Paraguay y el reconocimiento de sus Privilegios e Inmunidades", suscrito en Washington, D.C. el 26 de noviembre de 1977 y al "Acuerdo entre el Gobierno de la República del Paraguay y la Secretaría General de la Organización de los Estados Americanos relativo a los Privilegios e Inmunidades de los Observadores del Proceso Electoral Paraguayo", suscrito en Asunción el 20 de marzo de 1991.

Los privilegios e inmunidades les serán otorgados durante su permanencia en el territorio nacional para el cumplimiento de su misión.

...///...

A Su Excelencia
DR. JOAO CLEMENTE BAENA SOARES
Secretario General de la
Organización de los Estados Americanos
Washington, D.C. - Estados Unidos de América

Ministerio de Relaciones Exteriores

...///...

En relación con el Acuerdo suscrito en Asunción el 20 de marzo de 1991 entre la Junta Electoral Central del Paraguay y la Secretaría de la OEA sobre Procedimientos de Observación Electoral, el mismo será aplicado al próximo proceso electoral.

Hago propicia esta ocasión para reiterar a Vuestra Excelencia las seguridades de mi más distinguida consideración.

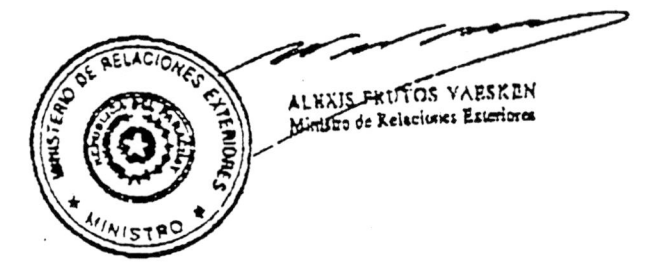

ALEXIS FRUTOS VAESKEN
Ministro de Relaciones Exteriores

Anexo 15

DEC.4.91

ORGANIZACION DE ESTADOS AMERICANOS
LISTA DE PERSONAL - OBSERVACION ELECTORAL PARAGUAY

COORDINACION - ASUNCION   LLEGADA   SALIDA

1. RUBEN PERINA   OEA/ARG   11-19-91   12-7-
2. MARTHA WAAK   OEA/CH   11-19-91   12-5-
3. ALFONSO MUNEVAR   OEA/COL   11-19-91   12-7-
4. OVIDIO VARGAS   OEA/CR   11-16-91   12-7-
5. WALTER GUTIERREZ   OEA/USA   11-16-91   12-7-

OBSERVADORES EN:

ASUNCION:

6. LUCIANO LEIVA   ARG.   11-19-91   12-3-
7. MAGDALENA TRUJILLO   URU.   11-19-91   12-7-
8. LIA ONEGA   ARG.   11-19-91   12-3-
9. CLAUDIO ESCALADA   ARG.   11-20-91   12-7-
10. ISMAEL QUINTERO   COL.   11-26-91   12-3-
11. ISAAC CANALES   PER.   11-20-91   12-3-
12. ANIBAL SIERRALTA   PER.   11-27-91   12-7-
13. OLGA REBOLLEDO   CHI   11-21-91   12-7-
14. HUGO MEDINA   ECU   11-24-91   12-3-
15 MAURICIO ROSALES   CH   11-23-91   12-5-
16. FERNANDO ARANDIA   OEA/BOL   11-21-91   12-7-
17. RODOLFO DELGADO   CR   11-25-91   12-4-
19. GLORIA AMEN PISANI   URU   11-25-91   12-3-
19 EDMUNDO POZO   BOLIVIA   11-23-91   12-3-

CIUDAD DEL ESTE:

20. HEITOR ULYSEA   OEA/BRA   11-18-91   12-5-
21. JULIO MACEDO   URU.   11-25-91   12-3-

CAACUPE:

22. JORGE BUENDIA   PER.   11-21-91   12-3-
23. GABRIEL MORALES   COL.   11-26-91   12-3-

SAN PEDRO:

24. JORGE SPITALIERI   ARG.   11-19-91   12-7-

SAN JUAN BAUTISTA:

25. FANNY ARON.   URU.   11-21-91   12-5-91
26. JUDITH LOBOS   CH.   11-26-91   12-5-91

CORONEL OVIEDO:

27. MIGUEL A. RODRIGUEZ   OEA/COL.   11-20-91   12-7-91
28. JULIO RICALDONI   URU.   11-21-91   12-5-91

VILLARRICA:

29. EDUARDO VELEZ   OEA/COL.   11-19-91   12-7-91
30. IGNACIO MORENO   CH.   11-18-91   12-3-91

ENCARNACION:

31. JUAN GONZALVEZ   AR.   11-20-91   12-4-91
32 ALVARO VARGAS   CR.   11-25-91   12-4-91

Anexos 16 y 17

Ministerio de Relaciones Exteriores

Asunción, 20 de diciembre de 1991

DM/No. 90

Señor Secretario General:

Tengo el honor de dirigirme a Vuestra Excelencia con el objeto de presentarle los agradecimientos del Gobierno paraguayo y al mismo tiempo felicitarle por el magnífico trabajo realizado por la Misión de Observadores de la Organización de los Estados Americanos (OEA), que fuera solicitada con el fin de acompañar las elecciones para Constituyentes Nacionales, efectuadas el 1 de diciembre de 1991 en todo el país.

Estas elecciones, que revisten una importancia trascendental para el futuro del país en espera de una Constitución a la altura de los tiempos modernos de libertad, democracia, respeto a los derechos humanos, desarrollo dentro del nuevo orden mundial y consideración de los procesos de integración, han marcado la pauta del firme cumplimiento del calendario electoral acordado por el Gobierno en el camino de consolidación de la democracia. De la misma manera, se puede señalar que las jornadas electorales cumplidas han sido reconocidas como transparentes, limpias y respetuosas de la voluntad popular, tanto por los Observadores como por todos los partidos y sectores participantes en las elecciones.

Todo ello nos lleva a valorizar más el trabajo de la OEA en este campo.

Al reiterar a Vuestra Excelencia el agradecimiento del Pueblo y del Gobierno del Paraguay a la OEA, a su Misión de Observadores y en particular al apreciado Secretario General, le hacemos llegar las expresiones de nuestra más alta consideración y estima.

ALEXIS FRUTOS VAESKEN
Ministro de Relaciones Exteriores

A Su Excelencia
Doctor JOAO CLEMENTE BAENA SOARES
Secretario General de la
Organización de los Estados Americanos (OEA)
WASHINGTON D.C. - ESTADOS UNIDOS DE AMERICA

ASOCIACION NACIONAL REPUBLICANA
(Partido Colorado)

25 de Mayo 842 — Teléfonos: 444 137 - 444 138 (con Central Interna) — Asunción - Paraguay

Asunción, 12 de diciembre de 1991.-

EXCELENCIA:

Tengo a honra dirigirme a Vuestra Excelencia en mi carácter de Presidente de la Junta de Gobierno de la Asociación Nacional Republicana (Partido Colorado), para expresarle los agradecimientos de nuestro Partido por la importante labor desarrollada por la Misión de Observadores Electorales de la Organización de Estados Americanos que, en cumplimiento de la solicitud del Gobierno Paraguayo y nuestro Partido, presenciaron los comicios del 1ro. de diciembre último, para la elección de Convencionales Cosntituyentes que tendrán a su cargo elaborar nuestra nueva Carta Magna.

Imbuido de su alto espíritu democrático, la ciudadanía republicana que concurrió a las urnas demostró su vocación civilista y su cultura cívica con un comportamiento ejemplar, contribuyendo a la transparencia del evento electoral realizado con toda normalidad. El Partido Colorado obtuvo una amplia victoria en estos comicios, movilizando, con fervor y entusiasmo a su pueblo, consagrando así nuestro derecho de mayoría y por sobre todo, con una demostración de credibilidad en el voto, como único instrumento para hacer posible el proceso hacia la democracia en un autentico estado de derecho.

La misión de observadores de la O.E.A., bajo la coordinación del Dr. Rubén Perina, desarrolló una efectiva y responsable labor, constante en su misión de verificar la normalidad del evento electoral, cuyo resultado final incuestionable, nos llena de satisfacción y orgullo como paraguayos y colorados.

Al reiterarle nuevamente, Señor Secretario General, nuestro reconocimiento por la acción decidida de esa Organización por promocionar el fortalecimiento de la Democracia en el Continente, me valgo de la oportunidad para saludarle con las consideraciones de mi más alta estima y aprecio.

LUIS MARIA ARGAÑA
Presidente

Excmo. Señor
Embajador JOAO CLEMENTE BAENA SOARES
Secretario General de la Organización de Estados Americanos (OEA)
WASHINGTON DC

Anexo 18

Ministerio de Relaciones Exteriores

Asunción, 03 JUN. 1992

SSRE/OEA/E/Nº 1449

REF: Solicitar Misión Observadora.

Señor Secretario General:

Tengo el honor de dirigirme a Vuestra Excelencia, fundado en lo dispuesto por varias resoluciones de la Organización de los Estados Americanos (OEA), con el objeto de solicitar se destaque una Misión Observadora para acompañar las Elecciones Generales que se realizarán en el curso del primer semestre de 1993.

Con la enriquecedora experiencia de las Misiones Observadoras anteriores, el Gobierno Nacional, en su afán de consolidar las Instituciones Democráticas, considera que una Misión Observadora de ese importante organismo se constituirá en una garantía más del pleno ejercicio de los derechos civiles de los ciudadanos paraguayos y contribuirá a dar credibilidad a nivel nacional e internacional al Proceso de Democratización iniciado el 2 y 3 de febrero de 1989.

Para facilitar y garantizar el libre desarrollo de sus tareas, el Gobierno Nacional concederá a los Observadores de la OEA las mismas ventajas y cooperación previstas en los Acuerdos respectivos suscritos en ocasión de anteriores Misiones de Observación.

Con la seguridad de que Vuestra Excelencia, interpretando el propósito del Gobierno del Paraguay, dará curso favorable a esta solicitud, hago propicia la oportunidad para reiterarle el testimonio de mi más distinguida consideración.-

ALEXIS FRUTOS VAESKEN
Ministro de Relaciones Exteriores

A Su Excelencia
El Secretario General de la Organización
de los Estados Americanos (OEA)
EMBAJADOR JOAO CLEMENTE BAENA SOARES.
WASHINGTON. D.C.
ov/
rdp/

Anexo 19

Ministerio de Relaciones Exteriores

Asunción, 10 de julio de 1992

DM/No. 29/92

Señor Secretario General:

Tengo el honor de dirigirme a Vuestra Excelencia para referirme a nuestra nota SSRE/OEA/E/No. 1449, de fecha 3 de junio de 1992, y a vuestra respuesta de fecha 23 de junio de 1992, para expresarle cuanto sigue.

El Gobierno de la República del Paraguay, deseoso de asegurar en su máxima expresión la transparencia de los comicios presidenciales a realizarse en mayo de 1993, solicita muy atentamente el envío de una Misión Observadora de la OEA en esta etapa Pre-electoral, es decir, mientras dure el periodo de inscripciones, que fenece el 31 de agosto del corriente año.

Demás está reiterarle Señor Secretario General que el Gobierno paraguayo, como en ocasiones anteriores, concederá a los Observadores de dicho Organismo, las mismas ventajas y cooperación contenidas en los Acuerdos respectivos suscritos en oportunidades anteriores para Misiones de Observación.

Hago propicia la oportunidad para reiterar a Vuestra Excelencia el testimonio de mi más alta y distinguida consideración.

ALEXIS FRUTOS VAESKEN
Ministro de Relaciones Exteriores

A Su Excelencia
El Secretario General de la
ORGANIZACION DE LOS ESTADOS AMERICANOS (OEA)
Embajador JOAO CLEMENTE BAENA SOARES
WASHINGTON D.C. - ESTADOS UNIDOS DE AMERICA

Anexo 20

ORGANIZACION DE LOS ESTADOS AMERICANOS
ORGANIZAÇÃO DOS ESTADOS AMERICANOS
ORGANISATION DES ETATS AMERICAINS
ORGANIZATION OF AMERICAN STATES

17th Street and Constitution Avenue, N.W. Washington, D.C. 20006

29 de julio de 1992

Señor Ministro:

    Tengo el honor de dirigirme a Vuestra Excelencia en referencia a la nota 29/92, del 10 de julio del corriente año, en la que se solicita el "envío de una Misión Observadora de la OEA, mientras dure el período de inscripciones que fenece el 31 de agosto de 1992."

    Asimismo, me complace tomar nota de que la Misión se podrá realizar en el marco de los acuerdos firmados el 20 de marzo de 1991, a saber: "Acuerdo entre el Gobierno de la República del Paraguay y la Secretaría General de la OEA Relativa a los Privilegios e Inmunidades de los Observadores del Proceso Electoral del Paraguay" y "Acuerdo Entre la Junta Electoral Central del Paraguay y la Secretaría General de la OEA sobre Procedimientos de Observación Electoral."

    La Misión estará coordinada por el Dr. Rubén M. Perina, Asesor de la Unidad para la Promoción de la Democracia, e incluirá a los expertos Miguel Escudero (computación), José Pirota (registro civil), y Magdalena Trujillo (organización electoral). La Misión llegará a Asunción a principios del mes de agosto.

    Hago propicia la oportunidad para renovar a Vuestra Excelencia las seguridades de mi más alta y distinguida consideración.

Joao Clemente Baena Soares
Secretario General

Excelentísimo señor
Dr. Alexis Frutos Vaesken
Ministro de Relaciones Exteriores del Paraguay
Asunción, Paraguay

Anexo 21

PODER JUDICIAL

Justicia Electoral

JUICIO: "PARTIDO LIBERAL RADICAL AUTENTICO s/ CUMPLIMIENTO ART. 121 DE LA LEY 1/90 CODIGO ELECTORAL".

A.I. Nro. 20/92

Asuncion, 14 de agosto de 1992.

VISTO el pedido formulado por el Sr. JUAN MANUEL BENITEZ FLORENTIN, Presidente del Directorio del Partido Liberal Radical Autentico, y,

CONSIDERANDO:

QUE, el art. 121 del Codigo Electoral, invocado por el recurrente, establece: "El Registro Civico Permanente se compondra del Registro Civico Nacional y del Padron de Extranjeros. Los Partidos politicos podrán obtener copias de ellos."

QUE la Constitucion actual en su art. 117 dispone:" Los ciudadanos, sin distincion de sexo, tienen el derecho a participar en los asuntos publicos, directamente o por medio de sus representantes,..." con el que concuerda el art. 124 de la Ley 1/90 que dice:"El Registro Civico Permanente es publico para los partidos politicos y los electores.

QUE la Justicia Electoral entiende por via directa en las cuestiones relativas al Registro Civico Permanente conforme al art. 262 inc. "e" y 289 de la Ley 1/90.

QUE la solicitud formulada por el P.L.R.A. se encuadra dentro de las disposiciones de los articulos precedentemente mencionados y de acuerdo al Dictamen Fiscal Nro. 52 de fecha 24 de julio del cte. año, que considera procedente la peticion mencionada.

EL TRIBUNAL ELECTORAL DE LA CAPITAL.

RESUELVE:

1) HACER LUGAR al pedido formulado por el Sr. JUAN MANUEL BENITEZ FLORENTIN, Presidente del Directorio del Partido Liberal Radical Autentico, y,

2) LIBRAR oficio a la Junta Electoral Central a los efectos de que hagan entrega en el plazo de cinco dias, de la copia de los Padrones de las distintas Secciones Electorales de la Republica obrantes en el Registro Civico Permanente a su cargo, actualizados a la fecha, al Partido Liberal Radical Autentico, representado por el Sr. JUAN MANUEL BENITEZ FLORENTIN.

2) ANOTESE, registrese y remitase copia a la Excma. Corte Suprema de Justicia, al Registro Electoral, Seccion Partidos politicos y Junta Electoral Central.

GLADYS LAHAYE   CARLOS A. MOJOLI V.   JUSTO JOSE PRIETO

Ante mi:

DE DA COSTA YODICE
Secretaria

Anexo 22

JUNTA ELECTORAL CENTRAL

Asunción, 27 de agosto de 1992.-

J.E.C. No. 124/92

**DOCTOR
EUCLIDES ACEVEDO, PRESIDENTE
PARTIDO REVOLUCIONARIO FEBRERISTA
P R E S E N T E**

La Junta Electoral Central ha dictado la Resolución No. 145/92 en la que se definen los niveles de verificación técnica que la Institución ofrece como medios de constatación de la transparencia que imprime a su gestión en las etapas pre-electoral y electoral propiamente dicha.

A ese efecto le remitimos una copia de la mencionada Resolución y al mismo tiempo invitamos a un Apoderado de su Partido, para que acompañado de un técnico y con intervención de Observadores de la O.E.A. participe de la reunión del día viernes 28 a las 09:00 hs.

En dicha oportunidad el Director del D.I.R. ilustrará el procedimiento a ser implementado para el efectivo cumplimiento de la Resolución que se adjunta; hecho que de merecer en la práctica una respuesta sensata de la Dirigencia de su Partido, significará un aporte inestimable destinado a reformular la actitud hasta hoy asumida, en el sentido de que las mínimas dudas sean previamente constatadas para dar lugar a imputaciones que de tener fundamentos, desde ya anticipamos que admitiremos responsablemente ante la opinión pública nacional e internacional.

Atentamente,

JOSE LUIS IBARRA LIANO
PRESIDENTE

JUNTA ELECTORAL CENTRAL

RESOLUCION No. 145/92

Asunción, 27 de agosto de 1992.-

VISTO: La importancia de que la transparencia de los actos realizados por la Junta Electoral Central sean constatados, y;

CONSIDERANDO: QUE, esta Junta Electoral Central estima que la intervención activa de los Partidos Políticos y Movimientos Independientes oficializados, en la constatación de la transparencia del proceso pre-electoral y electoral, redundarían en beneficio de la ciudadanía.

QUE, en este sentido, estima necesario que la constatación se viabilice a través de los Apoderados y Técnicos designados por los Partidos Políticos y Movimientos Independientes.

QUE, con la constatación de la transparencia de los trabajos realizados y a realizarse para las Elecciones Generales del 93 confiere a la ciudadanía la seguridad de participación sin ningún tipo de discriminación como premisa inocultable de que la voluntad popular no será burlada.

QUE, igualmente con esta medida adoptada por la Junta Electoral Central, la cual es la ratificación de la transparencia de sus actuaciones, de modo a evitar imputaciones infundadas que no tienen otro fin, cual es la de confundir a la ciudadanía con el propósito de desacreditar este proceso de transición que ineludiblemente desembocará en elecciones limpias y transparentes.

POR TANTO, la Junta Electoral Central, por unanimidad de sus miembros, fundado en las consideraciones que anteceden, y en uso de sus atribuciones;

RESUELVE:

1.- PROPONER que el método de verificación de la transparencia que imprime a los trabajos pre-electoral y electoral sea realizado con intervención de un Apoderado y un Técnico de los Partidos Políticos y Movimientos Independientes oficializados y mediante visitas periódicas y conjuntas, para que con la correspondiente supervisión y guía del Director del Departamento de Inscripción y Registro se familiaricen del procedimiento de trabajo y servicios que otorga el Departamento. Estas visitas solo estarían restringidas a las limitaciones de tiempo que se presenten durante los periodos críticos de labor.

Con estas visitas y reuniones periódicas los Partidos Políticos y Movimientos Independientes, podrán estar al tanto de los procedimientos y programas que se utilizan para: depurar, consultar, organizar, imprimir los padrones del Registro Electoral, en las diferentes etapas, tales como emisión y

Anexo 23

PARTIDO LIBERAL RADICAL AUTENTICO

SAN JOSE 535 - Tel.: 24394/222497 - ASUNCION - PARAGUAY

Asunción, 31 de Agosto de 1992.

Excmo. Señor Secretario General

De nuestra mayor consideración:

Tenemos el honor de dirigirnos al señor Secretario General, para expresarle en nombre del Partido Liberal Radical Auténtico (PLRA), nuestro sincero reconocimiento por la eficaz tarea cumplida por la Delegación de Observadores de esa Organización, encabezada por el Dr. Rubén Perina y secundada por los señores: Dr. José Pirota, Dra. Magdalena Trujillo, y el Lic. Miguel Escudero.

El interés mostrado por los señores observadores para ayudarnos a encauzar la seriedad y transparencia del proceso pre-eleccionario, sin duda, ha abierto las puertas para que la oposición y concretamente nuestro partido, reencamine su decidida participación en el control y vigilancia en el proceso de inscripción y empadronamiento de los ciudadanos que participarán en las elecciones nacionales y departamentales del próximo año.

No descartamos sin embargo, y así lo expresamos, la necesidad de que los señores observadores deban regresar lo antes posible para hacer un seguimiento de la tarea iniciada, y otorgar, de ese modo, a la ciudadanía el respaldo de su importante presencia para la seguridad que es necesaria en el estado actual del proceso eleccionario.

Además, señor Secretario General, quedamos a la espera del dictamen prometido por el Dr. Perina sobre los puntos de nuestra denuncia que se basan en hechos ciertos y no discutidos por la Junta Electoral Central, y sobre los cuales, una opinión tan autorizada puede servirnos de mucho.

En la seguridad de seguir contando con su efectivo apoyo para que el Paraguay pueda finalmente acceder en el año 1993 a un acto comicial democrático y transparente, aprovechamos la oportunidad para saludarle, con

PARTIDO LIBERAL RADICAL AUTENTICO

SAN JOSE 556 - Tel.: 24394/202497 - ASUNCION - PARAGUAY

..//.......................... nuestra mejor consideración y respeto.

FEDERCIO CALLIZO NICCRA
Director del Dpto. de
Relaciones Internacionales

JUAN MANUEL BENITEZ FLORENTIN
Presidente

Al
Excmo. Señor Secretario General
de la Organización de Estados Americanos
Don JOAO CLEMENTE BAENA SOARES
Washington, D.C. 20006 U.S.A.

Anexo 24

PARTIDO LIBERAL RADICAL AUTENTICO

SAN JOSE 556 - Tel.: 24394/202497 - ASUNCION - PARAGUAY

Asunción, 31 de Agosto de 1992.

Señor
DR. RUBEN PERINA
ORGANIZACION DE ESTADOS AMERICANOS
Washington, D.C. 20006 U.S.A.
PRESENTE

De nuestra mayor consideración:

Hemos lamentado mucho no haber podido verlo antes de su viaje de regreso a Washington.

Esta tiene por objeto, Dr. Perina, hacerle llegar nuestro agradecimiento en nombre del Partido Liberal Radical Auténtico, por su eficaz colaboración para el mejor encaminamiento de las tareas de control y vigilancia de los trabajos de inscripción y empadronamiento en la Junta Electoral Central.

Ultimamente hemos tenido una reunión en la Junta Electoral Central, con los apoderados y técnicos de nuestro partido y con los del Partido Revolucionario Febrerista, de la cual le podrán dar cuenta sus colaboradores, que estuvieron presente en el acto.

Creemos que ha sido positiva la reunión.

Este agradecimiento lo hacemos extensivo a sus tres colaboradores que en todo momento han demostrado tener la mejor disposición para que las elecciones que se preparan para el año 1993, sean en nuestro país una clara muestra del proceso democrático que hemos empezado a transitar.

Creemos, sin embargo que el regreso pronto de Uds. seguirá siendo de notable ayuda para el efecto señalado.

En la seguridad de seguir contando con su efectivo apoyo, aprovechamos la oportunidad para saludarle con nuestra mejor consideración y respeto.

FEDERICO CALLIZO NICORA
Director del Dpto. de Rel. Internacionales

JUAN MANUEL BENITEZ FLORENTIN
Presidente

Anexo 25

ORGANIZACION DE LOS ESTADOS AMERICANOS
ORGANIZAÇÃO DOS ESTADOS AMERICANOS
ORGANISATION DES ETATS AMERICAINS
ORGANIZATION OF AMERICAN STATES

17th Street and Constitution Avenue, N.W. Washington, D.C. 20006

11 de marzo de 1993

Señor Ministro:

Tengo el honor de dirigirme a Vuestra Excelencia en referencia a la solicitud de su Gobierno de destacar una Misión de Observación Electoral para observar las elecciones generales del 9 de mayo de 1993 (SSRE/OEA/E/No.1449, 3 de junio de 1992).

Me complace informarle que la Misión estará coordinada nuevamente por el Dr. Rubén M. Perina, Asesor del Secretario General en la Unidad para la Promoción de la Democracia, el que llegará a Asunción con el primer grupo de 5 observadores el día 23 de marzo. La Misión estará compuesta de unos 40 observadores internacionales, en su mayoría con experiencia previa en las observaciones electorales realizadas en su país. Se espera que éstos podrán arrivar al Paraguay de acuerdo con el siguiente calendario: 10 observadores el 1ro de abril; 10 observadores el 10 de abril; 5 observadores el 20 de abril, y 10 observadores el 30 de abril.

A los efectos de que este calendario se pueda cumplir, mucho apreciaré sus comentarios sobre la disponibilidad de los vehículos y servicios de comunicaciones que se han solicitado, por nota del 12 de febrero de 1993, a su distinguido Gobierno como contribución a la Misión.

Asimismo, la Secretaría General toma nota de que, como en ocasiones de observación electoral anteriores, la Misión se podrá realizar en el marco de los acuerdos firmados el 20 de marzo de 1991, a saber: "Acuerdo entre el Gobierno de la República del Paraguay y la Secretaría General de la OEA Relativa a los Privilegios e Inmunidades de los Observadores del Proceso Electoral del Paraguay," y "Acuerdo Entre la Junta Electoral Central del Parguay y la Secretaría General de la OEA sobre Procedimientos de Observación Electoral."

Excelentísimo Señor
Dr. Alexis Frutos Vaesken
Ministro de Relaciones Exteriores
Asunción, Paraguay

Hago propicia la oportunidad para renovar a Vuestra Excelencia las seguridades de mi más alta y distinguida consideración.

Joao Clemente Baena Soares
Secretario General

Anexo 26

DISTRIBUCION DE OBSERVADORES

SEDE	NOMBRE DEL OBSERVADOR	NACIONALIDAD
ASUNCION	RUBEN PERINA	ARGENTINA
	MAGDALENA TRUJILLO	URUGUAYA
	ATILIO NIETO	PARAGUAYA
	CLAUDIO ESCALADA	ARGENTINA
	HUGO MEDINA	ECUATORIANA
	CARLOS GUERRERO	BOLIVIANA
	WALTER GUTIERREZ	NICARAGUENSE
	LIA ONEGA	ARGENTINA
	RICARDO CANIZALES	SALVADORENA
	MAURICIO LEIVA	ECUATORIANA
	GHEIZA BOSSAN RANGEL	BRASILERA
	LUCIANO LEIVA	ARGENTINA
	M.XIMENA MUNEVAR	COLOMBIANA
	LOTHAR BOKSTEEN	SURINAMESA
CENTRAL	JORGE SPITALIERE	ARGENTINA
	JAIME TOSO	USA
	DIEGO PAZ	COLOMBIANA
	TERESA SIMOES	URUGUAYA
	ANIBAL SIERRALTA	PERUANA
	AMY TULLY	USA
	SORAYA T. DE CARVALHO	BRASILERA
	JOSE PIROTA	ARGENTINA
	DIONISIO PALACIOS	NICARAGUENSE
	MOISES BENAMOR	VENEZOLANA
	ONILDA MEDEIROS	BRASILERA
CAACUPE	JUDITH LOBOS	CHILENA
	JORGE BELLIS	ARGENTINA
	THOMAS MARTIN	USA
	GABRIEL MORALES	COLOMBIANA
	M.LOURDES VARGAS	NICARAGUENSE
CORONEL OVIEDO	ISMAEL QUINTERO	COLOMBIANA
	FANNY ARON	URUGUAYA
	BRIAN HARAN	USA
	ANDRES MERINO	CHILENA
	DWIGHT FULFORD	CANADIENSE
S.J.BAUTISTA	SUSANA RUGGIERO	ARGENTINA
	VICTOR CONTRERAS	PERUANA
	JULIE LORANGER	CANADIENSE
	CAROLINA CORREA	CHILENA
ENCARNACION	OLGA REBOLLEDO	CHILENA
	EDMUNDO POZO	BOLIVIANO
	LUIS ZAMORA	COSTARRICENSE
	RAUL MARTINEZ	CHILENA
	ARTURO ARCE	BOLIVIANA
VILLARRICA	CLAUDIO MOLINA	CHILENA
	RENE SARAVIA	SALVADORENA
	HERIBERTO BOLANOS	NICARAGUENSE
	JUAN CASTAGNINO	ARGENTINA
	JUAN E. TOLEDO	CHILENA
CIUDAD DEL ESTE	LUCAS FACELLO	URUGUAYA
	JULIO MACEDO	URUGUAYA
	FABRICIO SOARES	BRASILERA
	VALEXYS VASQUEZ	VENEZOLANA
CONCEPCION	RODOLFO DELGADO	COSTARRICENSE
	ALBERTO PINTO	COSTARRICENSE
	IGNACIO MORENO	CHILENA
	APARICIO DE OLIVEIRA	BRASILERA
	MICHAEL REED	USA
	MARIA C. RUIBAL FDEZ	URUGUAYA

Nota: Además se contó con la colaboración de 20 voluntarios argentinos, que llegaron el día 6 de Mayo y permanecieron hasta el 9 de Mayo. Trabajaron en la sede Asunción distribuídos en el departamento Central y en diferentes parroquias:

Departamento Central:

Alfredo Raúl Restaldi
Luis Edgardo Maciel
Denio Mateucci
Rafael Antoniu De Pace
Nestor Strickler
Juan Francisco Muñoz
Raúl A. Poncio
Carlos Weder
Oscar Alberto Matiller
Héctor Pinzano

Parroquias:

-Catedral:
Rubén Karlén
Luis Meinardi

-San Roque:
Miguel Angel Strickler
Realdo Juan Scandolo
Dionisio Ramirez
Victor hugo Auce

-La Recoleta:
Ezequiel Bolatti
Jorge Piro

-Stma Trinidad:
Rubén Dei Cas
Hugo Alberto Renk

Anexo 27

INSTRUCTIVO PARA EL OBSERVADOR DE LA OEA

ELECCIONES GENERALES

9 DE MAYO DE 1993

Rubén M. Perina
Coordinador General
Misión de Observación Electoral

I. OBJETIVO Y FUNCIONES DE LA MISION

El objetivo principal de la Misión de Observación Electoral es el de observar e informar al Secretario General de la OEA sobre el proceso electoral, teniendo como referencia la Carta de la OEA, la Constitución Nacional del Paraguay, el Código Electoral vigente del país, los acuerdos de la Secretaría General de la OEA con el Gobierno del Paraguay y con la Junta Electoral Central (JEC), y las Resoluciones de esta última.

En ese marco, la Misión observará la conducta de todos los protagonistas del proceso electoral y los procedimientos utilizados, para constatar su consistencia con las normas electorales vigentes. Asimismo, la Misión dará seguimiento a la organización y administración de las elecciones durante el período pre-comicios y el día de las elecciones; observará el desarrollo de la campaña electoral; hará recepción y seguimiento de las posibles denuncias de irregularidades; y colaborará con las autoridades gubernamentales, electorales y partidarias, y con la ciudadanía, en sus esfuerzos para asegurar la integridad, transparencia y confiabilidad del proceso electoral.

Para el cumplimiento de su objetivo y funciones, la Misión contará con aproximadamente 40-45 observadores que estarán distribuidos por los principales distritos electorales del País (Asunción, San Lorenzo, Fdo. de la Mora, Luque, Lambaré, Capiatá, Caacupé, Cnl. Oviedo/Caaguazú/San Estanislao, Ciudad del Este, Encarnación, San Juan Bautista/San Ignacio, Concepción, y otros si es posible).

II. ANTECEDENTES

La participación del Grupo de Observadores de OEA en el proceso electoral paraguayo es el resultado de la invitación del Gobierno del Paraguay al Secretario General de la Organización de los Estados Americanos para observar las elecciones generales que se realizarán el 9 de mayo de 1993.

La observación electoral ha quedado instrumentada a través del Acuerdo de Inmunidades suscrito entre el Gobierno del Paraguay y la Secretaría General de la OEA y el Acuerdo sobre Procedimientos de Observación Electoral firmado entre la Junta Electoral Central y la Secretaría General, los que han renovado su vigencia para esta misión.

Asimismo, por resolución AG/RES. 991 (XIX-0/89), la Asamblea General ha recomendado al Secretario General "organizar y enviar misiones a aquellos Estados miembros que, en el ejercicio de su soberanía lo soliciten, con el propósito de observar el desarrollo, de ser posible en todas sus etapas, de cada uno de los respectivos procesos electorales."

EL OBSERVADOR en este proceso es el Secretario General de la OEA y por lo tanto los observadores internacionales que conforman el Grupo tienen el carácter de delegados del Embajador Joao Clemente Baena Soares. Esto significa que todo informe que se efectúe durante el curso del mismo sólo puede realizarse a través suyo. Significa, asimismo, que los observadores no actúan en ningún momento como representantes de sus respectivos gobiernos **sino, estrictamente, como miembros del Grupo de Observadores de la OEA.**

III. ACTUACION GENERAL DE LOS OBSERVADORES: **PERIODO PRE-COMICIOS**

Para cumplir adecuadamente su cometido los observadores deberán:

1) Respetar la Constitución y las Leyes del Paraguay.

2) Actuar en todo momento con absoluta imparcialidad y objetividad.

3) Cumplir sus funciones sin interferir en los asuntos internos del país.

4) No emitir juicios sobre el proceso electoral sin autorización expresa. No hacer interpretaciones de las Leyes. Sin embargo, los coordinadores podrán proveer información sobre las actividades generales de observación y deberán difundir esta información lo más ampliamente posible.

5) Guardar una conducta intachable acorde con los propósitos de esta misión.

6) Familiarizarse con el Código Electoral, el Acuerdo entre OEA y la Junta Electoral Central sobre Procedimientos de Observación Electoral, y los procedimientos electorales pertinentes.

Para que la gestión de los observadores sea efectiva, su presencia debe ser objeto de amplia difusión entre todos los sectores de la población. Por tanto, es conveniente que los Coordinadores/Observadores mantengan permanente contacto con las autoridades electorales, partidarias y gubernamentales. Es probable que representantes de los medios de comunicación y de organizaciones privadas periodísticas que procuren obtener **opiniones** sobre el proceso electoral, particularmente sobre presuntas irregularidades. En esos casos el Coordinador de la zona, previa consulta con la Coordinación General, es el único autorizado para emitirlas. Este también podrá **informar** sobre los objetivos y actividades generales de la Misión de Observación, sin caracterizar el proceso electoral, emitir juicios acerca de él, ni brindar información detallada sobre casos o situaciones particulares.

Los Coordinadores/Observadores deberán obtener mapas, lista de candidatos, plataformas políticas, boletas electorales, información sobre la ubicación de los locales de votación y Mesas Receptoras de Votos (MRV), las listas de los nombres de los integrantes de las MRV, y todo material que facilite la misión.

Dada la relación de relativa independencia de los organismos electorales entre sí, se recomienda a los Coordinadores/ Observadores solicitar la mayor cooperación posible de los presidentes de Mesas Receptoras de Votos y de las Juntas Electorales Seccionales a los efectos de asegurar la obtención de los certificados de resultados (copias de Actas de Escrutinio) al final de los comicios.

Asimismo, se deberá establecer contacto con las autoridades policiales de sus distritos para recurrir a ellas tanto durante la el período pre-comicios como en el día de las elecciones en caso que haya problemas de seguridad para los Observadores y la ciudadanía.

Los Observadores podrán participar en reuniones políticas, sin inmiscuirse en asuntos internos o manifestar parcialidad alguna.

Los Observadores realizarán seguimiento, ante las autoridades electorales, sobre actividades didácticas para difundir ampliamente las normas y procedimientos electorales.

i) <u>Actos políticos, cobertura periodística y utilización de recursos por los partidos políticos.</u>

En el período **pre-comicios** hay tres aspectos que merecen especial atención: las concentraciones o actos políticos, la cobertura periodística presentada a través de medios de comunicación, y la utilización de recursos estatales o privados por por los partidos políticos o el gobierno para actividades proselitistas.

En lo que respecta a las **concentraciones políticas**, se requiere la presencia de Observadores en el mayor número posible de éstas. Su presencia es importante como elemento disuasivo de posible violencia o incidentes. Los Observadores deberán determinar si hay impedimentos, restricciones o favoritismo en el acceso al transporte público, si se han utilizado recursos públicos con fines partidarios; y se deberá verificar si se ha presionando a los empleados públicos para atender tales actos. Para informar sobre estos y otros elementos de observación, el Observador deberá llenar el **formulario** corrrespondiente.

La Observación debe seguir de cerca la cobertura sobre la campaña electoral que hacen los medios de comunicación escrita, radiofónica y televisiva. Esto proporcionará un panorama variado y amplio sobre la opinión de la ciudadanía y de los mismos medios a medida que avanza la campaña. Igualmente, esta tarea de observación proveerá a la Misión una idea del grado de libertad, independencia y objetividad de los medios de comunicación.

ii) <u>Denuncias</u>

Los Observadores recibirán denuncias que se presenten en relación con presuntas irregularidades. Cabe recalcar la importancia de este aspecto pues compromete tanto la credibilidad de la función observadora como la confianza que el pueblo deposite en el proceso electoral.

Los Observadores deberán consignar las quejas significativas en el formulario de denuncia confeccionado para tal efecto. Esos formularios harán las veces de legajos para cada caso. La información que en ellos se proporcione será un elemento de particular importancia para la evaluación del proceso electoral por parte del Secretario General.

Cuando la denuncia, por su importancia así lo justifique, los Observadores deberán preparar un informe más pormenorizado, que incluya las circunstancias específicas de la denuncia, los nombres de los testigos que la corroboren y otros aspectos que coadyuven a conducir una investigación exhaustiva. Este informe deberá presentarse al coordinador correspondiente de la OEA, conjuntamente con la denuncia original.

Luego de recibida una denuncia la Observación, si la importancia de la misma así lo indica, deberán realizar una investigación que permita comprobar la veracidad de la denuncia. El resto del formulario deberá completarse durante el curso de la investigación.

La información atinente a la situación de la denuncia deberá actualizarse por lo menos una vez por semana. Al término de la investigación o a intervalos regulares (por ejemplo cada diez días), deberá informarse al denunciante acerca de las acciones dispuestas por los observadores.

En la conducción de investigaciones de las denuncias deben considerarse los siguientes aspectos. En primer lugar, el principal objetivo de una investigación efectuada por los observadores no es necesariamente llegar a una conclusión definitiva respecto de la veracidad de los alegatos del denunciante, sino asegurar a todos los involucrados (el denunciante persona a quien se imputa una conducta indebida) que se ... seriamente el caso. De esta forma, la investigación ... servir para evitar futuras inconductas o malentendidos.

En segundo lugar, en todo momento durante el transcurso de las investigaciones los Observadores deben ser conscientes de las limitaciones a que se hallan sujetos. Vale decir que, si bien los Observadores podrán interrogar a los funcionarios pertinentes, carecen de autoridad para compeler a esos funcionarios o a ciudadanos particulares a responderles. La falta de cooperación con una investigación simplemente debe consignarse en el formulario de denuncia.

En tercer término, la naturaleza de la investigación debe regirse por la denuncia. Para ser justos con todas las partes deberá tomarse contacto con todas las personas nombradas en la denuncia, como testigos o como responsables de la irregularidad, y deberá dejarse constancia de sus respectivas versiones del caso. Cuando la denuncia se dirija contra un funcionario del gobierno, los Observadores podrán, a menudo, contribuir a la solución del problema simplemente tomando contacto con el funcionario.

En lo que respecta a asuntos administrativos y organizativos ... "los observadores podrán informar a la Junta acerca de ... irregularidades e interferencias que observen o que les fueran ... comunicadas. Asimismo los observadores podrán solicitar a la Junta la información adicional necesaria para el ejercicio de sus funciones". (Punto "c" Acuerdo JEC/OEA).

Dada la separación de funciones entre las juntas electorales y los tribunales electorales en el Paraguay, y en referencia a las denuncias o demandas que tengan trámite ante la justicia electoral (Tribunales Electorales), los observadores deberán informar a tales Tribunales sobre el conocimiento que tiene la Misión de Observación ... asunto en cuestión y deberán solicitar de los mismos información del tratamiento que se le da a esos casos.

IV ACTUACION DE LOS OBSERVADORES EN EL **DIA DE LOS COMICIOS**.

) Los Observadores deberán poseer las credenciales otorgadas por la OEA y la Junta Electoral Central que los acreditan como Observadores de la Organización para las elecciones generales del 9 de mayo de 1993.

) Los Observadores comenzarán su labor antes de las 6:00 horas de la mañana del domingo. En cada lugar de votación que visiten llenarán el formulario que se proporcione para tal efecto. Los observadores dejarán constancia en ese formulario de la presencia de funcionarios electorales y los **veedores** de los partidos, consignando si el lugar cuenta con los correspondientes elementos electorales (ver. Art. 115 del Código Electoral).

3) Los Observadores no podrán dirimir ningún tipo de altercados que se produjeran entre los integrantes de las Mesas Receptoras de Votos (MRV), entre éstos y los veedores o apoderados de los partidos o entre los electores y los mencionados anteriormente. En estos casos, su papel se limitará a sugerir que se consulten las normas vigentes o que las autoridades de la MRV o el veedor respectivo dejen constancia del reclamo en el acta del comicio.

4) En caso que se produzcan serios incidentes en su presencia, los Observadores tratarán de que con su amigable persuasión se tranquilicen los ánimos y dejarán constancia de lo ocurrido en el formulario que llenarán luego de su visita a la MRV en que ocurran los hechos. En toda situación anómala utilizarán sentido común para actuar objetivamente y sin interferir en las facultades que el Código Electoral en su Art. 179 otorga a los miembros de las MRV.

5) Sin perjuicio de lo anterior y ante incidentes graves que puedan perturbar el ambiente del acto cívico los Observadores darán cuenta de lo acontecido al Coordinador General o a las autoridades electorales competentes, según el caso.

6) Los Observadores no podrán firmar, bajo ningún concepto, las Actas o Certificados que extiendan las autoridades de las MRVs a los veedores partidarios ni establecer ningún tipo de constancia en las mismas, aunque así se lo solicitasen. La prohibición de firmar se extiende a cualquier otro documento, ya sea denuncia, reclamo, etc. La contravención de esta norma implicará actuar fuera de su competencia y por ende una violación del Código Electoral.

7) Al concluir el escrutinio en las MRVs que los Observadores hayan tenido oportunidad de estar presentes luego del cierre del comicio, éstos solicitarán al Presidente respectivo la entrega de la certificación de los resultados de la elección. Al hacerlo tendrán en cuenta que, como establece el Artículo 179 del Código Electoral, "los miembros de las Mesas Receptoras de Votos actuarán con entera independencia de toda autoridad...", autoridad que se reconoce en el Acuerdo JEC/OEA cuyo inciso j) hace mención al tema.

8) Las disposiciones que regirán el funcionamiento de las MRVs el día del comicio están contenidas en los Artículos 179 a 234 del Código Electoral y en las modificaciones........ Se recomienda a los observadores interiorizarse específicamente del contenido de esas disposiciones.

9) Obtener la mayor cantidad posible de resultados del escrutinio (copia de las Actas) en las MRVs o JESs.

V. **ESQUEMA PARA EL INFORME DE LA MISION**

El siguiente es el esquema para el informe que **todos** los Observadores deberán preparar. Los Coordinadores prepararán un informe consolidado basado en los informes de sus Observadores, el que deberá entregarse al Coordinador General antes de su partida del país.

1. <u>Observación del Período pre-Comicios</u>

    a. Entrevistas con autoridades gubernamnetales y electorales para la obtención de la información necesaria.

    b. Entrevista con miembros de instituciones intermedias de la sociedad para recabar opiniones e información sobre el desarrollo del proceso electoral: Organizaciones religiosas, empresariales, de trabajadores, etc.

    c. Entrevistas a miembros de los partidos políticos.

    d. Concurrencia a reuniones, actos y/o manifestaciones proselitistas.

    e. Método de Campaña. Actividades proselitistas. Tipo de actos realizados y observados. Medios de propaganda y de publicidad utilizados.

    f. Utilización de recursos públicos y privados.

    g. Seguimiento de la cobertura periodística en los distintos medios. Evaluación de la libertad de prensa.

    h. Recepción e investigación de denuncias. Cantidad y tipos de denuncias recibidas.

    i. Impugnaciones (Cantidad y tipificación)

2. <u>Observación de la Organización y Administración de las Elecciones.</u>

    a. Designación de autoridades electorales (Juntas Seccionales y Mesas Receptoras de Votos --MRVs).

    b. Información y capacitación a las autoridades y actores del Proceso Electoral.

    c. Distribución de recurso financieros destinados a partidos políticos.

d. Designación de locales adecuados para el comicio.

   e. Preparación y distribución del material necesario para el comicio.

   f. Adopción de medidas de seguridad para comicio y escrutinio.

   g. Confección correcta de padrones.

   h. Cumplimiento de período de tachas y reclamos.

   i. Distribución de padrones a partidos políticos y exhibición pública de aquellos (revisar Código)

3. <u>Características del Sufragio y el Escrutinio</u>

   a. Problemas con la Instalación (falta de materiales, cuarto oscuro, tinta, boletines, integrantes, demora, etc.)

   b. Actitud de autoridades electorales (facilitadora, obstructiva, arbitraria, buena voluntad, cooperadora con OEA, otra). Estaban capacitados para la función?

   c. Padrón (Ausencias, defectos, errores, estimado de gente que no pudo votar por problemas en él.)

   d. Participación (% de, actitud de votantes, dificultades para votar, presión sobre el votante, otros).

   e. Desarrollo del escrutinio en MRVs observadas (si se hizo) y en las JESs. Transparencia, eficiencia, seguridad ? Presencia o ausencia de Veedores, Apoderados?.

f. Incidentes durante el sufragio y el escrutinio ? (violencia, intimidades, obstrucciones, denuncias,) Si la hubo cómo lo resolvieron ? Presencia o ausencia de efectivos de seguridad ?

g. Cobertura de la prensa.

h. Recepción a Observadores de OEA.

CONCLUSIONES

a. Identificar irregularidades observadas, y si fueron lo suficientemente numerosas y graves (por su violación al Código Electoral) para invalidar la totalidad del acto y de los resultados.

b. Identificar normas respetadas. Presencia de elementos que se ajustan a las normas electorales y constituyen aspectos positivos.

Anexo 28

ORGANIZACION DE LOS ESTADOS AMERICANOS
OBSERVACION ELECTORAL OEA
PARAGUAY

No.

FORMULARIO DE INFORMES DE REUNIONES

1. INSTITUCIONES Y PERSONAS PARTICIPANTES

POR OEA:

POR:

2. LUGAR:

DOMICILIO:

3. FECHA: | **HORA:** | **DURACION:**

4. AMBIENTE | MUY CORDIAL | RESPETUOSO | TENSO | HOSTIL

5. ACTITUD DE LOS ENTREVISTADOS POR OEA

COOPERATIVA | EVASIVA | INDIFERENTE | AGRESIVA

6. TEMATICA PREDOMINANTE DURANTE REUNION

CAMPAÑA ELECTORAL | IRREGULARIDADES Y DENUNCIAS
RECURSOS DE IMPUGNACIONES | NORMAS ELECTORALES
ORGANIZACION DEL COMICIO (Logística, capacitación, seguridad, padrón)
NORMAS ELECTORALES | OTROS

7. TEMAS TRATADOS (ENUNCIAR EL TEMA Y HACER UNA BREVE DESCRIPCION)

8. COMPROMISOS DE SEGUIMIENTO POR OEA | **RESPONSABLE**

9. COMPROMISOS ASUMIDOS POR LOS ENTREVISTADOS | **PERSONA A CONTACTAR:**

10. SEGUIMIENTO:

REUNIONE.WK1

ORGANIZACION DE LOS ESTADOS AMERICANOS
OBSERVACION ELECTORAL OEA/OEP
PARAGUAY '93

EVENTO POLITICO No.

FORMULARIO PARA LA OBSERVACION DE LA CAMPAÑA ELECTORAL

NOMBRE DE LOS OBSERVADORES OEA/OEP:

ACTIVIDAD OBSERVADA	MANIFESTACION		CONFERENCIA		DECLARACIONES DE PRENSA	
	OTROS (Describa):					

TIPO DE AUDIENCIA	GENERAL	TRABAJADORES	ESTUDIANTES	PROFESIONALES
	EMPLEADOS PUBLICOS	EMPRESARIOS O INDUSTRIALES		CAMPESINOS

OTROS (Describa):
OBSERVACIONES:

AUTORIZADO: SI | NO | NO APLICABLE   (Marque solo para manifestaciones)
DEPARTAMENTO: MUNICIPIO:
LUGAR:
FECHA   /   /93   HORA PREVISTA   HORA DE INICIO
DURACION (horas):   CANCELADA   INTERRUMPIDA

PRINCIPALES ORADORES POLITICOS:

NUMERO ESTIMADO DE PARTICIPANTES ACTIVOS: NO APLICABLE
TRANSPORTE UTILIZADO: PRIVADO   DE ORGANISMOS PUBLICOS   (Marque solo para manifestaciones)

IDEOGRAMAS:	TEMAS	ACTITUD PREDOMINANTE DEL ORADOR	REACCION PREDOMINANTE DEL PUBLICO
Escoja una o varias de las alternativas indicadas.	INTERNACIONALES NACIONALES LOCALES PROGRAMATICOS POLITICOS DENUNCIAS SLOGANS	MESURADA EMOTIVA APOLOGETICA ANALITICA DEMAGOGICA CRITICA AGRESIVA CONSTRUCTIVA	ENTUSIASTA PASIVA AGRESIVA OBSTRUCTIVA

INCIDENTES (Use solo en manifestaciones/conferencias): LEVES

GRAVES: Escoja uno solo	INTIMIDACIONES SABOTAJE AGRESIONES VERBALES	HERIDOS LEVES HERIDOS GRAVES MUERTOS	FUERZAS PREVENTIVAS DE SEGURIDAD PRESENTES AUSENTES

OBSERVACIONES:

FCAMPANA.WK1

| OEA/OEP '93 | REGISTRO DE DENUNCIAS |

NUMERO DE ARCHIVO: —   **ANALISTA:**

FECHA DE PRESENTADA LA DENUNCIA: / /93

LUGAR DONDE SE ORIGINO LA DENUNCIA:

ANTE QUIEN SE PRESENTO LA DENUNCIA?

DEPARTAMTENTO?
MUNICIPIO?

- JEC
- JES
- OEA
- OTROS

DENUNCIANTE:
PERSONA
PARTIDO POLITICO/AGRUPACION

CONTRA QUIEN SE PRESENTO LA DENUNCIA?

JEC?
JES?
PARTIDO O AGRUPACION POLITICA?
FUERZAS ARMADAS?
OTROS?

BREVE DESCRIPCION DEL HECHO:

CATEGORIA DE LA DENUNCIA

OBJETIVO PRINCIPAL DE LA DENUNCIA

MEDIO UTILIZADO PARA PRESENTAR DENUNCIA

SEGUIMIENTO:

DOC: DENUNCIA.WK1

FORMULARIO 1 SUFRAGIO

NOMBRE OBSERVADOR :

DEPARTAMENTO : | | MUNICIPIO/SECCION | |

LOCAL : | | CANTIDAD DE MESAS/LOCAL : | |

CANTIDAD DE MESAS OBSERVADAS :

NUMERO DE LAS MESAS : ....

TIPOS DE IRREGULARIDADES	MESA (S) NUM	TOTAL
DEMORA EN LA INSTALACION (superior a los 30')		
PROBLEMAS DE INTEGRACION DE MESAS		
MATERIAL INCOMPLETO O DESTRUIDO		
INSCRITOS QUE NO FIGURAN EN EL PADRON		
ERRORES EN PADRON CON NUMERO CEDULA		
INCIDENTES – VIOLENCIA (del Acta de Incidentes)		
AUSENCIA DE FIRMA EN BOLETINES DE VOTO		
NO SE REALIZA ENTINTADO DE DEDOS		
VIOLACION DEL VOTO SECRETO		
PRESION SOBRE EL VOTANTE		
PROPAGANDA ELECTORAL EN EL LOCAL		
AUSENCIA DE FUERZAS DE SEGURIDAD		
PROHIBICION O INTERFERENCIA A VEEDORES		
VOTOS FALSOS O MULTIPLES		
SUSPENSION DEL SUFRAGIO		
	TOTAL	

LAS IRREGULARIDADES SON ATRIBUIBLES A :

1A. PROBLEMAS DE ORGANIZACION [ ]   2A. A PARTIDOS O MOVIM. [ ] CUAL ? [ ]
1B. INTENSION DE FRAUDE [ ]   2B. AUTORIDADES   JEC [ ]
1C. DESCONOCIMIENTO DE LAS NORMAS [ ]   JES [ ]
                                                             MRV [ ]
                                                             OTRA [ ]
                                         2C. PERSONAS AISLADAS [ ]

DESCRIPCION DE SITUACIONES IMPORTANTES NO PREVISTAS :

NOMBRE DEL COORDINADOR DEPARTAMENTAL :
OEP-PA93 ELECCIONES GENERALES – OBSERVACION ELECTORAL – PARAGUAY

FORMULARIO 1 – A SINTESIS SUFRAGIO

NOMBRE OBSERVADOR :

DEPARTAMENTO : **MUNICIPIO/SECCION**

CANTIDAD DE LOCALES OBSERV.: **CANTIDAD MESAS OBSERVADAS:**

TIPOS DE IRREGULARIDADES	CANTID. DE MESAS	% ESTIMADO
DEMORA EN LA INSTALACION (superior a los 30')		
PROBLEMAS DE INTEGRACION DE MESAS		
MATERIAL INCOMPLETO O DESTRUIDO		
INSCRITOS QUE NO FIGURAN EN EL PADRON		
ERRORES EN PADRON CON NUMERO CEDULA		
INCIDENTES – VIOLENCIA (del Acta de Incidentes)		
AUSENCIA DE FIRMA EN BOLETINES DE VOTO		
NO SE REALIZA ENTINTADO DE DEDOS		
VIOLACION DEL VOTO SECRETO		
PRESION SOBRE EL VOTANTE		
PROPAGANDA ELECTORAL EN EL LOCAL		
AUSENCIA DE FUERZAS DE SEGURIDAD		
PROHIBICION O INTERFERENCIA A VEEDORES		
VOTOS FALSOS O MULTIPLES		
SUSPENSION DEL SUFRAGIO		
	TOTAL	

EVALUACION DE LAS IRREGULARIDADES :

SON ATRIBUIBLES A :
- 1A. PROBLEMAS DE ORGANIZACION
- 1B. INTENSION DE FRAUDE
- 1C. DESCONOCIMIENTO DE LAS NORMAS

- 2A. A PARTIDOS O MOVIM. CUAL ?
- 2B. AUTORIDADES   JEC
   JES
   MRV
   OTRA
- 2C. PERSONAS AISLADAS

SON : 3A: LEVES   PERJUDICAN   4A. TODOS
   3B. GRAVES   4B. NO SE PUEDE DETERMINAR
   4C. A ....

OBSERVACIONES :

OEP–PA93 ELECCIONES GENERALES – OBSERVACION ELECTORAL – PARAGUAY

FORMULARIO 2   E S C R U T I N I O   (MUESTRA)

CODIGO DPTO	CODIGO MUNICIP.	MESA N.	HORA CIERRE:

OBSERVADOR OEA: _____

PRESENTE EN INSTALACION: SI ☐ NO ☐

CIERRE NORMAL DE LA MESA: SI   **CON INCIDENTES**   (En este caso detalle incidentes)

BREVE DETALLE DE INCIDENTES: _____

CONFORMACION DE LA MESA AL MOMENTO DE CIERRE DE LA VOTACION:

CONFORMACION: ANR ☐   PLRA ☐   E.N. ☐   CDS ☐   OTROS (INDICAR): _____

VEEDORES: ANR ☐   PLRA ☐   E.N. ☐   CDS ☐   OTROS: _____ OEA ☐

SE ABRIO LA URNA Y CONTARON LOS BOLETINES: SI ☐ NO ☐

BOLETINES FALSOS: NO ☐ SI ☐ CANTIDAD: _____ SE ANULARON: SI ☐ NO ☐

SE COTEJARON BOLETINES CON INSCRITOS: SI ☐ NO ☐   HUBO DIFERENCIAS: NO ☐ SI ☐

LA DIFERENCIA FUE DE: .... BOLETINES: DE MAS ☐   DE MENOS ☐   MAYOR DEL 10 % ☐

SI FUE DE MAS, SE DESTRUYO UN NUMERO IGUAL A LA DIFERENCIA: SI ☐ NO ☐

SI FUE DE MENOS, SE DEJO CONSTANCIA EN EL ACTA: SI ☐ NO ☐

SI FUE MAYOR DEL 10 %, SE ANULO LA VOTACION Y DEJO CONSTANCIA EN EL ACTA: SI ☐ NO ☐

SE REINTRODUJERON LOS BOLETINES VALIDOS EN LA URNA Y SE LEYERON UNO A UNO: SI ☐ NO ☐

SE SUMARON Y RECONTARON LOS VOTOS: SI ☐ NO ☐

HUBO PROTESTAS: NO ☐ SI ☐   SE DEJO CONSTANCIA EN EL ACTA: SI ☐ NO ☐

En caso afirmativo detalle la protesta y quienes la originaron: _____

FIRMARON EL ACTA TODOS LOS MIEMBROS DE MESA: SI ☐ NO ☐

PARTIDO DE LOS MIEMBROS QUE NO FIRMARON: ANR   PLRA   EN   CDS   Otros..

SE ENTREGARON CERTIFICADOS A LOS VEEDORES: SI ☐ NO ☐   A LA OEA: SI ☐ NO ☐

SI NO SE ENTREGARON CERTIFICADOS, INDIQUE LA CAUSA: _____

SE FIRMO Y SELLO EL EXPEDIENTE ELECTORAL PARA LOS J.E.S.: SI ☐ NO ☐

OBSERVACIONES: _____

OEA-PA-93   ELECCIONES GENERALES PARAGUAY, 09 MAYO 1993

FORMULARIO 2 A	ESCRUTINIO EN EL LOCAL DE VOTACION

NOMBRE OBSERVADOR :

DEPARTAMENTO :		MUNICIPIO/SECCION	
LOCAL :		CANTIDAD DE MESAS/LOCAL :	
CANTIDAD DE MESAS OBSERVADAS :			

TIPOS DE IRREGULARIDADES	MESA (S) NUM	TOTAL
		TOTAL

OBSERVACIONES :

NOMBRE DEL COORDINADOR DEPARTAMENTAL :

FORMULARIO 3 — OBSERVACION DE J.E.S.

NOMBRE OBSERVADOR:

DEPARTAMENTO: **MUNICIPIO / SECCION**

HORA INICIO OBSERVAC.   HORA FIN OBSERVACION

HORA DE INSTALACION SESION DE ESCRUTINIOS

LLEGARON TODOS LOS EXPEDIENTES ELECTORALES ANTES DE LA INSTALACION: SI ☐ NO ☐
LOS EXPEDIENTES LLEGARON: COMPLETOS   ABIERTOS O ROTOS   ADULTERADOS
CANTIDAD DE EXPEDIENTES QUE LLEGARON ABIERTOS O ROTOS:
CANTIDAD DE EXPEDIENTES QUE NO LLEGARON AL J.E.S.:
CANTIDAD DE EXPEDIENTES CON OTRAS NOVEDADES:

DETALLE EL NUMERO DE MESAS QUE CORRESPONDEN LOS EXPEDIENTES CON PROBLEMAS

MESA	PROBLEMAS	MESA	PROBLEMAS	MESA	PROBLEMAS

CODIGO PROBLEMA
1. ABIERTO O ROTO
2. FALTANTE
3. OTROS

COMPOSICION DE LA J.E.S.: ANR ☐   PLRA ☐   OTROS (DETALLE): ....
EXISTIO INCUMPLIMIENTO DEL CODIGO ELECTORAL EN LOS PROCEDIMIENTOS DEL JES: SI ☐ NO ☐

DESCRIPCION DE LOS PROBLEMAS E IRREGULARIDADES OBSERVADAS

COOPERO CON O.E.A.:   SI ☐   NO ☐
SE ENTREGARON CERTIFICADOS A OEA: SI ☐   NO ☐
SEGURIDAD EN EL TRASLADO DE EXPEDIENTES: SI ☐   NO ☐

NOMBRE DEL COORDINADOR DEPARTAMENTAL:

OEA–PA –93 ELECCIONES GENERALES PARAGUAY, 09 MAYO 1993

FORMULARIO 4	OBSERVACION DE J.E.C.

NOMBRE OBSERVADOR :

DEPARTAMENTO : | **MUNICIPIO / SECCION**

TOTAL DE HORAS OBSERVADAS :

ESTADO DE LOS EXPEDIENTES A SU LLEGADA A LA COMISION DE VERIFICACION :

DETALLE EL NUMERO DE MESAS A QUE CORRESPONDEN LOS EXPEDIENTES CON PROBLEMAS

MESA	PROBLEMAS	MESA	PROBLEMAS	MESA	PROBLEMAS

CODIGO PROBLEMA
1. ADULTERADO
2. FALTANTE
3. DIFERENCIA EN LOS RESULTADOS
4. OTROS (EXPLIQUE ABAJO)

COMPOSICION DE LA COMISION : ANR | PLRA | OTROS (DETALLE) : ....

EXISTIO INCUMPLIMIENTO DEL CODIGO ELECTORAL EN LOS PROCEDIMIENTOS DEL JES: SI | NO
EXISTIERON INPUGNACIONES A LA INSTALACION O PROCEDIMIENTOS DE LA JES : SI | NO
HUBO COINCIDENCIA ENTRE LAS ACTAS Y LOS CERTIFICADOS DE VEEDORES : SI | NO
HUBO COINCIDENCIA ENTRE LOS DATOS DE LAS MRVs CON LOS DE LA OEA : SI | NO

DESCRIPCION DE LOS PROBLEMAS E IRREGULARIDADES OBSERVADAS

NOMBRE DEL COORDINADOR DEPARTAMENTAL :

OEA-PA -93 ELECCIONES GENERALES PARAGUAY, 09 MAYO 1993

Anexo 29

XI- COSTO DE LA MISION

A. **EJECUCION PRESUPUESTARIA: OBLIGACIONES**
MISION DE OBSERVACION ELECTORAL
EN PARAGUAY - 1993 -

VIAJES (Observadores)	$ 330.766,55
EQUIPO, SUMINISTROS	$ 59.751,56
EDIFICIO Y MANTENIMIENTO (Reparaciones, alquiler, etc)	$ 3.289,00
CONTRATOS LOCALES (secretarias, oficinistas, choferes seguridad, etc.)	$ 37.550,23
GASTOS VARIOS: (subscripción periódicos, caja chica, gastos médicos, teléfono y fax, transporte, desaduanamiento, etc.)	$46.657,53

TOTAL.....................$478.014,87

B. CONTRIBUCIONES RECIBIDAS

USA......................$250.000,00
COMUNIDAD EUROPEA........$120.000,00
ALEMANIA.................$ 74.542,26
CANADA...................$ 50.000,00
CHILE....................$ 5.000,00

Total Contribuciones.....$499.542,26

C. ESTIMADO DE CONTRIBUCION EFECTUADA POR
EL GOBIERNO DEL PARAGUAY

AUTOMOBILES Y CHOFERES	$100.000,00
INSTALACION LINEAS TELEFONICAS Y CALIBRACION APARATOS DE COMUNICACION	$ 20.000,00

Total.....................$120.000,00

D. **ESTIMADO DE CONTRIBUCION EFECTUADA
POR LA O.E.A.**

EQUIPO DE COMPUTACION Y
COMUNICACIONES $200.00,00

        Total......................$200.000,00

    <u>**GRAN TOTAL DE COSTO...........$ 798.014,87**</u>

XII- AGRADECIMIENTOS

La Misión de Observación Electoral desea agradecer la valiosa colaboración que personas e instituciones le han prestado durante el desarrollo de sus actividades en el Paraguay, facilitándolas y enriqueciéndolas con sus diversos aportes:

Gobierno de la República del Paraguay, en especial
    Presidencia de la Nación;
    Ministerio de Relaciones Exteriores;
    Congreso Nacional
    Entidades del Gobierno que contribuyeron con vehículos;
    ANTELCO (Asociación Nacional de Telecomunicaciones) por la su su colaboración en la instalación de la red de comunicaciones.

Oficina de la Secretaría General de la OEA en el Paraguay
    Su Director Embajador Leopoldo Villar Borda
    y demás funcionarios por su apoyo permanente

Señor Embajador de la República Argentina
    Dr. Raúl Carignano, por haber logrado la participación de 20 Observadores voluntarios procedentes de su país.

Anexo 30

OBJETO: Demandar inconstitucionalidad.

EXMA CORTE SUPREMA DE JUSTICIA:

GUSTAVO DIAZ DE VIVAR, PEDRO HUGO PEÑA, JULIO ROLANDO ELIZECHE BOGADO, DELIO FARIÑA, CEFERINO RAMIREZ, DIONISIO NICOLAS FRUTOS, JULIO CESAR FRUTOS, SANDINO GIL OPORTO, JOSE MARTIN PALUMBO, CARLOS GALEANO PERRONE y los abajo firmantes debidamente individualizados despues del petitorio, como personas lesionadas en sus legitimos derechos de electores, afiliados al Partido Colorado, y en su calidad de senadores y diputados de la Nación, bajo patrocinio de Abogado, constituyendo domicilio legal en la casa Nº 888 de la calle Cnel López c/Paiva de esta capital, a esa Exma.Corte respetuosamente dicen:

Que vienen a promover de conformidad a los Arts.132, 137 y 247 de la Constitución Nacional, y Art.550, 551, 553 y concordantes del Código Procesal Civil acción de inconstitucionalidad contra.

1. *Los Decretos Nº 15.465 y 15.466, ambos de fecha 6 de noviembre de 1.992, dictados por el Poder Ejecutivo de la Nación, por los cuales se convoca a comicios generales para elegir Presidente y Vice Presidente de la República, Senadores, Diputados, Gobernadores y Miembros de las Juntas Departamentales y el segundo, por el cual se modifica el Art.6º del anterior Decreto.*

2. *El Art.2º de la Ley 132 de fecha 5 de marzo de 1.993, en cuanto dispone "Si al 5 de Abril hubieren impugnaciones de candidaturas pendientes de resolución en cualquier instancia, los impugnados serán incluidos en las listas de candidaturas, sin perjuicio de lo que disponga la sentencia firme que recaiga sobre la cuestión".*

3 La Resolución Nº 2 del 26 de Marzo de 1993, dictado por el Tribunal Electoral de la Capital.

FUNDAMENTOS:

I. En relación a los Decretos de convocatoria a elecciones, impugnados en esta demanda, cabe considerar su notoria inconstitucionalidad, por violación expresa de los requisitos exigidos en el a Art.158 del Código Electoral, en especial el inciso b) cargos a ser llenados (clase y números) e inc.c) secciones electorales en que debe realizarse.

En efecto, el propio Tribunal electoral de la Capital, que carece de atribuciones en la materia, conforme se desprende del fallo dictado por esa Exma. Corte (Ac.y Sent.Nº 228 del 19 de Agosto de 1992), ha señalado en la inconstitucional Resolución Nº 2/93 que se acompaña y se impugna a la vez, que:

"En cuanto a las elecciones de Diputados, Gobernadores y Miembros de Juntas Departamentales, a ser electos en distintos Colegios electorales, siendo cada Departamento uno de ellos, **la convocatoria ya no expresa el número y detalle**, remitiéndose a las disposiciones de otras leyes, cuyo conocimiento, aunque legalmente presumido, es irreal para la mayoría de los electores. En previsión de tales situaciones, el artículo 158 establece mandatoriamente la necesidad de expresar los cargos a ser llenados y su número, al igual que las Secciones Electorales donde se va a sufragar".

Además agrega a fs.4 (in fine) del Considerando que "...no se detallan las secciones electorales en que deben realizarse las elecciones, haciéndose solo mención de ellas en forma generalizada pero no se individualizan. Sabido es que no es posible convocar a elecciones mediando indeterminación o imprecisión de los lugares en los que se debe sufragar ya que esto torna aleatorio el ejercicio del sufragio, y que los resultados de las elecciones reflejen o expresen la auténtica voluntad popular por ser imposible a la mayoría de los electores saber dónde deberán ejercer su derecho del sufragio". Termina resolviendo en el artículo 3º "OFICIAR al Poder Ejecutivo, a fin de informarle de la necesidad de regularización de la convocatoria a elecciones generales y departamentales del 9 de mayo del corriente año y publicación y difusión -oportuna- de las Secciones Electorales en que los electores ejercerán su derecho de sufragio....", estableciendo a continuación las Secciones Electorales correspondientes.

Seguidamente el inciso b) aclara el número y clase de Diputados, Gobernadores y Miembros Titulares de Juntas Departamentales por localidad.

Esta determinación del TEC confirma la evidente y grave irregularidad hasta la fecha no subsanada por el Poder Ejecutivo, en cuanto a la convocatoria de elecciones.

Por la gravedad de los vicios y omisiones contenidos en los decretos atacados de inconstitucionalidad, los propios MAGISTRADOS ELECTORALES DE LAS CIRCUNSCRIPCIONES JUDICIALES DE LA CAPITAL, CONCEPCION, ENCARNACION, VILLARRICA Y PEDRO JUAN CABALLERO, se han dirigido al Presidente del Honorable Congreso Nacional, por nota presentada el 2 de Marzo de 1.993, sugiriendo soluciones y señalando la IMPREVISION LEGAL de que:

"No se ha determinado donde se presentarán las candidaturas para cargos departamentales. No existe la Junta Electoral Seccional que tenga a su cargo candidaturas departamentales, y la las Juntas Electorales Central y Seccionales, no se hallan facultadas a hacerlo. LA IMPREVISION LEGAL CREARA UNA CONFUSION EXTRAORDINARIA AL RESPECTO Y ENTENDEMOS ES CONVENIENTE SUBSANARLA".

la Cámara de Senadores, por nota de fecha 31 de Marzo del cte. año, ha respondido que por **razones de orden práctico y legal**, no le corresponde legislar sobre lo peticionado, dejando subsistente la grave omisión de la convocatoria de elecciones.

Es evidente Exma.Corte, que la confusión se opera como consecuencia de que la propia Cámara de Senadores en la referida nota que acompañamos, apartado 3), dictamina que:

Una vez conformada la Justicia Electoral, ésta se hará cargo de la convocatoria, el juzgamiento, la organización, la dirección, la supervisión y la vigilancia de los actos y de las cuestiones derivadas de las elecciones generales, departamentales y municipales, así como de los derechos y de los títulos de quiénes resulten elegidos, tal como lo estipula el Art.273 de la Constitución Nacional de 1992."

Esta respuesta del Senado, agrega mayor confusión e incertidumbre en los electores, que no tienen subsanado las deficiencias y lagunas legales denunciadas por todos los Magistrados Electorales integrantes de la Justicia Electoral vigente.

INSEGURIDAD EN LOS RESULTADOS DE LAS ELECCIONES.

La transición democrática se halla enfrentada a la aplicación paulatina y progresiva de la nueva constitución através de leyes reglamentarias de la misma, que no se han producido todavía, por el ingente y sostenido trabajo legislativo, que no ha tenido tiempo material de poder concluirlas para estas elecciones.

Sabido es también que el Código Electoral, como todo trabajo o ley perfectible, hasta la fecha es motivo de modificaciones y supresiones de artículos, en el afán de encontrar la mejor solución jurídica posible a las cuestiones electorales, que en forma apremiante se van presentando.

Así como mero ejemplo, citamos la Ley 132/93, promulgada el 5 de marzo de 1.993, apenas 64 días antes de la fecha de elecciones. Ahora, al tiempo de esta presentación se hallan en trámite otras propuestas que modifican el Código electoral en cuanto a la integración de las mesas electorales, así como otro proyecto hecho por los Senadores Waldino Ramón Lovera y Rodrigo Campos Cervera, que busca (sic) " sustraer al Congreso la competencia para realizar el juicio de las elecciones, evitando así la calidad contradictoria e incompatibilidad ética de ser juez y parte al mismo tiempo."

A más de esta falta de claridad en el aspecto legal de las leyes electorales, que obligan a realizar permanentes cambios en la legislación, y que le quita lógicamente estabilidad jurídica a las mismas, se suman los cuestionamientos en pleno trámite ante el Tribunal Electoral de la Capital, uno de ellos, formulado por el Movimiento liderado por el Dr Luis María Argaña, que cuestiona la legitimadad del resultado de las internas en los Departamentos de Paraguarí y Central, que si son acogidos favorablemente, cambiarían las candidaturas no sólo de gobernador departamental, sino también las de Presidente y Vice Presidente de la República por el Partido Colorado, que esa Exma.Corte, sabrá pedir a la vista para dictar resolución en esta demanda, del Tribunal Electoral de la Capital.(Expediente: Luis María Argaña s/acción de nulidad contra las Resol.Nº 15 y 17 del Tribunal Electoral de la ANR).

Evidentemente, estas elecciones se hallan expuestas a cuestionamientos de orden legal-electoral de impredecibles consecuencias, que sólo sumirían al país en el caos político y el atraso económico, por la inseguridad que se avizora en todos los aspectos, hasta que se resuelva finalmente la situación electoral. De ahí que es muy grave, que el propio juicio de la elección se halle cuestionado en el Parlamento, razón por la que amparados, en que el Poder Judicial, es la única vía válida para resolver esta grave situación que atraviesa el país, es que solicitamos su inestimable concurso.

Otro hecho concomitante, que aunque no tiene la entidad jurídica de los hechos claramente violatorios de la constitución que hemos señalado, pero que hace a vitales aspectos de la suerte de una transparencia en el ejercicio de los votos para todos los ciudadanos de la república, constituye el hecho de que se ha violado el Art.131 numeral 2 inc.b) del Código Electoral.

En efecto, esta disposición exige que: *Las Series de mesas son los padrones que contienen la lista de electores que corresponden votar ante la respectiva mesa receptora de votos..... Y SE CONFECCIONARAN CON LOS SIGUIENTES DATOS:*

B) NOMINA DE LOS ELECTORES DE LA SERIE CON INDICACION DE SU NOMBRE Y APELLIDO, DIRECCION Y NUMERO DE CEDULA DE IDENTIDAD

Esta enumeración no es simplemente enunciativa, sino que constituye una norma de orden público, **taxativa**, que debe ser respetada inexorablemente por la Junta Electoral Central. Por eso la expresión imperativa "se confeccionarán", que no admite dudas, o interpretaciones de otra índole.

Los padrones a ser utilizados para las próximas elecciones del 9 de mayo de 1.993, no enuncian el domicilio, como quiere la ley, sino que simplemente se limita a mencionar el barrio, a veces la calle, o simplemente la localidad de origen del elector.

Es imposible, y constituye una probatio diabólica, pretender encontrar o verificar un domicilio con datos como el de dirección "Pettirossi", u "Obrero".

Sin embargo, existe un formulario para la inscripción, cuyo detalle lo especifica con exactitud el Art.140 del Código Electoral que en su inciso d) menciona claramente el domicilio, datos que se suministran bajo la fe del juramento.

Estamos seguros de que el cumplimiento de la ley se ha hecho por parte de los electores, y quienes lo han violado son las autoridades que ejercen el comando de la Justicia Electoral, al ignorar olímpicamente esta exigencia legal, que no busca otra cosa, que evitar el fraude, o el cometimiento de ilícitos electorales, como sería el de votar o inscribirse dos o tres veces con distintos domicilios.

Para que no exista ninguna duda sobre el punto, el Código Electoral, se ha preocupado de definir expresamente en el Art.136 que se entiende por el concepto de domicilio, disponiendo:

"ART.136 A los efectos de este Código se entiende por domicilio o vecindad la residencia habitual del elector"

Tan importante es el cumplimiento de este requisito para el elector, que el Código vuelve a mencionarlo en el Art.155, cuando establece:

*"El inscripto deberá presentarse ante la Junta Electoral para comunicar las modificaciones que sufriere su nombre por cambio de estado o decisión judicial, **y el de su domicilio**, debiendo exhibir los documentos correspondientes....."*

Desde luego, que la falta de cumplimiento de este requisito, autoriza expresamente a que en el período de tachas y reclamos, cualquier partido político o movimiento similar participante de las elecciones, tiene el más pleno derecho de impugnar por razones de domicilio, la figuración del elector en el padrón.

En este sentido, una violación al requisito del domicilio, apareja automáticamente la suspensión en el ejercicio del derecho del sufragio, y ello es así por imperio de lo previsto en el Art.126 del Código Electoral, que dice:

*"Son causas de suspensión en el ejercicio del derecho del sufragio, todas las inhabilitaciones aplicables a un ciudadano ya inscripto en el Registro. Son **causas de eliminación del** Registro el fallecimiento, el cambio de domicilio a otra Sección Electoral....."*

A manera de muestra de la violación electoral que se ha operado, presentamos adjunto unas muestras al azar de los formularios de padrones entregados por la Junta Electoral Central a los partidos y movimientos participantes. Se servirán en este sentido antes de dictar ninguna resolución, recabar de esta institución, para que remita a esa Corte, con carácter urgente, testimonios auténticos de muestras de padrones, sugerimos diez hojas de distintos lugares de votación para comprar la veracidad de los hechos denunciados.

La gravedad sube de punto, cuando se analiza el tema de los boletines de votos, que llevan impresos los nombres de Ricardo Canese, con su fotografía y la de su Vice Presidente Miguel Angel Montaner, ambos renunciantes de su candidatura. En igual sentido ocurre con el Dr.Leandro Prieto Yegros, y Gustavo Benítez Soler, cuyas candidaturas han sido impugnadas, pero que sin embargo figuran en el boletín de voto, conforme así lo demostramos con el ejemplar que acompañamos, obtenido de la Junta Electoral Central.

Igual situación se produce con la candidatura de Gobernador en el Depto.de Paraguarí, donde el elector estará votando por candidatos que pueden perder en la instancia judicial, pudiéndose dar el contrasentido, que quien gane en las urnas, pierda en los tribunales. Nos preguntamos, cual es la suerte de estos votos, que han sido defraudados en cuanto a la intención del elector. Evidentemente, la democracia se debilita y empaña con situaciones confusas, que deben ser reparadas por ese alto Tribunal, conforme al petitorio expuesto en la acción de inconstitucionalidad.

En conclusión, por los fundamentos expuestos, y por la necesidad ineludible de transferir la competencia de la organización y juzgamiento de las elecciones a un organismo independiente e imparcial como lo son los órganos que integran la

Justicia Electoral, ya prevista en la nueva Constitución, pero aún no integrada, la Exma.Corte, supremo Juez de la República, sabrá acoger favorablemente la acción promovida declarando nulos, inconstitucionales e inaplicables los Decretos 15.465 y 15.466 del 6 de Noviembre de 1992 dictados por el Poder Ejecutivo, ordenando de conformidad al Art.555 del CPC al mismo, que se abstenga en lo sucesivo de convocar a elecciones, hasta que se conforme la Justicia Electoral, prevista en los Arts.273,274 y 275 de la Constitución Nacional.

Interin se sustancie esta demanda, y de conformidad al Art.553 del CPC, se solicita de la Exma.Corte, suspenda los efectos de los decretos impugnados, es decir la convocatoria a elecciones, hasta tanto se den las condiciones para una nueva convocatoria más segura y transparente.

La naturaleza de la acción promovida, requiere la prórroga inmediata de la convocatoria. En caso contrario sería innocuo proseguir con los trámites de esta demanda.

ART.2º LEY 132 del 5 de Marzo de 1993

Esta disposición establece que "si al 5 de abril hubieren impugnaciones de candidaturas pendientes de resolución en cualquier instancia, los impugnados serán incluidos en las listas de candidaturas, sin perjuicio de lo que disponga la sentencia firme que recaiga sobre la cuestión".

Impugnamos esta medida, por su notoria falta de practicidad y por afectar derechos adquiridos de los candidatos (votos) y crear desconcierto y confusión en el electorado. Supongamos que el candidato B, obtiene un alto porcentaje de votos, y luego es anulada su candidatura, ¿cómo queda el derecho de estos electores que han sido engañados en su buena fe? No hay aviso en los boletines de que tal o cual candidatura se halla impugnada. Además, como bien lo señalara el Dr.Pablo López Valiente, Miembro del Tribunal Electoral de la Capital, en declaraciones hechas a la prensa, del viernes 2 de Abril pxmo.pdo.(Ultima Hora pág.2) texto que se acompaña, "... no sólo se anularán esas candidaturas, sino también aquellos votos obtenidos en el marco de dichas candidaturas, y si existen varias impugnaciones, deberán sumarse todos los nulos, para ver si éstos llegan al 20% de la nulidad total, con lo cual quedarán anuladas las elecciones nacionales".

La disposición es entonces contradictoria y contraproducente. Por otro lado, también el Dr.Carlos Mojoli, Miembro del mismo Tribunal, en declaraciones formuladas el jueves 1 de Abril (ABC color, pág.7) ha afirmado que "...El Tribunal Electoral de la Capital difícilmente podrá expedirse para el 5 de mayo sobre los casos de apelaciones de candidaturas de los distintos partidos y movimientos políticos impugnados por la Junta Electoral Central..." agregando "...que esta cuestión podría también determinar la suspensión de las elecciones generales..." Por razones de economía procesal, nos remitimos a la acabada explicación de la postura del Dr.Mojoli en las publicaciones periodísticas que se acompaña.

En consecuencia, corresponde que esa Exma.Corte, declare la inconstitucionalidad de esta disposición, ya que su cumplimiento es imposible y generaría grandes dificultades en el desarrollo de las elecciones, que justifica una vez más la suspensión y/o prórroga de las mismas, para que se realicen en el marco jurídico previsto en la Constitución.

RESOLUCION Nº 2/93 TEC

Esta Resolución, por la cual el Tribunal Electoral de la Capital arrogándose funciones jurisdiccionales que le han sido vedadas por el Ac.y Sent.Nº 228 del 19 de Agosto de 1992, de esa Exma.Corte, pretende nuevamente dictar normas aclarando los Decretos Nº 15.465 y Nº 15.466 del 6 de Noviembre de 1992, en el sentido de señalar a la

Junta Electoral Central y al Poder Ejecutivo, las irregularidades y falencias que contiene.

En este sentido ordena el cumplimiento de las medidas dispuestas en la resolución a todos los Tribunales Electorales del país, y el practicamiento de cuantas diligencias fuere menester para asegurar un normal ejercicio del derecho del sufragio en las elecciones del 9 de Mayo de 1993. Al no hallarse integrada la Justicia Electoral prevista en la Constitución, mal puede el TEC dictar normas a los Tribunales de igual clase del interior del país y mucho menos interpretar, ampliar y aclarar Decretos del Poder Ejecutivo, facultades que corresponden exclusivamente a la Corte Suprema de Justicia, de conformidad a las disposiciones legales ya citadas.

Corresponde en consecuencia, se declare su inconstitucionalidad, y la nulidad como ya lo hizo la Corte en el fallo 228, de otra resolución similar (2/92) que pretendió reglamentar disposiciones constitucionales.

PETITORIO:

1. Tenernos por presentados y por reconocida la personería que invocamos, así como la constitución del domicilio legal en el lugar señalado, que es la del abogado patrocinante.
2. Disponer la agregación de las instrumentales que se acompañan.
3. Disponer de conformidad al Art.553 del Cód.Proc.Civ. con carácter de urgencia, la suspensión de los efectos de los Decretos Nº 15.465 y Nº 15.466 del 6 de Noviembre de 1992 dictados por el Poder Ejecutivo, y en consecuencia también: la suspensión y/o prórroga de los comicios generales, o en su caso dejar sin efecto la convocatoria, para elegir Presidente y Vice Presidente de la República, Senadores, Diputados, Gobernadores y Miembros de las Juntas Departamentales, convocados para el próximo 9 de Mayo de 1.993, a fin de evitar un perjuicio irreparable a los recurrentes y a los electores en general, hasta tanto se dicte sentencia en estos autos.

4. De conformidad al Art. 554 del CPC, se sustancie la demanda oyendo al Fiscal General del Estado.

5. Finalmente, y luego de los trámites legales correspondientes, dictar sentencia haciendo lugar a la inconstitucionalidad de las disposiciones legales cuestionadas, y decretar la prórroga, o la suspensión, o dejar sin efecto las elecciones, hasta que se halle debidamente constituida la Justicia Electoral.

SERÁ JUSTICIA.

GUSTAVO DIAZ DE VIVAR
Senador

PEDRO HUGO PEÑA
Senador

JULIO ROLANDO ELIZECHE
Senador

DELIO FARIÑA
Senador

CEFERINO RAMIREZ
Senador

ALCIBIADES FERNANDEZ
Senador

DIONISIO NICOLAS FRUTOS
Diputado

JULIO CESAR FRUTOS
Diputado

SANDINO GIL OPORTO
Diputado

JOSE MARTIN PALUMBO
Diputado

CARLOS GALEANO PERRONE
Diputado

GENARO SANCHEZ
Diputado

VICTOR HUGO SANCHEZ
Diputado

DIPUTADO FAUSTINO CENTURION

DIPUTADO PERSIO DA SILVA

SAMUEL RAMIREZ
Diputado

DR. JUAN ROQUE GALEANO
DIPUTADO

LORENZO GARRETE

[Firmas:]

- Bernardo Rodríguez — DIPUTADO
- Federico A. Zayas — SENADOR
- Abrahim Estegche — SENADOR
- Artemio Vera — SENADOR
- Raul Wainer
- Pablo Varvada — DIPUTADO
- Hipólito Mendoza C. — DIPUTADO
- Mario M. Melgarejo

PRESENTADO Y PUESTO _____ HOY _____

DE _abril_ DE MIL NOVECIENTOS _noventa y tres_

SIENDO LAS _____ HORAS, CON FIRMA DEL

ABOGADO _____ CONSTE.

ROBERTO SALOMON NUNES
Srio. Judicial II

26 de abril de 1993

Anexo 31

Acción de inconstitucionalidad c/
Decretos del Poder Ejecutivo Nros.
15.465 y 15.466 y otros.

CORTE SUPREMA DE JUSTICIA

A. I. Nº 92

/.-ción, 4 de mayo de 1993

VISTA: la acción de inconstitucionalidad promovida por los señores Gustavo Díaz de Vivar, Pedro Hugo Peña, Rolando Elizeche Bogado, Delio Fariña, Ceferino Ramírez, Dionisio Nicolás Frutos, Julio César Frutos, Sandino Gil Oporto, José Martín Palumbo, Carlos Galeano Perrone y otros contra los Decretos Nros. 15.465 y 15.466 dictados por el Poder Ejecutivo de la Nación en fecha 6 de noviembre de 1992, el art. 2º de la Ley 132 del 5 de marzo de 1993 y la Resolución Nº 2 del 26 de marzo de 1993 del Tribunal Electoral de la Capital, y

C O N S I D E R A N D O :

1. Que en la primera parte de su fundamentación, los demandantes se refieren a la Resolución Nº 2/93 del Tribunal Electoral de la Capital, fechada el 26 de marzo de 1993, cuyo contenido impugnan.

Se trata, como los accionantes lo dicen, de una Resolución del Tribunal Electoral, cuyo artículo 6º disponía "... remítanse copias a la Excma. Corte Suprema de Justicia y demás Poderes del Estado ..." Además de la publicación de dicha nota y su amplia difusión, el Poder Legislativo recibió una copia de ella.

No se trata de "actos provenientes de los Poderes Legislativo, Ejecutivo y Judicial", ya que estamos en presencia de una Resolución concreta y bien determinada de un Tribunal que integra el Poder Judicial. En consecuencia, le son aplicables las disposiciones de los artículos 556 y sgtes. del Código de Procedimientos Civiles. El art. 557 referente a "requisitos de la demanda y plazo para deducirla" prescribe: "El plazo para deducir la acción será de nueve días, contados a partir de la notificación de la resolución impugnada ..."

Se da el caso de que la Resolución Nº 2 del 26 de marzo de 1993, del Tribunal Electoral de la Capital, además de la difusión a que he-

ROBERTO SALOMON NUNES
Sec. Judicial II

/.-mos hecho referencia, fue remitida al Poder Legislativo, cuyas Cámaras integran los señores accionantes, quienes no pueden alegar bajo ningún punto de vista, su conocimiento tardío.

Quiere decir, pues, que en cuanto a la Resolución Nº 2/93 del Tribunal Electoral de esta Capital, el plazo de nueve días acordado por el art. 557 del C.P.C., se ha cumplido largamente, y la acción de inconstitucionalidad contra ella ha sido deducida extemporáneamente, lo que hace improcedente su consideración.

- 2. Bajo el título de "inseguridad de los resultados de las elecciones", los accionantes se refieren a hechos como las modificaciones y supresiones de artículos del Código Electoral que se vienen realizando hasta la fecha, lo cual -son sus términos- estaría restando "estabilidad jurídica" a la legislación electoral.

Este argumento resulta a todas luces impertinente. No puede ser invocado para justificar esta acción, y mucho menos puede serlo por señores Parlamentarios que tienen en sus manos impedir las modificaciones del Código Electoral ya consideradas o en pleno tratamiento que ellos mismos califican como susceptibles de restar "estabilidad jurídica" al régimen legal vigente.

En cuanto al hecho de que se encontrarían en pleno trámite ante el Tribunal Electoral de la Capital, impugnaciones a candidatos como las efectuadas por el Dr. Luis María Argaña contra las internas realizadas en los Departamentos de Paraguarí y Central, este argumento carece de consistencia. Impugnaciones como éstas no tienen relación alguna con la validez de los Decretos del Poder Ejecutivo que convoca a elecciones. Ellas han sido o serán resueltas en las instancias correspondientes y no se puede entrar a especular sobre lo que podría ocurrir de darse tal o cual situación. Además, impugnaciones de este tipo pueden darse en cualquier proceso electoral, y si vamos a esperar que ellas se resuelvan o dejen de plantearse, las fechas de los comicios se extenderían sin solución de continuidad.

/.....

CORTE SUPREMA DE JUSTICIA

Acción de inconstitucionalidad c/ Decretos del Poder Ejecutivo Nros. 15.465 y 15.466 y otros. --------

A. I. Nº 92 (continuación)

/.- 3. En cuanto al hecho de que "los padrones a ser utilizados [pa]ra las próximas elecciones del 9 de Mayo de 1993, no enuncian el [do]micilio, como quiere la ley, sino que simplemente se limitan a men[cio]nar el barrio, a veces la calle o, simplemente la localidad de ori[gen] del elector", este argumento es calificado en el propio escrito d[e] demanda como "otro hecho concomitante que, aunque no tiene la ent[i]dad jurídica de los hechos claramente violatorios de la Constitución que hemos señalado, pero que hace a vitales aspectos de la su[er]te de una transparencia en el ejercicio de los votos..."

Al margen de la escasa entidad jurídica que los mismos accio[nan]tes asignan a este hecho, llama la atención la forma tan general que ellos se refieren a esta presunta irregularidad. No la deter[minan] con precisión, no la concretan, no la ubican. No se puede tomar c[omo] prueba lo que dicen en forma tan general como imprecisa, lo cual confirma que se trata de afirmaciones que tienen "escasa entidad [ju]rídica", como lo reconocen los propios demandantes.

4. Un punto que los actores califican de grave es que "los bo[le]tines de votos llevan impresos los nombres de Ricardo Canese, con fotografía, y de su Vice Presidente Miguel Angel Montaner, ambos [re]nunciantes de su candidatura. En igual sentido ocurre con el Dr. I[si]dro Prieto Yegros y Gustavo Benítez Soler, cuyas candidaturas han [si]do impugnadas, pero que sin embargo figura en el boletín de voto". [Con]trariamente a lo afirmado, ni Canese ni Montaner han renunciado a [sus] candidaturas, y las impugnaciones contra la fórmula Prieto Yegros-[Bení]tez Soler aún no han sido resueltas en forma definitiva. En cuanto [a] la candidatura del Gobernador para el Dpto. de Paraguarí, lo que pu[eda] ocurrirle en definitiva tendrá solución legal en su oportunidad.

/...

ROBERTO SALOMON NUNES
Srio. Judicial II

/.- Tampoco es argumento consistente "la necesidad ineludible de transferir la competencia de la organización y juzgamiento de las elecciones, a un órgano independiente e imparcial como son los órganos que integran la Justicia Electoral, ya prevista en la nueva Constitución pero aún no integrada", para declarar la nulidad de los cuestionados Decretos del Poder Ejecutivo. Los Señores Parlamentarios, que han jurado esta Constitución, no pueden desconocer el art.7º de las Disposiciones Finales y Transitorias de la Carta Magna vigente que prescribe: "La designación de funcionarios y Magistrados que requieran la intervención del Congreso o de cualquiera de sus Cámaras para cargos de instituciones creadas por esta Constitución o con integración diferente a lo que establecía la de 1967, no podrá efectuarse sino después que asuman las autoridades nacionales que serán elegidas en el año 1993, con excepción de lo preceptuado en el art.9 de este Título" (se refiere al Jurado de Enjuiciamiento, que ya ha entrado en funcionamiento".

Por otra parte, no deja de ser insólito que los Señores Parlamentarios accionantes se muestren preocupados ante la inexistencia de "un órgano independiente e imparcial que juzgue las próximas elecciones", cuando son precisamente ellos los que pueden adoptar medidas legales para que ese juzgamiento pueda ser independiente e imparcial, como se ve en las deliberaciones que en estos mismos días están teniendo lugar en el Parlamento, lo cual es de público conocimiento.

5.- En cuanto al art.2º de la Ley 132 del 5 de marzo pasado, también impugnado, el mismo prevé: "Si al 5 de Abril hubiesen impugnaciones de candidaturas pendientes de resolución en cualquier instancia, los impugnados serán incluidos en las listas de candidaturas, sin perjuicio de lo que disponga la sentencia firme que recaiga sobre la cuestión".

Motivo de nueva extrañeza que tan conspicuo grupo de parlamentarios aleguen la inconstitucionalidad de artículos de una Ley sancionada recientemente por el Congreso a que pertenecen.

Además, sea dicho en descargo de quienes elaboraron y aprobaron es

CORTE SUPREMA DE JUSTICIA

Acción de inconstitucionalidad c/ Decretos del Poder Ejecutivo Nros. 15.465 y 15.466 y otros.

A. I. Nº 92 (continuación)

/.-ta Ley, su artículo 2º revela previsión y ecuanimidad. Si se hubiera proclamado un principio contrario, es decir si se hubiera resuelto que aquellos candidatos cuyas impugnaciones no hubieran sido resueltas para el 5 de Abril, deberían ser excluidos de las listas de las candidaturas, entonces sí se hubiera sancionado una injusticia y se hubiera abierto una ancha vía para que por medio de impugnaciones tardías e infundadas, se privara a personas legalmente hábiles, de figurar como candidatos en las próximas elecciones.

6. Como se ha visto, todas las fundamentaciones de supuestas inconstitucionalidades, o son extemporáneamente alegadas o no resisten al menor análisis.

El Decreto del Poder Ejecutivo Nº 15.465 del 6 de noviembre de 1992, que convoca al pueblo de la República a comicios generales para elegir Presidente y Vice Presidente de la República, Senadores, Diputados, Gobernadores y Miembros de las Juntas Departamentales, está fundado en la Resolución Nº 7 del 25 de setiembre de 1992 del Tribunal Electoral de la Capital y en los arts. 161, 182, 187, 221, 223 y 230 de la Constitución Nacional, así como en las disposiciones pertinentes del Código Electoral y en las disposiciones de las Leyes 39/92 y 72/92.

El art. 3º de dicho Decreto dispone que tanto "el Presidente y el Vice Presidente de la República cuarenta y cinco Senadores Titulares y treinta Suplentes serán elegidos conforme a lo dispuesto por los arts. 230 y 223 de la Constitución Nacional y los artículos 256 y 259 de la Ley Nº 01/90, Código Electoral, modificadas por el art. 1º de la Ley Nº 39/92".

El art. 4º ordena: Los Diputados Titulares y Suplentes serán elegidos de conformidad a lo dispuesto por el art. 221 de la Constitu- /.

/.-ción Nacional. Deberán elegirse ochenta Diputados Titulares y ochenta Suplentes, de acuerdo a lo establecido en la Ley Nº 72/92 que determina su distribución.

El art. 5º: "Los Gobernadores de cada Departamento en que la Ley divide la estructura política y administrativa del Estado y los Miembros de las Juntas Departamentales respectivas, serán elegidos de conformidad a lo dispuesto por el artículo 161 de la Constitución Nacional y el art. 2º de la Ley Nº 39/92".

Y el art. 6º: "Los comicios se realizarán en las secciones electorales de todos los Departamentos de la República".

Este artículo 6º tenía un error, que fue rápidamente enmendado por el Decreto Nº 15.466, también del 6 de noviembre de 1992 en el sentido siguiente, que le da su definitiva redacción: "Los comicios se realizarán en las secciones electorales de la Capital y de todos los Departamentos de la República".

Estos Decretos del Poder Ejecutivo que convocan al pueblo a elecciones generales para el Domingo 9 de Mayo próximo, no adolecen de vicios fundamentales que pudieran ocasionar su nulidad, ni lesionar derechos garantizados por la Constitución Nacional y las leyes electorales del país.

Es cierto que, de haber seguido las sugerencias de la Resolución del Tribunal Electoral de la Capital Nº 2/93 el Poder Ejecutivo hubiera dictado un decreto complementario a los que llevan los números 15.465 y 15.466, del 6 de noviembre de 1992, con lo cual se hubieran aclarado totalmente puntos que podrían aparecer oscuros, pero las recomendaciones del Tribunal Electoral Capital no advierten sobre omisiones que puedan llevar a la nulidad de los mismos, sino más bien tratan de dar una mayor concisión y claridad a los mencionados Decretos.

Tales Decretos hacen referencias concretas a artículos de la Constitución, del Código Electoral y de las leyes complementarias de nuestro régimen electoral. Tales referencias son exactas y oportunas. Que

/.../...

CORTE SUPREMA DE JUSTICIA

Acción de inconstitucionalidad c/ Decretos del Poder Ejecutivo Nros. 15.465 y 15.466 y otros.

A. I. Nº 92 (continuación)

/.- los artículos citados pudieran haber sido mejor explicitados no quiere decir que los Decretos sean susceptibles de nulidad ni afecten derechos y garantías que la Constitución y la ley reconocen a los electores.

Entre los artículos invocados por el Poder Ejecutivo, es de particular importancia el 230 de la Constitución Nacional: "El Presidente de la República y el Vice Presidente serán elegidos conjunta y directamente por el pueblo, por mayoría simple de votos, en comicios generales que se realizarán entre noventa y ciento veinte días antes de expirar el período constitucional vigente".

El actual período constitucional expira el 15 de Agosto de 1993. De conformidad al artículo transcripto, las elecciones deben ser, a más tardar, el 15 de Mayo próximo. Postergadas o suspendidas por motivos tan frágiles que no resisten al menor análisis, ello sí nos conduciría a una violación de la letra clara del texto constitucional y a la quiebra del Estado de Derecho que tan penosamente está construyendo la República.

Las presuntas inconstitucionalidades apuntadas por los Señores accionantes no son tales. Todo lo contrario. Las soluciones propuestas por ellos, nos llevarían a una clara violación de artículos de la Constitución que no admiten una interpretación diferente de lo que surge de los Decretos impugnados.

POR TANTO, fundada en cuanto antecede, y con el fin de llevar la paz y la tranquilidad al pueblo que sigue con interés y preocupación el proceso de transición a la democracia que vive la República, la

CORTE SUPREMA DE JUSTICIA

RESUELVE:

1º. RECHAZAR in límine, la acción de inconstitucionalidad pro-

/.-movida por los señores Gustavo Díaz de Vivar, Pedro Hugo Peña, Rolando Elizeche Bogado, Delio Fariña, Ceferino Ramírez, Dionisio Nicolás Frutos, Julio César Frutos, Sandino Gil Oporto, José Martín Palumbo, Carlos Galeano Perrone y otros contra los Decretos Nros. 15.465 y 15.466 dictados por el Poder Ejecutivo de la Nación en fecha 6 de noviembre de 1992, así como contra el art. 2º de la Ley 132 del 5 de Marzo de 1993 y la Resolución Nº 2 del 26 de Marzo de 1993 del Tribunal Electoral de la Capital.

2º. ANOTESE, notifíquese, publíquese y regístrese.

CRISTOBAL SANCHEZ
LUIS MAURICIO DOMINGUEZ
Francisco Pussineri Oddone
GUILLERMO SANCHEZ

Ante mí:

ROBERTO SALOMON NUNES
Srio. Judicial II

Anexo 32

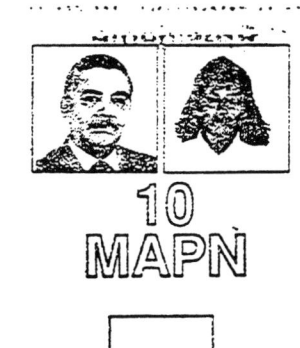

ELECCIONES GENERALES
Presidente - Vice Presidente

PERIODO 1993 - 1998

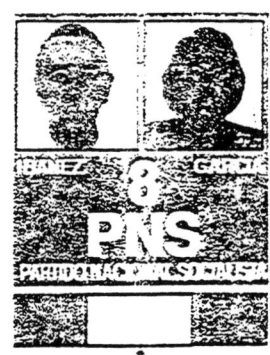

1 ANR — WASMOSY / SEIFART — PARTIDO COLORADO — MARQUE AQUI	**2 PLRA** — LAINO / BENITEZ — PARTIDO LIBERAL RADICAL AUTENTICO — MARQUE AQUI	CDS — MARQUE AQUI
5 PL — ZAPAG / PEREZ — PARTIDO LIBERAL — MARQUE AQUI	MARQUE AQUI	**8 PNS** — IBAÑEZ / GARCIA — MARQUE AQUI
9 EN — CABALLERO / BRUSQUETTI — ALIANZA ENCUENTRO NACIONAL — MARQUE AQUI	**10 MAPN** — MARQUE AQUI	MARQUE AQUI

ELECCIONES GENERALES
Senadores

PERIODO 1993 - 1998

1 ANR — PARTIDO COLORADO
MARQUE AQUI

2 PLRA — PARTIDO LIBERAL RADICAL AUTENTICO
MARQUE AQUI

4 CDS
MARQUE AQUI

5 PL — PARTIDO LIBERAL
MARQUE AQUI

6 PB — PARTIDO BLANCO
MARQUE AQUI

7
MARQUE AQUI

9 EN — ALIANZA ENCUENTRO NACIONAL
MARQUE AQUI

MARQUE AQUI

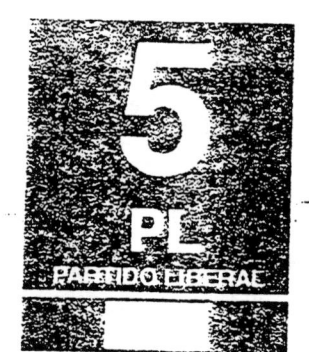

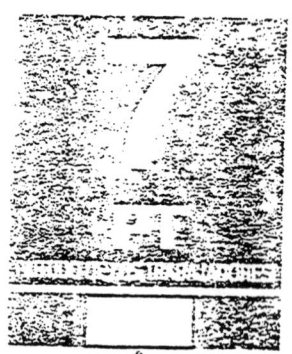

2 MPSP
MARQUE AQUI

Anexo 33

ACUERDO DE CONVIVENCIA DEMOCRATICA

En la ciudad de Asunción, capital de la República del Paraguay, a los treinta días del mes de abril de 1993, inspirados en idea de garantizar y fortalecer el proceso democrático, los candidatos a Presidente de la República, Juan Carlos Wasmosy, por el Partido Colorado (ANR); Domingo Laíno, por el Partido Liberal Radical Auténtico (PLRA), y Guillermo Caballero Vargas, por el Encuentro Nacional (EN), **suscriben** el presente Acuerdo de Convivencia Democrática, cuyo objetivo es contribuir al desarrollo transparente, libre y legítimo de los comicios generales del próximo nueve de mayo, en el que **resuelven** lo siguiente:

1. Promover la participación libre y correcta de la ciudadanía en el proceso electoral y el respeto por las normas electorales vigentes.

2. Propiciar la convivencia democrática basada en el respeto mútuo y la cooperación entre los protagonistas del proceso electoral a fin de poder superar posibles dificultades que surjan en el mismo.

3. Instar a las autoridades electorales, de nivel nacional, seccional o de mesas receptoras de votos, al cumplimiento de las normas y procedimientos electorales establecidos, a fin de que el acto eleccionario se efectúe en un marco de transparencia y seguridad jurídica que garanticen el respeto por la voluntad popular.

4. Rechazar cualquier intento de perturbar o interrumpir el normal y correcto desarrollo del proceso electoral en cualquiera de sus etapas.

5. Respetar la voluntad popular expresada libre, limpia y democráticamente en los comicios del 9 de mayo.

6. Hacer entrega de un ejemplar del presente Acuerdo, en un acto público, a la Misión de Observación Electoral de la OEA.

Juan Carlos Wasmosy	Domingo Laíno	Guillermo Caballero Vargas
(ANR)	(PLRA)	(EN)

Anexo 34

ALGUNOS COMENTARIOS RELATIVOS AL CODIGO ELECTORAL DEL PARAGUAY

1. INTRODUCCION

El Código Electoral del Paraguay como norma está limitado únicamente por la Constitución Nacional.

El Código Electoral de la República del Paraguay (Ley Nº 01/90), consta de siete partes denominadas libros: 1) Los principios fundamentales; 2) Partidos y Movimientos Políticos; 3) El proceso electoral; 4) Justicia Electoral; 5) Financiamiento Estatal; 6) Propaganda; 7) Sanciones.

Por el trabajo de Observación Electoral durante las pasadas Elecciones Generales, se han identificado algunos artículos del Código Electoral, que en su momento, facilitaron la comisión de errores imputables en parte a:

1) Ambigüedad conceptual de la norma, lo que dificulta su aplicación y produce: confusión, frustración, conflicto y lo que es más grave, la libre interpretación de la norma por parte de los protagonistas del proceso eleccionario (Autoridades electorales, partidos y movimientos políticos y del elector).

2) Contradicciones entre el articulado del CE y/o entre el CE y el C.N.

3) Falta de definición adecuada sobre el carácter, la competencia y las funciones de los organismos electorales.

La revisión de los mismos, las modificaciones, y su correspondiente adaptación a un esquema práctico y claro en su aplicación, requerirá de un estudio más completo.

Se han identificado algunos de estos artículos, sobre los que se comentan brevemente las reformas que podrían implementarse a cada uno de ellos:

Artículo 75, literal c): Se debe determinar con mayor claridad la prohibición inherente a los miembros de las fuerzas militares, y de los alumnos de Institutos de Enseñanza Militares y Policiales, para ser electores. Igualmente, se debe informar al Registro Cívico Permanente, a los efectos de la elaboración y depuración del Padrón Electoral, sobre los ciudadanos que ostentan esta condición.

Artículo 81, literal e): Como en el artículo anterior se debe reglamentar la prohibición consignada en esta norma electoral definiendo las sanciones por violación su violación.

Artículo 84: Habría que buscar la integración de los mecanismos de cedulación y empadronamiento en procura de establecer responsabilidad compartida entre los organismos electorales a cargo de estos trámites.

Artículo 98, numeral 2: Las Juntas Electorales deben tener sedes propias, en la actualidad funcionan, en su gran mayoría, en los domicilios particulares de los presidentes de dichas Juntas, lo que no otorga garantías a ningún grupo político. Por otra parte, este artículo señala que las personas legítimamente interesadas, al no obtener atención o trámite a su reclamación ante la Junta Electoral correspondiente, podrán recurrir a los Jueces de Paz. Esta instancia resulta en la mayoría de los casos inoperante puesto que está totalmente politizada, de donde se desprende la importancia de fijar la responsabilidad que le compete a los Tribunales Electorales para conocer, tramitar y fallar oportunamente en estos procesos.

Artículo 112: Se deben revisar los mecanismos por los cuales se conforman las Juntas Electorales, procurando que su integración se dé en forma igualitaria o independiente de partidos políticos.

Artículo 124: Se deben fijar los términos perentorios para hacer público al Registro Cívico Permanente, igual que su depuración y ampliación. Sería interesante lograr la renovación total del Registro Cívico Permanente para establecer una base cierta de datos. Esto basado en la facultad que para la renovación total señala este artículo.

Artículo 131, literal b): Se debe definir el Registro Electoral correspondiente a cada sección electoral, cuya nómina debe concordar en todos los casos con el número de la cédula de identidad de los ciudadanos registrados en esa sección.

Artículo 181: Se debe reglamentar equitativamente el trámite para la integración de las MRVS, señalando el plazo para la celebración de los sorteos para conformarlas en un período no inferior a 60 días antes de la fecha de los comicios electorales.

Artículo 182: Se deben ampliar los plazos para la notificación de los integrantes de las MRV. El plazo que actualmente señala este artículo es corto y se presta para la manipulación política.

Artículo 183: Se debe definir una fecha única para la entrega del listado definitivo de los locales donde se instalarán las MRV, señalando expresamente la prohibición de que después de definidos estos locales de votación ocurran cambios.

Artículo 191: Se debe reglamentar la norma correspondiente al nombramiento y al ejercicio de la labor de los Apoderados.

Artículo 194, literal c): Se debe enfatizar en la obligación que tienen los miembros de las MRV de entregar al veedor de mesa la certificación firmada del resultado de la votación. Esto debe cumplirse en todos los casos, sin que medie impedimento alguno, contando con la colaboración de la autoridad electoral, para la que éste trámite debe constituir un deber fijado por el Código Electoral.

Artículo 200: La asistencia de los integrantes de las MRV a la hora fijada en este presente artículo debe ser de cumplimiento obligatorio, para lo cual se deben ajustar las sanciones por incumplimiento. En las pasadas elecciones el incumplimiento del horario fijado produjo en algunos lugares, que las MRV quedarán conformadas en forma indebida.

Artículo 221, numeral 2: Se debe definir el número de veedores que podrán sufragar en cada MRV, utilizando la llamada "casilla especial".

Artículo 223: Se debe señalar como de obligatorio cumplimiento, por parte de los miembros de las MRV, la anotación en el formulario obrante en el Padrón del número de personas que sufragaron. Se debe penalizar el incumplimiento de esta función.

Artículo 232: Debe señalar que el Presidente o cualquiera de los vocales integrantes de la MRV, deberán otorgar certificado sobre los resultados de la elección a los veedores, sin que medie solicitud expresa de estos.

Artículo 236: Se deben fijar plazos específicos, bajo responsabilidad del presidente de la JES, o quien ocupe esa función dentro de la nueva estructura electoral, para realizar el cómputo provisional de los votos emitidos y para emitir un dato de resultados comiciales, exacto y oficial. Con ésto, se agilizarán los trámites posteriores relativos al escrutinio en el organismo electoral central.

Artículo 237: Se debe fijar un plazo único para la remisión de los antecedentes de las elecciones a los organismos encargados de realizar el juicio de las mismas. Igualmente se deben señalar las condiciones específicas en las que se deberá efectuar dicha entrega.

Artículo 246: Se debe aclarar el alcance del porcentaje fijado en este artículo (75%), para determinar si el mismo se aplica con referencia a un colegio electoral único (nacional), o si se refiere a la sumatoria de los casos presentados a nivel de colegios electorales Departamentales o Municipales. Se debe determinar igualmente, el punto de partida del plazo fijado para la celebración de elecciones por las causales que señala este artículo.

Artículo 247: Se enmarca en el comentario hecho al artículo 246.

Artículo 256: Se debe aclarar el alcance del término "votos válidos emitidos", para la elección del Presidente y Vice-Presidente de la República.

Artículo 281: Se debe reglamentar de manera expresa la estructura de cada organismo electoral, su competencia, sus funciones, su presupuesto y su autonomía.

Artículo 283: Se debe determinar claramente hasta adonde abarca la competencia de los agentes fiscales, definiendo las áreas que cubre su gestión y los plazos atenientes a las diferentes etapas de los procesos. Lo anterior, teniendo en cuenta que los procesos electorales se enmarcan dentro de plazos fijos y que el trámite que se suceda debe ocurrir con la debida oportunidad.

Artículo 291: Se aplica el mismo comentario hecho al artículo 283.

Artículo 293: Se debe formalizar un proceso especial de conocimiento para lo "contencioso electoral", adecuado a la cualidad perentorio de los plazos, en lugar de la remisión a las normas del proceso civil previstas en el Código vigente. Se debe ajustar la aplicación del Código de Procedimiento Penal, los trámites eleccionarios cuando fuere pertinente.

Artículo 327: Se deben ampliar las causales de nulidad de las elecciones, adecuándolas a los casos definidos como conflictivos durante las Elecciones Generales de 1993.

Artículo 328: Se debe determinar si el porcentaje (20%) se aplica a un colegio electoral único (Nacional), o Departamental o Municipal, individualmente.

Artículo 329: Se deben ampliar las causales que pueden constituir nulidad de las elecciones realizadas ante las Mesas Electorales, basándose en los hechos que representaron irregularidades durante la celebración de las Elecciones Generales de 1993.

Artículo 331: Se deben ampliar y concretar los criterios por medio de los cuales se fijan las causales de anulación de elecciones ante una Mesa o Sección Electoral.

Artículo 333: Se debe enfatizar sobre la responsabilidad penal imputable a los ciudadanos que desempeñan funciones electorales y sobre el alcance que tiene su equiparamiento a funcionarios públicos.

Artículo 334: Se debe destacar el hecho de que sin objeción alguna la documentación electoral constituye instrumento público.

Sobre la ley 75, artículo 3º: Se debe definir el marco legal y estructural en el que la Justicia Electoral, a través del Tribunal Supremo Electoral, juzgará futuras elecciones.

COMENTARIOS GENERALES:

La Democracia requiere de reglas de juego claras, cuando existen tantas aprehensiones respecto al fraude, se dificulta la construcción de una democracia sólida. Por esta razón, el nuevo aparato electoral paraguayo deberá definir más claramente: 1) Carácter, competencia y atribuciones de sus organismos; 2) La forma de elección de las autoridades electorales; 3) Organismos dependientes, su estructura y sus funciones.

Se considera fundamental la revisión y adecuación de la ley electoral para superar un conjunto de obstáculos que surgen al momento de su aplicación en el proceso electoral.

En esta revisión se deberá tener en cuenta problemas de orden práctico - instrumental y otros vinculados a la organización de las elecciones. Durante el proceso eleccionario, se debe fijar un plazo límite para la ocurrencia de cualquier reforma que afecte la norma electoral. Esto evitará la desorientación de los actores del proceso por razón de la desinformación.

En el Paraguay, las leyes pueden originarse en cualquiera de las Cámaras del Congreso, entre otras instancias. Esto facilitaría, hipotéticamente, que en el futuro próximo se implementen las reformas necesarias a la ley electoral.

El comentario anterior, se atiene al hecho de la composición que tendrá el próximo Parlamento, que al estar constituído en mayoría por la oposición, conocedora de las deficiencias de la ley electoral, podrá implementar las reformas necesarias en la forma más adecuada.

Cabe resaltar que ninguna solución se encontrará sin que las soluciones legales sean las adecuadas. Como sostuviera Weber, el Poder del Estado de derecho es racional cuando "se apoya en la creencia de la legalidad de los ordenamientos establecidos o del derecho de aquellos que han sido llamados a ejercer el poder". Así pues, la fé en la legitimidad se convierte en una fé en la legalidad.

RECOMENDACIONES SOBRE ALGUNOS ASPECTOS DE NATURALEZA TECNICA:

Se debe considerar la posibilidad de implementar como complemento a la reforma del Código Electoral y al presentarse la reestructuración del aparato electoral los siguientes aspectos de naturaleza técnica:

1) Conservar los boletines de votos hasta la etapa final del proceso (la de juzgamiento de las elecciones), para que sirvan como elemento provatorio para la solución de controversias en el proceso de escrutinio.

2) La capacitación para los miembros de las MRV y para los delegados partidarios, debe constituir obligación de parte del organismo electoral, procurando evitar la comisión de errores por parte de los miembros de las MRV, cometidos principalmente, en la elaboración de las actas de escrutinio. Los programas de capacitación para este propósito, deben cubrir la totalidad de los centros electorales y se deben implementar con suficiente antelación a la celebración de los comicios electorales.

3) Se debe descentralizar el procesamiento de la información de los resultados electorales, mediante un sistema único conectado a una unidad central. Las demoras que se producen en el procesamiento de datos el día de la elección, conspiran contra la credibilidad en el proceso y en los órganos que lo controlan. La asistencia técnica en este tema deberá estar orientada a lograr la eficiencia. Así mismo, se debe crear un plan permanente de capacitación de personal.

4) La ley electoral debe fijar un principio que garantice la imparcialidad que debe tener el Presidente de la República, sus Ministros y todos los funcionarios públicos; evitando toda ingerencia en las elecciones populares.

5) Retomando lo que en su momento estableció la ley 10/89, se debe insistir como medida de saneamiento del aparato electoral en procurar una "convocatoria a una nueva inscripción en el Registro Permanente".

Anexo 35

ORGANIZACION DE LOS ESTADOS AMERICANOS
ORGANIZAÇÃO DOS ESTADOS AMERICANOS
ORGANISATION DES ETATS AMERICAINS
ORGANIZATION OF AMERICAN STATES

Avenida Mariscal López 992- Asunción, Paraguay   Teléfono 202185/ Fax 213660

Asunción 8 de Mayo de 1993

Dr. José Luis Ibarra LLanp
Presidente
Junta Electoral Central
Asunción, Paraguay
Presente

    Tengo el agrado de dirigirme a Usted a los efectos de hacerle llegar mi preocupación por la ausencia de respuesta a mi nota del día 7 de mayo, en la que le solicitara la lista de todos los locales de votación donde se llevarán a cabo las elecciones del próximo 9 de mayo. Esta preocupación ha aumentado debido a la reiteración de denuncias presentadas ante esta Misión sobre las modificaciones de los lugares de votación en las últimas horas, así como sobre el desconocimiento que todavía existe sobre la ubicación de algunos de ellos.

    Aprovecho la oportunidad para saludarle a Usted muy atentamente.

Rubén M. Perina
Coordinador General
Misión de Observación Electoral de la OEA
en el Paraguay

Anexo 36

ORGANIZACION DE LOS ESTADOS AMERICANOS
ORGANIZAÇÃO DOS ESTADOS AMERICANOS
ORGANISATION DES ETATS AMERICAINS
ORGANIZATION OF AMERICAN STATES

OFICINA DE LA SECRETARIA GENERAL DE LA OEA EN PARAGUAY - Av. Mcal. López 992, Asunción

Asunción, 10 de mayo de 1993. 15.00 locales.

COMUNICADO DE PRENSA

MISION DE OBSERVACION ELECTORAL DE LA OEA

ELECCIONES GENERALES, 9 DE MAYO DE 1993
ASUNCION, PARAGUAY

La Misión de Observación Electoral de la OEA, encabezada por el Secretario General Emb. Joao Baena Soares e integrada por 90 observadores internacionales, observó los comicios del 9 de mayo en distritos electorales desde sus sedes de observación en Asunción, Caacupé, Concepción, Cnl. Oviedo, Ciudad del Este, Encarnación, San Juan Bautista, Villarrica.

- El Secretario General de la OEA reafirmó el concepto ya manifestado anteriormente en el sentido de que la OEA y su Misión de Observación no tienen por objeto proclamar el vencedor de la contienda electoral.
    En su momento explicó que la OEA, tal como sucedió en otras Misiones de Observación realiza una proyección, sobre la base de un muestreo representativo de mesas ya escrutadas, que cumple una función de indicador, como uno de los elementos que el Secretario General tiene en cuenta a la hora de elevar su informe al Consejo Permanente de la OEA, integrado por todos los países miembros.
    Al respecto, el Secretario General puede adelantar que las proyecciones a las que arribó el equipo especializado de la OEA en la materia coinciden con las tendencias que están siendo identificadas en los boletines de la Junta Electoral Central.

- El Secretario General reafirmó los conceptos señalados el domingo a la noche en cuanto a la masiva participación popular de la ciudadanía paraguaya en las elecciones, constituyendo ello una muestra de civismo y actitud democrática del cuerpo electoral.

-En la gran mayoría de los lugares observados, se respetaron importantes procedimientos y normas del Código Electoral: el sufragio se realizó en un ambiente general de tranquilidad y seguridad, el voto fue libre y secreto, se utilizó la tinta indeleble, y la gran mayoría de los votantes no tuvo impedimentos para votar. La mayoría de las Mesas Receptoras de Votos estuvo integrada por representantes de los principales partidos políticos; se observó la presencia generalizada de veedores y apoderados de los mismos en los locales de votación. Se constató, así mismo, la transparencia del escrutinio en las mesas receptoras de votos observadas.

-Las irregularidades que se identificaron no fueron lo suficientemente graves o generalizadas para cuestionar la validez de los comicios.

-La Misión continuará observando el escrutinio oficial en la Junta Electoral Central, y el juzgamiento de las elecciones y la proclamación de los candidatos electos por el Congreso Nacional.

-El Secretario General de la OEA lamentó el hecho de que ciudadanos paraguayos residentes en los países vecinos de Argentina y Brasil no hayan podido ejercer sus derechos cívicos. Al respecto consignó que personalmente realizó gestiones en la materia.

- Asimismo el Secretario General de la OEA realizó en la tarde del domingo gestiones tendientes a que las perturbaciones detectadas en los servicios telefónicos de SAKA fueran subsanadas,

- Las declaraciones formuladas por el Secretario General constituyen una versión preliminar. El informe definitivo será presentado, como es tradicional en los casos de observación electoral en que participa la OEA, al Consejo Permanente de la Organización, una vez culminadas las distintas etapas del proceso electoral.

....

Anexo 37

COBERTURA OEA POR SEDES

SEDE	No.TOTAL DE DISTRITOS	No.DISTRITOS CUBIERTOS (PRE-ELEC)	% DIST. CUBIERTOS (PRE-ELEC)	No.DISTRITOS CUBIERTOS (ELECCIONES)	% DIST. CUBIERTOS (ELECC.)	No. TOTAL ELECTORES (POR SEDE)	No.ELECTORES CUBIERTOS (POR SEDE)	% ELECTORES CUBIERTOS (POR SEDE)	% ELECTORES CUBIERTOS NIVEL NACIONAL
ASUNCION	5	5	100%	5	100%	276097	276097	100%	16 %
CENTRAL	20	20	100%	19	95%	382494	376294	95%	22 %
CONCEPCION	40	10	25%	8	20%	152761	89843	59%	5.3%
CAACUPE	37	37	100%	19	51%	192303	129148	67%	7.6%
VILLARRICA	28	19	68%	15	54%	116228	77685	67%	4.6%
CIUDAD DEL ESTE	18	14	78%	7	39%	131584	107264	81%	6.3%
S.J.BAUTISTA	26	20	77%	12	46%	77361	55504	72%	3.3%
CORONEL OVIEDO	35	20	57%	17	49%	235243	151544	64%	9 %
ITAPUA	31	31	100%	24	77%	137956	120328	87%	7.1%
TOTAL	**240**	**176**	**73%**	**127**	**53%**	**1702039**	**1383707**	**81%**	**81 %**

FUENTE DE INFORMACION: ELECCIONES GENERALES 1993-1998 (MANUAL PRACTICO)
INFORMES PRE-COMICIOS(COORDINADORES)
INFORMES FINALES (COORDINADORES)
INFORME SOBRE LA MUESTRA ESTADISTICA

Anexo 38

PODER JUDICIAL

En la ciudad de Asunción, Capital de la República del Paraguay a los diez días del mes de mayo de 1993, siendo las 19:40 horas en el Local de la Junta Electoral Central estando presente el Señor Presidente de esta Institución Dr. José Luis Ibarra Llano, el Apoderado por la Asociación Nacional Republicana Dr. Juan Crisóstomo Gaona, el Apoderado por la Alianza Encuentro Nacional Dr. Marcelo Duarte Manzoni, el Apoderado del Partido Liberal Radical Auténtico Dr. Jorge Galli, S.S. el Juez de Primera Instancia en lo Criminal del Cuarto Turno Dr. Nelson Alcides Mora Rodas, el Señor Agente Fiscal del Crimen de Turno Dr. Hector Raul Samaniego, el Fiscal Electoral Dr. Miguel Angel Aranda y la Actuaria Dra. María Teresa González de Daniel. Las partes presentes en este acto acuerdan lo siguiente: 1.- Respecto al horario de trabajo, el mismo será el comprendido entre las 8 y 20 horas; 2.- Los trabajos a realizarse en el horario descripto en el numeral anterior son los siguientes: recepción de las Actas, apertura de sobres y revisión de las condiciones físicas de los mismos y de las Actas contenidas en ellos; 3.- Los Apoderados de los Partidos y Movimientos Políticos comparecientes, propondrán una lista de las personas habilitadas para ejercer el control de lo referido antecedentemente. Estas personas estarán ubicadas en una posición que le permita ejercer el control efectivo de su misión; 4.- Las Actas recibidas serán depositadas en una pieza de la Institución, las que, previa verificación de los Apoderados y certificación de la Actuaria, quedarán guardadas a la espera de los representantes de la Junta Electoral Central. Las Actas recibidas, pero que no hayan sido verificadas por esta comisión, quedarán en depósito con la puerta precintada, previa revisión; 5.- El cumplimiento en el ejercicio de la función por parte de esta comisión, en lo que se refiere a la seguridad, queda a cargo de Efectivos dependientes de la Policía de la Capital, al igual que el edificio de esta Institución, quedando prohibido el ingreso de toda persona ajena a los fines de este acuerdo; 6.- S.S. el Juez del Crimen del Cuarto Turno estará presente en todos los actos de esta comisión para recibir las manifestaciones de las partes afectadas. El presente convenio se suscribe en presencia de los Observadores de la O.E.A: Diego Paz, José H. Pirota y Amy Tully. Con lo que se dió por terminado el presente acto, firmando con S.S. todos los presentes y todo por ante mí de que certifico. CONSTE

Anexo 39

CONGRESO NACIONAL

Cámara de Senadores

COMISION BICAMERAL
de Juzgamiento de las
Actas Electorales

ACTA N° 4

En la ciudad de Asunción, Capital de la República del Paraguay a los veintiocho días del mes de mayo del año un mil novecientos noventa y tres, en el local de la Casa de la Cultura en las oficinas destinadas al Palacio Legislativo, siendo las 07:30 horas, se reúne la Comisión Bicameral de Juzgamiento de las Actas Electorales de las Elecciones Generales realizadas en fecha 9 de mayo de 1993, con la asistencia del: Presidente: Senador Jorge Raúl Garcete; Vicepresidente: Senador Rodolfo González Garabelli; Relator: Diputado: Miguel Angel Ramírez; Miembros: Senadores: Abrahán Esteche, Juan Manuel Frutos, Artemio Vera, Silvio Velázquez Vera y Fernando Vera; Diputados: Eduardo Venialgo, José Pappalardo Zaldívar, Bernardo Rodríguez, Luis Guanes Gondra, César Benítez y Carlos Caballero Royg. Se dá lectura al Acta N° 3, la que se aprueba sin modificación.

Sometidas a consideración las actas impugnadas se han obtenido por consenso la anulación de las siguientes, detalladas descriptivamente por departamentos a continuación:

En el 1er. departamento de Concepción se han anulado las siguientes Mesas: N°s 1, 32, 37, 53, 75, 83, 93, 99 y 104; la localidad de Horqueta las Mesas N°s. 1, 2, 3, 6, 7, 10, 12, 13, 14, 15, 16, 17, 18, 19, 20, 21 y 44; en la localidad de Yby Yaú, las Mesas N°s. 3, 4, 6, 8, 9, 10, 11, 12, 13, 14, 15, 16, 17, 18, 19, 20, 21, 22, 23, 24, 25, 26, 27, 28 y 29. En el 2do. departamento de San Pedro se han anulado, en la localidad de San Estanislao, las siguientes Mesas: 83 y 132 y en la ciudad de 25 de Diciembre la Mesa N° 12. En el 3er. departamento de Cordillera se han anulado en la localidad de Altos las Mesas N°s. 19 y 22; en la localidad de Arroyos y Esteros, las Mesas N°s. 15 y 31; en la localidad de Isla Pucú la Mesa N° 16; en la localidad de Nueva Colombia las Mesas N°s 4 y 8; en la localidad de Piribebuy, las Mesas N°s. 3, 24, 25 y 31; en la ciudad de San Bernardino, las Mesas 1 y 7; en la localidad de San José Obrero la Mesa N° 7. En el 4to. departamento del Guairá, en la localidad de Colonia Independencia se ha anulado la Mesa 7 y en la ciudad de Villarrica la Mesa N° 58. En el 5to. departamento de Caaguazú, en la ciudad Caaguazú se ha anulado la Mesa N° 45; en Colonias Unificadas, la Mesa anulada es la N° 8; en la localidad de Santa Rosa de Mbytyú, anteriormente denominada Juan Ramón Chaves, se anuló la Mesa N° 20; en la localidad de José Domingo Ocampos se anuló la Mesa N° 6; en la localidad de Raúl Arsenio Oviedo se anuló la Mesa N° 26; en la localidad de R.I. 3 Corrales, se anularon las Mesas N°s. 2, 4, 7, 8, 10, 12, 14 y 16; en la localidad de 3 de Febrero se anuló la Mesa N° 5. En el 6° departamento de Caazapá, no existen Mesas anuladas. En el 7° departamento de Itapúa, en la localidad de Alto Verá se anularon las Mesas N°s 9, 11 y 12; en la localidad de Capitán Meza se anuló la Mesa N° 16; en la localidad de Tomás Romero Pereira, se anularon la Mesa 13 y 36. En el 8° departamento de Misiones se anuló en la localidad de San Miguel la Mesa N° 8. En el 9° departamento de Paraguarí, en la localidad de Ybytymí, se anuló la Mesa N° 7. En el 10° departamento de Alto Paraná, en Ciudad del Este, se anuló las Mesas N°s. 58 y 238; en la localidad de Itá Kyry, se anularon las Mesas 4 y 15. En el 11° departamento Central, en la localidad de Fernando de la Mora, se anuló la Mesa N° 161; en la ciudad de Lambaré, se anularon las Mesas N°s 16 y 73; en Mariano Roque Alonso se anularon las Mesas N°s 43, 87, 132, 184, 228 y 237. En el 12° departamento de

Ñeembucú no se han anulado ninguna Mesa. En el 13º departamento de Amambay, en la localidad de Bella Vista se han anulado 16 Mesas, del Nº 1 al 16; en la ciudad de Pedro Juan Caballero fueron anuladas las Mesas Nº 100, 24 y 25. En el 14º departamento de Canindeyú, se ha anulado en la localidad de Ygatimí la Mesa Nº 7. En el 15º departamento de Presidente Hayes, en la localidad de Pinasco se anularon las Mesas Nºs. 4 y 5; en el distrito de Alto Paraguay, en la localidad de Fuerte Olimpo se anularon las Mesas Nºs. 5 y 6; en el distrito del Chaco no existen Mesas anuladas; en el distrito de Boquerón, en la localidad de Mariscal Estigarribia se anularon las Mesas 6, 7, 33, 37, 38, 41 y 43. En el distrito electoral de la Capital, y en particular de La Encarnación se ha anulado la Mesa Nº 173.

Verificadas las anulaciones resueltas en la Plenaria se conciente por unanimidad la resolución de anulación de las Mesas detalladas, así como las reconsideraciones que convalidaran algunas Mesas objetadas inicialmente, dándose por concluída la labor, siendo las 19 y 15 horas, concluyéndose las tareas pertinentes, con la determinación de elevar un dictamen al Plenario del Congreso con las constancias de los criterios puntuales relativas a situaciones o circunstancias que no hacen al resultado numérico de lo observado sino a circunstancias no incidentales sobre el estado material y formal de la documentación en examen.

Con lo cual se da por terminada las labores de la fecha, restando solamente la conclusión final de todas las tareas desarrolladas, ajustadas a las actas diarias pertinentes que constituyen la base del dictamen en elaboración, dejándose constancia expresa de la presencia de los observadores de la OEA, desde el inicio hasta el final de las deliberaciones de la fecha.

Senador Jorge Raúl Garcete
Presidente

Senador Rodolfo González Garabelli
Vicepresidente

Diputado Miguel Ángel Ramírez
Relator

Senador Abrahan Esteche
Miembro

Senador Juan Manuel Frutos
Miembro

Senador Artemio Vera
Miembro

Senador Silvio Velázquez Vera
Miembro

Senador Fernando Vera
Miembro

Dip. Eduardo Venialgo
Miembro

Dip. José Pappalardo Z.
Miembro

Dip. Bernardo Rodríguez
Miembro

Dip. Luis Guanes Gondra
Miembro

Dip. César E. Benítez
Miembro

Dip. Carlos Caballero Roýg
Miembro

Anexo 40

Congreso Nacional

COMISION BICAMERAL
de Juzgamiento de las
Actas Electorales

Asunción, 29 de mayo de 1993.

Honorable Congreso Nacional:

Vuestra Comisión Bicameral para el Juzgamiento de las Actas y Documentos Electorales constituida por el Honorable Congreso en su sesión de fecha 19 del corriente e integrada con la pluralidad del propio cuerpo legislativo, definió su estructura eligiendo como presidente al Senador JORGE RAUL GARCETE, como vicepresidente al Senador RODOLFO GONZALEZ GARABELLI y como relator al Diputado MIGUEL ANGEL RAMIREZ. Inició sus labores el día martes 25 del mes en curso en las dependencias de la "Casa de la Cultura" que le fueran asignadas como lugar de trabajo, disponiendo de toda la documentación que la Junta Electoral Central entregara al Honorable Congreso de la Nación, representado por su presidente, en acto celebrado el día lunes 24 del corriente mes, a las 11:30 horas.

Conscientes de la trascendente responsabilidad que implica emitir un dictamen para el juicio definitivo de las elecciones generales realizadas el día 9 de mayo próximo pasado, los miembros de la Comisión consideraron prioritario definir y establecer criterios objetivos que les permitieran realizar sus análisis con prescindencia de sus intereses sectoriales.

La constitución de seis Sub-comisiones, integrada cada una de ellas por un representante de la mayoría y otro por las minorías, encargadas de seleccionar las cuestiones conflictivas u objetadas para someterlas al estudio del pleno, permitió simplificar las tareas y pasar al estado de cosa juzgada todas aquellas actas que, revisadas una por una, no ofrecían reparos substanciales.

Reiniciadas las sesiones del pleno de la Comisión el día 27 de mayo corriente, para el estudio de las actas objetadas o impugnadas, se acordó aplicar los siguientes criterios:

1. Ordenación numérica departamental para el tratamiento de los casos;
2. Modalidades para establecer la validez o nulidad de las actas electorales; y,
3. Valor probatorio de los certificados de escrutinio.

La adopción de tales criterios posibilitó que las decisiones fueran tomadas, en todos los casos, por unanimidad.

Sin embargo, y como ha sido frecuente en ambas Cámaras de este Congreso de la transición, debe anotarse las discrepancias puntuales planteadas en base a informaciones y documentos relativos a problemas contextuales presumiblemente habidos en algunos distritos electorales y que fueron referidos y contradichos con entera libertad por los miembros de la Comisión. Queda a salvo el derecho de los señores miembros para repetir ante la Plenaria del Congreso la relación de los hechos que habrían, según su criterio, deslucido aunque no invalidado los comicios en algunos casos.

Congreso Nacional

COMISION BICAMERAL
de Juzgamiento de las
Actas Electorales

Vuestra Comisión quiere remarcar el espíritu que animó a cada uno de sus miembros, quienes aunando esfuerzos lograron superar sus inclinaciones partidarias, impulsados por el anhelo de que este Honorable Congreso culminara sus gestiones con un ejemplar pronunciamiento para la definitiva consolidación institucional y democrática de la República del Paraguay.

Por todo cuanto queda expresado, vuestra Comisión recomienda la aprobación de los resultados y la proclamación de los candidatos electos cuyos detalles y nómina están contenidos en el anexo que forma parte de este dictamen.

La Comisión deja constancia del permanente acompañamiento y de la eficiente colaboración que le dispensaran los observadores destacados por la Organización de Estados Americanos.

Senador Jorge Raúl Garcete
Presidente

Senador Rodolfo González Garabelli
Vicepresidente

Diputado Miguel Angel Ramírez
Relator

Senador Abrahan Esteche
Miembro

Senador Juan Manuel Frutos
Miembro

Senador Artemio Vera
Miembro

Senador Silvio Velázquez Vera
Miembro

Senador Fernando Vera
Miembro

Dip. Eduardo Venialgo
Miembro

Dip. José Pappalardo Z.
Miembro

Dip. Bernardo Rodríguez
Miembro

Dip. Luis Guanes Gondra
Miembro

Dip. César E. Benítez
Miembro

Dip. Carlos Caballero Royg
Miembro

Anexo 41

CONGRESO NACIONAL

RESOLUCION No. 3

QUE APRUEBA EL DICTAMEN DE LA COMISION ESPECIAL BICAMERAL ENCARGADA DEL JUZGAMIENTO DE LAS ACTAS Y DOCUMENTOS ELECTORALES CORRESPONDIENTES A LAS ELECCIONES GENERALES POR EL PERIODO CONSTITUCIONAL 1993/1998 Y PROCLAMA A LOS CANDIDATOS ELECTOS.

EL CONGRESO DE LA NACION PARAGUAYA,

RESUELVE:

Artículo 1o.- Aprobar el dictamen de la Comisión Especial Bicameral encargada del juzgamiento de las Actas y Documentos Electorales correspondientes a las Elecciones Generales por el período Constitucional 1993/1998.

Artículo 2o.- Proclamar electo Presidente y Vice-Presidente de la República del Paraguay por el Período Constitucional 1993/1998, a los candidatos de la Asociación Nacional Republicana (Partido Colorado), Ing. JUAN CARLOS WASMOSY y Dr. ANGEL ROBERTO SEIFART, respectivamente.

Artículo 3o.- Proclamar Senadores y Diputados Nacionales electos, por el período 1993/1998 a los candidatos, cuya nómina están contenidos en el Anexo que se adjunta y que forma parte de esta Resolución.

Artículo 4o.- Proclamar Gobernadores electos para los distintos Departamentos de la República, por el período Constitucional 1993/1998 a los candidatos, cuya nómina contiene el Anexo que se adjunta y que forma parte de esta Resolución.

Artículo 5o.- Proclamar Miembros de Juntas Departamentales de los distintos Departamentos de nuestra República, por el período Constitucional 1993/1998 a los candidatos, cuya nómina están contenidos en el Anexo que se acompaña y que forma parte de la presente Resolución.

Artículo 6o.- Comunicar esta Resolución a todos y cada uno de los candidatos electos como Presidente y Vice-Presidente de la República, Senadores y Diputados Nacionales, Gobernadores y Miembros de las Juntas Departamentales.

Artículo 7o.- Comunicar igualmente al Poder Ejecutivo y al Poder Judicial y cumplido archivar.

DADA EN LA SALA DE SESIONES DEL HONORABLE CONGRESO NACIONAL, A UN DIA DEL MES DE JUNIO DEL AÑO UN MIL NOVECIENTOS NOVENTA Y TRES.

José A. Moreno Ruffinelli
Presidente
H. Cámara de Diputados

Gustavo Díaz de Vivar
Presidente
H. Cámara de Senadores

Anexo 42

11:36:49   REGISTRO CIVICO PERMANENTE - J.E.C.   29/05/93
                   ELECCIONES GENERALES - 1.993
                     P R E S I D E N C I A L E S
NACIONALES - TODO EL PAIS

Votos Habilitados   : 1.698.984   Votos Registrados : 1.172.883
Porcen. Participación   :   69,03   Votos Blancos   :   21.333
                                        Votos Nulos   :   26.887

Partido/Lista   Nombre y Apellido   Votos   %

A.N.R.   1 JUAN CARLOS WASMOSY MONTI   468.213   39,91
P.L.R.A.   2 DOMINGO LAINO   376.868   32,13
C.D.S.   4 RICARDO CANESE KRIVOSHEIN   1.998   0,17
P.L.   5 ABRAHAM ZAPAG BAZAS   1.155   0,09
P.T.   7 EDUARDO MARIA ARCE SCHAERER   2.025   0,17
P.N.S.   8 GUSTAVO BADER IBAÑEZ   850   0,07
A.E.N.   9 GUILLERMO CABALLERO VARGAS   271.421   23,14
A.P.N.   10 JOEL ATILIO CAZAL   1.091   0,09
M.P.S.P.   12 LEANDRO JESUS PRIETO YEGROS   1.042   0,08

                        ** FIN DE INFORME **

```
11:40:19                    JUNTA ELECTORAL CENTRAL                    29/05/9
                    BANCAS PARA SENADORES - ELECCIONES 1993

   Total votos habilitados : 1.698.984      Votos Registrados :   1.171.490
   Porcen. Participación   :    68,95
------------------------------------------------------------------------------
  LISTA         PARTIDO                                   VOTOS  BANCAS    %
------------------------------------------------------------------------------

   1  A.N.R.    ASOCIACION NACIONAL REPUBLICANA          493.697   20    42,14

   2  P.L.R.A.  PARTIDO LIBERAL RADICAL AUTENTICO        408.282   17    34,85

   9  A.E.N.    ALIANZA ENCUENTRO NACIONAL               202.672    8    17,30
```

```
:40:19              JUNTA ELECTORAL CENTRAL                    29/05/93
          BANCAS PARA SENADORES -TITULARES - ELECCIONES 1993

Total votos habilitados : 1.698.984    Votos Registrados :   1.171.490
Porcen. Participación   :    68,95
------------------------------------------------------------------------
                                                          ORDEN EN LISTA
ORDEN   PARTIDO  LISTA  NOMBRE Y APELLIDO
------------------------------------------------------------------------
  1     A.N.R.     1    BLAS NICOLAS RIQUELME                    1
  2     P.L.R.A.   2    JUAN CARLOS ZALDIVAR                     1
  3     A.N.R.     1    DIOGENES MARTINEZ                        2
  4     P.L.R.A.   2    EVELIO FERNANDEZ AREVALOS                2
  5     A.E.N.     9    BASILIO NIKIPHOROFF                      1
  6     A.N.R.     1    JUAN MANUEL CANO MELGAREJO               3
  7     P.L.R.A.   2    RAFAEL ELADIO VELAZQUEZ                  3
  8     A.N.R.     1    CARLOS FRANCISCO ROMERO PEREIRA          4
  9     P.L.R.A.   2    MIGUEL ABDON SAGUIER                     4
 10     A.E.N.     9    MILCIADES RAFAEL CASABIANCA              2
 11     A.N.R.     1    JOSE ALBERTO ALDERETE                    5
 12     A.N.R.     1    FERNANDO M MARTINEZ ORTEGA               6
 13     P.L.R.A.   2    RODRIGO CAMPOS CERVERA                   5
 14     A.N.R.     1    SEBASTIAN GONZALEZ INSFRAN               7
 15     P.L.R.A.   2    NILDA ESTIGARRIBIA DE GOME               6
 16     A.E.N.     9    SECUNDINO NUÑEZ                          3
 17     A.N.R.     1    AMADO ENRIQUE YAMBAY                     8
 18     P.L.R.A.   2    JOSE FELIX FERNANDEZ ESTIGARRIB          7
 19     A.N.R.     1    ANTONIA NUÑEZ DE LOPEZ                   9
        P.L.R.A.   2    ALFREDO LUIS JAEGGLI                     8
 21     A.E.N.     9    VICTOR FAUSTINO SANCHEZ VILLAGRA         4
 22     A.N.R.     1    SUSANA MORINIGO                         10
 23     P.L.R.A.   2    MANUEL AUGUSTO RADICE                    9
 24     A.N.R.     1    JUAN CARLOS GALAVERNA DEL VALLE         11
 25     A.N.R.     1    ARNALDO ROJAS SANCHEZ                   12
 26     P.L.R.A.   2    ARMANDO VICENTE ESPINOLA                10
 27     A.E.N.     9    JUAN MANUEL PERALTA                      5
 28     A.N.R.     1    ARTEMIO CASTILLO                        13
 29     P.L.R.A.   2    CARLOS ALBERTO GONZALEZ                 11
 30     A.N.R.     1    PEDRO PABLO OVELAR                      14
 31     P.L.R.A.   2    LUIS GUANES GONDRA                      12
 32     A.E.N.     9    DIEGO ABENTE BRUN                        6
 33     A.N.R.     1    JULIO ROLANDO ELIZECHE                  15
 34     P.L.R.A.   2    ELVA RECALDE                            13
 35     A.N.R.     1    EMILIO P CUBAS GRAU                     16
 36     P.L.R.A.   2    CESAR BENITEZ                           14
 37     A.N.R.     1    VICTOR HUGO SANCHEZ                     17
 38     A.E.N.     9    MANUEL RAMON ELIZECHE                    7
 39     A.N.R.     1    PURA MORENO DE DECOUD                   18
 40     P.L.R.A.   2    FERNANDO PFANNL                         15
 41     A.N.R.     1    MARTIN CHIOLA                           19
 42     P.L.R.A.   2    GONZALO QUINTANA                        16
 43     A.E.N.     9    JUAN MARIA CARRON                        8
 44     A.N.R.     1    MIGUEL A. GONZALEZ CASABIANCA           20
 45     P.L.R.A.   2    FERMIN RAMIREZ                          17
```

```
LIDIOF90                JUNTA ELECTORAL CENTRAL                    29/05/9?
11:52:09         RESULTADO DE DIPUTADOS - ELECCIONES 1.993          Pag.:
-----------------------------------------------------------------------------
DPTO.      LISTA      PARTIDO                            BANCAS  VOTOS    %
-----------------------------------------------------------------------------

00-**CAPITAL**
        1 A.N.R.     ASOCIACION NACIONAL REPUBLICANA        5    80.447  36,96
        2 P.L.R.A.   PARTIDO LIBERAL RADICAL AUTENTICO      5    69.398  31,88
        9 A.E.N.     ALIANZA ENCUENTRO NACIONAL             3    55.222  25,37

01-**CONCEPCION**
        1 A.N.R.     ASOCIACION NACIONAL REPUBLICANA        1    11.276  39,06
        2 P.L.R.A.   PARTIDO LIBERAL RADICAL AUTENTICO      2    11.971  41,47

02-**SAN PEDRO**
        1 A.N.R.     ASOCIACION NACIONAL REPUBLICANA        2    28.460  45,32
        2 P.L.R.A.   PARTIDO LIBERAL RADICAL AUTENTICO      2    24.761  39,43

03-**CORDILLERA**
        1 A.N.R.     ASOCIACION NACIONAL REPUBLICANA        2    31.988  43,28
        2 P.L.R.A.   PARTIDO LIBERAL RADICAL AUTENTICO      3    33.176  44,88

04-**GUAIRA**
        1 A.N.R.     ASOCIACION NACIONAL REPUBLICANA        2    23.026  48,74
        2 P.L.R.A.   PARTIDO LIBERAL RADICAL AUTENTICO      1    16.084  34,05

05-**CAAGUAZU**
        1 A.N.R.     ASOCIACION NACIONAL REPUBLICANA        3    39.368  43,
        2 P.L.R.A.   PARTIDO LIBERAL RADICAL AUTENTICO      3    37.435  41,00

06-**CAAZAPA**
        1 A.N.R.     ASOCIACION NACIONAL REPUBLICANA        1    15.164  47,33
        2 P.L.R.A.   PARTIDO LIBERAL RADICAL AUTENTICO      1     9.063  28,29

07-**ITAPUA**
        1 A.N.R.     ASOCIACION NACIONAL REPUBLICANA        4    44.253  47,99
        2 P.L.R.A.   PARTIDO LIBERAL RADICAL AUTENTICO      2    27.738  30,08
        9 A.E.N.     ALIANZA ENCUENTRO NACIONAL             1    14.394  15,61

08-**MISIONES**
        1 A.N.R.     ASOCIACION NACIONAL REPUBLICANA        1    14.021  45,40
        2 P.L.R.A.   PARTIDO LIBERAL RADICAL AUTENTICO      1    10.644  34,46

09-**PARAGUARI**
        1 A.N.R.     ASOCIACION NACIONAL REPUBLICANA        2    31.365  48,85
        2 P.L.R.A.   PARTIDO LIBERAL RADICAL AUTENTICO      2    21.762  33,90

10-**ALTO PARANA**
        1 A.N.R.     ASOCIACION NACIONAL REPUBLICANA        3    35.319  40,90
        2 P.L.R.A.   PARTIDO LIBERAL RADICAL AUTENTICO      2    25.811  29,89
        9 A.E.N.     ALIANZA ENCUENTRO NACIONAL             1    16.363  18,95

11-**CENTRAL**
        1 A.N.R.     ASOCIACION NACIONAL REPUBLICANA        7    95.396  36,78
        2 P.L.R.A.   PARTIDO LIBERAL RADICAL AUTENTICO      7    98.998  38
        9 A.E.N.     ALIANZA ENCUENTRO NACIONAL             3    48.471  18,69
```

```
.IDIOF90                    JUNTA ELECTORAL CENTRAL                    29/05/93
11:52:09          RESULTADO DE DIPUTADOS - ELECCIONES 1.993            Pag.:  2
--------------------------------------------------------------------------------
DPTO.      LISTA      PARTIDO                               BANCAS  VOTOS    %
--------------------------------------------------------------------------------

12-**ÑEEMBUCU**
        1 A.N.R.     ASOCIACION NACIONAL REPUBLICANA          1    12.716  48,92
        2 P.L.R.A.   PARTIDO LIBERAL RADICAL AUTENTICO        1     6.501  25,01

13-**AMAMBAY**
        1 A.N.R.     ASOCIACION NACIONAL REPUBLICANA          1     8.388  36,17
        2 P.L.R.A.   PARTIDO LIBERAL RADICAL AUTENTICO        1     8.833  38,08

14-**KANINDEYU**
        1 A.N.R.     ASOCIACION NACIONAL REPUBLICANA          1     7.565  49,12

15-**PRESIDENTE HAYES**
        1 A.N.R.     ASOCIACION NACIONAL REPUBLICANA          1     6.540  44,73

16-**ALTO PARAGUAY**
        1 A.N.R.     ASOCIACION NACIONAL REPUBLICANA          1     1.518  47,81

17-**CHACO**

18-**NUEVA ASUNCION**

 -**BOQUERON**
        9 A.E.N.     ALIANZA ENCUENTRO NACIONAL               1     1.799  45,69


                        ***    Fin de informe    ***
```

29/05/93   JUNTA ELECTORAL CENTRAL   12:22
          ELECCIONES GENERALES - 1.993 - DIPUTADOS TITULARES
                    INTEGRACION-TODO EL PAIS

ORDEN	PARTIDO	LISTA	NOMBRE Y APELLIDO	N° EN LISTA
	ASUNCION-CAPITAL			
1	A.N.R.	1	LUIS ANGEL GONZALEZ MACCHI	1
2	P.L.R.A.	2	HERMES RAFAEL SAGUIER	1
3	A.E.N.	9	EUCLIDES ACEVEDO	1
4	A.N.R.	1	JUAN ERNESTO VILLAMAYOR	2
5	P.L.R.A.	2	MARTIN FEDERICO SANNEMANN	2
6	A.E.N.	9	LUIS ALBERTO MAURO	2
7	A.N.R.	1	JULIAN DONCEL VELAZQUEZ	3
8	P.L.R.A.	2	FRANCISCO JOSE DE VARGAS	3
9	A.N.R.	1	BERNARDINO CANO RADIL	4
10	A.E.N.	9	MARCELO DUARTE MANZONI	3
11	P.L.R.A.	2	CARLOS RIVEROS	4
12	A.N.R.	1	RAUL A. ESTIGARRIBIA FERREIR	5
13	P.L.R.A.	2	JOSE LUIS CUEVAS	5
	CONCEPCION			
14	P.L.R.A.	2	ELVIO SIMON RECALDE	1
15	A.N.R.	1	ISMAEL ECHAGUE INSFRAN	1
16	P.L.R.A.	2	MODESTO LUIS GUGGIARI ZAVALA	2
	SAN PEDRO			
17	A.N.R.	1	AMADO LARREA SORIA	1
18	P.L.R.A.	2	ATILIO MARTINEZ CASADO	1
19	A.N.R.	1	JUAN JOSE VAZQUEZ VAZQUEZ	2
20	P.L.R.A.	2	CANDIDO VERA BEJARANO	2
	CORDILLERA			
21	P.L.R.A.	2	PATRICIO MIGUEL FRANCO P.	1
22	A.N.R.	1	LUIS VERA VELAZQUEZ	1
23	P.L.R.A.	2	EDGAR RAMIREZ	2
24	A.N.R.	1	ZACARIAS ERNESTO VERA CARDENAS	2
25	P.L.R.A.	2	CESAR DARIO ALMADA ALONSO	3
	GUAIRA			
26	A.N.R.	1	JOSE GABRIEL MARTINEZ PANIAGUA	1
27	P.L.R.A.	2	JUAN CARLOS RAMIREZ M.	1
28	A.N.R.	1	NERY FILEMON GONZALEZ ANDINO	2
	CAAGUAZU			
29	A.N.R.	1	FRANCISCO ALVARENGA PORTILLO	1
30	P.L.R.A.	2	HERMES CHAMORRO GARCETE	1
31	A.N.R.	1	SILVIO OVELAR ESTIGARRIBIA	2
32	P.L.R.A.	2	FELIX TORRES	2
33	A.N.R.	1	ANTONIO RAMON ALVAREZ ALVARENGA	3
34	P.L.R.A.	2	WILFRIDO CHAVEZ CACERES	3
	CAAZAPA			
35	A.N.R.	1	EUGENIO PANIAGUA GAUTO	-

9/05/93   JUNTA ELECTORAL CENTRAL   12:22:41

ELECCIONES GENERALES - 1.993 - DIPUTADOS TITULARES
INTEGRACION-TODO EL PAIS

ORDEN	PARTIDO	LISTA	NOMBRE Y APELLIDO	N° EN LISTA
	CAAZAPA			
36	P.L.R.A.	2	NELSON JAVIER VERA VILLAR	1
	ITAPUA			
37	A.N.R.	1	BRUNO ENRIQUE REVERCHON PAREDES	1
38	P.L.R.A.	2	BENJAMIN BENITEZ	1
39	A.N.R.	1	DARIO A. PALACIOS	2
40	A.N.R.	1	CONSTANTINO MENCIA AYALA	3
41	A.E.N.	9	RAMON ATILIO VON KNOBLOCH	1
42	P.L.R.A.	2	LUIS MARIA CAREAGA FLECHA	2
43	A.N.R.	1	EDUARDO M. IBARRA DE BARROS	4
	MISIONES			
44	A.N.R.	1	JOSE RUBEN ARRECHEA	1
45	P.L.R.A.	2	GILBERTO VAZQUEZ	1
	PARAGUARI			
46	A.N.R.	1	JUAN SERVIN SUGASTI	1
47	P.L.R.A.	2	ABRAHAM JUAN CARLOS MEDINA H.	1
48	A.N.R.	1	JULIO CESAR FANEGO ARELLANO	2
49	P.L.R.A.	2	LUIS ALBERTO MENDOZA CORREA	2
	ALTO PARANA			
50	A.N.R.	1	JULIO CESAR RIQUELME	1
51	P.L.R.A.	2	MAGNO M. CASTILLO	1
52	A.N.R.	1	JUAN GILBERTO ORELLA	2
53	A.E.N.	9	PARAGUAYO CUBAS COLOMES	1
54	P.L.R.A.	2	BERNARDO ALVAREZ	2
55	A.N.R.	1	GUILLERMO APONTE GARCIA	3
	CENTRAL			
56	P.L.R.A.	2	RAMON GOMEZ VERLANGIERI	1
57	A.N.R.	1	WALTER HUGO BOWER MANTALTO	1
58	P.L.R.A.	2	SERGIO A. LOPEZ IRALA	2
59	A.E.N.	9	SILVIO GUSTAVO FERREIRA FERNANDEZ	1
60	A.N.R.	1	OSCAR RUBEN SALOMON	2
61	P.L.R.A.	2	RICARDO JARA ROJAS	3
62	A.N.R.	1	LUIS A. BECKER GENES	3
63	P.L.R.A.	2	LUIS WILFRIDO DELORME FLECHA	4
64	A.E.N.	9	GUSTAVO ADOLFO CANDIA IRIGOITIA	2
65	A.N.R.	1	EDGAR MIGUEL ANGEL FLECHA ROMAN	4
66	P.L.R.A.	2	BLAS ANTONIO LLANO RAMOS	5
67	A.N.R.	1	ANICETO OVELAR SAMANIEGO	5
68	P.L.R.A.	2	JUAN CARLOS ROJAS CORONEL	6
69	A.E.N.	9	MARIO JOSE ESQUIVEL BADO	3
70	A.N.R.	1	ELADIO CESPEDES	6
71	P.L.R.A.	2	JOSE DISNARDO ZARZA LEDESMA	7
72	A.N.R.	1	MIRIAN GRACIELA ALFONSO GONZALEZ	7

```
29/05/93                 JUNTA ELECTORAL CENTRAL                  12:22:41
              ELECCIONES GENERALES - 1.993 - DIPUTADOS TITULARES
                          *INTEGRACION-TODO EL PAIS*
```

ORDEN	PARTIDO	LISTA	NOMBRE Y APELLIDO	N° EN LISTA
	ÑEEMBUCU			
73	A.N.R.	1	RUBEN DARIO FORNERON FRETES	1
74	P.L.R.A.	2	LUDMILA RIVEROS DE SANCHEZ	1
	AMAMBAY			
75	P.L.R.A.	2	BLAS ASTERIO MOREIRA QUEVEDO	1
76	A.N.R.	1	CONRADO TEOFILO E. PAPPALARDO ZALDIVAR	1
	CANINDEYU			
77	A.N.R.	1	BERNARDO PAOLI NUÑEZ	1
	PRESIDENTE HAYES			
78	A.N.R.	1	ANDRES AVELINO DIAZ	1
	ALTO PARAGUAY			
79	A.N.R.	1	FRANCISCO DIAZ CALDERA	1
	BOQUERON			
80	A.E.N.	9	RATZLAFF EPP HEINRICH	1

```
              *******    FIN DE INFORME    *******
```

**Serie sobre Misiones de Observación Electoral
en Estados Miembros de la
Organización de los Estados Americanos**